国際法入門

―世界市民へのパスポート―

飯田順三・王 志安

八千代出版

まえがき

　ますます密接につながる現代世界。ある国ある地域で起きた出来事がドミノ倒しのように瞬く間に他国に影響する。新型コロナの拡大は生活様式を変え、その影響は依然として続いている。パンデミックに対し WHO を始め多くの国際組織が協働してきたことは、現代国際社会の緊密性の象徴といえる。

　ロシアとウクライナの武力紛争やイスラエルとパレスチナ、レバノンとの武力衝突は、まさに国際法に関する事象であり、国際人道法、国際刑事法の分野はもちろん、主権国家や国連憲章、さらに民族、平和、文明のあり方にまで議論を呼び起こしている。世界的に見れば、その他の地域でも紛争が存在することは悲しい事実である。

　このような、文字通り激動する国際社会を法に基づき、公正な視点でみる基礎知識を伝えるのが本書の役目である。複雑な国際関係を国際法の目から読み解くために、本書のような平易な入門書を活用していただきたい。国際法は何やらおもしろそうだと感じていただければ望外の喜びである。

　本書では、各章末に【考えてみよう】を設け、学習の便宜を図った。即答できない問いもあるが、読者諸氏と共に考えていきたい。

　執筆担当は、第 1 章～第 6 章、第 11 章、第 12 章、第 17 章～第 19 章、第 24 章、第 26 章が飯田、第 7 章～第 10 章、第 13 章～第 16 章、第 20 章～第 23 章、第 25 章が王である。

　本書は数多くの先行研究に深く依拠しており、その執筆過程を通じて、われわれ著者は、わが国の国際法学が多くの先人の尽力によって築かれてきたことをあらためて実感することができた。

　参考とした主要な文献は、【調べてみよう】に挙げてあるので、国際法をさらに学びたい読者には、ぜひ一度これらの文献に触れてほしい。

　本書刊行にあたり、八千代出版社社長・森口恵美子氏を始め、校正で大変お世話になった同社の御堂真志氏およびスタッフの皆様にあらためて心から感謝申し上げる次第である。

2025 年 3 月

飯 田 順 三

王　　志 安

目　　次

まえがき　*i*

第1章　**プロローグ** ………………………………………………………… *1*
　1　「国際法」という用語　*1*
　2　国際社会の構造　*2*
　3　国際法と国内法の違い　*3*
　4　最初で最後の疑問——国際法は法か　*4*
　5　国際法を学ぶ有益性　*6*
　6　国際法を学ぶツール　*7*

第2章　**国際法の歴史** ……………………………………………………… *11*
　1　国際法の誕生　*11*
　2　国際法の思想家たち　*12*
　3　国際法の発展　*13*
　4　現代の国際法　*15*
　5　非西欧世界の国際法　*16*

第3章　**国際法と国内法** …………………………………………………… *19*
　1　国際法と国内法の抵触　*19*
　2　国際法と国内法の関係についての諸説　*19*
　3　国際法の国内的効力　*22*
　4　国際裁判における国内法　*25*
　5　一方的行為　*25*
　6　国際法上の義務の優先　*26*

第4章　**国際法の法源** ……………………………………………………… *29*
　1　国際法の存在形式　*29*
　2　ソフト・ロー　*31*
　3　慣習国際法の成立　*32*
　4　慣習国際法の特質　*34*
　5　国際法の効力関係　*35*

iii

第5章　条約の成立 ……………………………………………… 40

1　条約法条約　40

2　条約の定義　41

3　条約の名称　42

4　条約の分類　43

5　条約の締結　43

第6章　条約の適用と効力 ………………………………………… 47

1　条約の留保　47

2　解釈宣言　49

3　条約の改正と修正　50

4　条約の終了　51

5　条約の解釈　52

6　条約の遵守と適用　53

7　条約の第三国への効力　53

8　条約の無効　54

第7章　国際法の主体としての国家 …………………………… 57

1　国家という国際法主体　57

2　国家成立の形態　59

3　国家成立をめぐる法的対応　61

4　政府の違憲的な変更の法的対応　65

5　不承認原則　68

6　承認と国内裁判　69

第8章　国家承継 ………………………………………………… 72

1　国家承継の意義　72

2　条約の承継　74

3　財産、債務、公文書の承継　79

4　国家承継における国籍の問題　80

第9章　国家の管轄権原理 ……………………………………… 83

1　領域的実体としての国家　83

2　国家管轄権の原理　84

3 主 権 免 除　*90*

第 10 章　**国家責任法** ……………………………………………………… *96*

1 国家責任法の概説　*96*

2 国家責任の成立　*100*

3 違法性の阻却事由　*103*

4 国家責任の追及および内容　*105*

第 11 章　**国 際 組 織** ……………………………………………………… *111*

1 国際組織の誕生　*111*

2 国際組織の分類　*112*

3 国際組織の概念と定義　*113*

4 国際組織の法主体性　*113*

5 国際組織の有する権利　116

6 国際組織の構成と意思決定手続　*118*

第 12 章　**国際経済と法** ……………………………………………………… *120*

1 国際経済法の概念　*120*

2 WTO 設立までの歴史　*121*

3 WTO 体制　*122*

4 WTO の組織　*124*

5 WTO の紛争解決手続　*127*

第 13 章　**国家の領域** ……………………………………………………… *130*

1 国家の領域と権限　*130*

2 国家の領域の性質　*132*

3 領域の取得と喪失　*133*

第 14 章　**海 洋 法** ……………………………………………………… *141*

1 海洋法の概観　*141*

2 島、岩　*143*

3 領 海 制 度　*144*

4 国 際 海 峡　*146*

5 排他的経済水域　*147*

目　次　v

6　大　陸　棚　*150*

7　公　　海　*153*

第15章　国際化区域 ································· *156*

1　国家領域の国際的管理　*156*

2　国際河川と国際運河　*160*

3　極地の法的地位　*161*

第16章　宇宙空間と法 ································· *167*

1　宇宙活動と法的規制　*167*

2　宇宙空間の法的地位　*169*

3　宇宙活動に対する管轄権　*171*

第17章　国際法上の個人 ······························· *178*

1　法　主　体　性　*178*

2　国　　籍　*178*

3　外国人の法的地位　*180*

4　犯罪人引渡し　*185*

5　難　　民　*186*

第18章　国際人権法の成立 ···························· *190*

1　国連憲章と人権　*190*

2　世界人権宣言　*191*

3　国際人権規約　*192*

4　国際人権規約に関する選択議定書　*194*

5　個別人権条約　*194*

第19章　国際人権法の展開 ···························· *201*

1　国連の人権保護機関　*201*

2　国連による人権保護の実施措置　*203*

3　新しい実施機関　*205*

4　地域別人権条約　*205*

5　アジアの人権保障　*207*

第20章　国際法における企業の法主体性と義務 ……………………… 211

1　国際法による企業規制の必要性　*211*

2　国際法における企業の義務の概念　*213*

3　国際法における企業の義務の展開　*216*

4　国際化された機能的契約における企業の義務　*223*

第21章　外交関係の処理 ……………………………………………… 227

1　外交関係の意義　*227*

2　外交関係の処理　*228*

3　外交使節の特権免除　*230*

4　領　事　関　係　*233*

第22章　国際環境法 …………………………………………………… 238

1　国際環境法の概説　*238*

2　国際環境保護の諸制度　*241*

3　国際環境法の基本原則　*243*

4　環境保護義務の履行確保　*246*

第23章　国際紛争の解決と国際法 …………………………………… 250

1　国際紛争とは　*250*

2　国際紛争解決と平和　*251*

3　力による紛争解決　*253*

4　平和的手段による紛争解決　*254*

5　法的紛争と政治的紛争　*260*

第24章　国際安全保障 ………………………………………………… 262

1　自　衛　権　*262*

2　集団的自衛権　*266*

3　集団安全保障　*267*

4　平和維持活動（PKO）　*269*

第25章　戦　争　と　法 ……………………………………………… 273

1　戦争とその法的規制　*273*

2　戦争法の存在形式と基本精神　*274*

目　　次　*vii*

3 戦争の法的規制　*276*

4 ウクライナ戦争と国際法　*281*

第 26 章　**国際刑事裁判** ……………………………………………………………… *286*

1 国際刑事裁判の歴史　*286*

2 特別国際刑事裁判所　*287*

3 国際刑事裁判所　*289*

4 国際刑事裁判所の管轄権　*291*

5 国際刑事裁判所の課題　*293*

索　　引　*297*

第1章 プロローグ

> Keywords　国際社会、国家の平等、命令としての法、法の強制力、法の実定化

　今世紀に入って早や20年以上が経った。冷戦終結後、世界は平和になるかと思いきや、2003年にイラクで、2022年にはロシア・ウクライナ戦争が始まり、イスラエル・パレスチナ紛争の惨劇も目の当たりにしている。北朝鮮は弾道ミサイルの開発を進め、その威力はついに米国本土を射程に置くまでになった。国際法と呼ばれる法による支配をもって世界は平和にできるはずなのに、なぜそうならないのだろうか。何のために国際法はあるのか。こうした疑問を抱く読者は多いだろう。法の定義にもよるが、国際法は国内法とは質的に大きく異なる法である。プロローグでは、国際法の用語の意味、国際社会の構造、そして、国際法の特徴について概観しよう。

1　「国際法」という用語

　国内法は文字通り各国家の領域内にある法である。では、国際法はどこにあるのか。これに答えるために、まず、国際法という言葉をみてみよう。国際法を英語では、international law という。「inter」は「間」や「相互」の意味であって、「national」は「国家の」という訳が当てはまる。また、国際法の「際」の字は、「あいだ」という意味があるが、「まじわり」や「つきあう」という意味もある。law は「法」である。したがって、「国際法」は、「国の間の法」、「国がつきあう法」ということになる。international law を日本語に訳したのは明治期の法学者、箕作麟祥（みつくり・りんしょう）であるといわれ

ているが、彼の翻訳は国際法の本質をついたものであったといえるだろう。

2　国際社会の構造

　国際連合に加盟している国家は、現在、193カ国であり、少なくともその数だけ独立国家が存在するといえる。この193カ国の集合が国際共同体あるいは**国際社会**と呼ばれる。つまり、世界は193カ国のメンバーによって成り立っている社会である。では、国際社会とは、一体どのような構造の社会だろうか。国内社会と比べると違いはあるのだろうか。国際法の本質を理解するためには、国際社会の構造を知る必要がある。

　国連安全保障理事会に特別に与えられた権限はあるが、国連総会ではすべての**国家が平等**であり、それぞれ1票を持つ。つまり、形式的に国家は対等で平等である。このことは、国連の存在の有無に関わりなく当てはまると考えられている。つまり、この国家の対等で平等であるという観念は、国連が付与したものではないのである。理念的あるいは観念的には、国家の上に国家はなく、国家の下に国家はないと考えるのが、国際法の根本的な思想である。

　だがこのことは、現実の国際社会とはかけ離れており実質的には不平等であるかもしれない。超大国であるアメリカが存在する一方、南太平洋のニウエや東アフリカのブルンジのように経済力の弱い国家もあることは事実であり、193カ国はそれぞれさまざまな意味で実力が異なる。だが、国家はすべて対等で平等であると考えることは重要である。なぜだろうか。

　これについては国内社会と比較すると疑問が解ける。われわれ個人は、それぞれの実力は異なっていても、基本的人権を有するという意味で、個人は対等で平等である。そうでないと弱肉強食の時代が再来するかもしれない。国際社会でも国の大小と関係なく、すべての国家は対等で平等であるという思想がないと、強国が物理的な実力で他国を支配してしまうかもしれない。その意味で、国家は対等で平等であるという思想が国際社会の基本的発想であらねばならないのである。

　しかし、国際社会には国内社会のような中央集権的な政府は、今の所ない。国際連合は一見、中央政府のようにみえるが、その本質は会議体であって、そ

こで決定されたことは、上から押し付けられた決定ではなく、それぞれの加盟国が自ら同意した結果の産物である。つまり、国際社会とは、主権を有する国家の集合であり、これが国際社会の構造であり、国際法のすべてはそこから始まるという、至極当然な事実を認識することが肝要なのだ。

3　国際法と国内法の違い

　では、その国家間、つまり国際社会に存在する法は、国内社会の法と比べてどのような点が異なるのだろうか。これを 3 つの視点から考えてみよう。

1) 法をつくるという視点

　国内社会では立法は国会や議会が担うが、国際社会にはそもそも国会や議会と同質の機関はない。国家間の合意によって成立するのが国際法なので、条約に拘束されたくない、つまり合意しない国家は、その条約に加入しない自由がある。あるいは留保制度に基づいて、一定の条文を適用除外することもできる。理論的には、自ら認めた内容のルールにのみ縛られるのであり、認めないものからは自由な存在であるのが国家である。このことは、現実として、たとえば、ミサイル実験をしようが、他国を軍事力で制圧を試みようが、そしてそのことによって国際社会から轟々たる非難があろうが、国家は自らの意思を貫くことが可能となるという意味でもある。

2) 法を当てはめるという視点

　国内社会では、法規範を現実の紛争に当てはめて解決するのは、裁判所の役目である。被告となった側は、その訴えに立ち向かわなければ負けてしまう。一方、国際司法裁判所や国際海洋法裁判所そして国際刑事裁判所が設置されているが、たとえば、国際司法裁判所については、その管轄権を受けいれた国家が当事者でないと裁判はできない。あるいは、この裁判所で解決しようという合意が、紛争当事者の間で結ばれていないと審理されない。一方、国際仲裁裁判という制度もあるが、当事者が仲裁法廷で解決する合意がないと、この法廷も成立しない。国際司法裁判所が、国内裁判所とは異質な裁判所であるという

ことは明らかであって、その他の国際裁判所についても、国内裁判所とは異な
る点が多々ある。

3) 法を執行するという視点

　国家権力が国内法のバックにあって、国民に対して法内容を実施させる仕組
みが国家にはある。法にしたがうように見張り、違反しそうになったら物理的
な強制力で守らせ、違反した者にはペナルティを科す制度が整っているのが国
内社会の仕組みである。

　一方、国際社会には、国際社会自体が有する警察組織や軍隊組織はない。国
連の下に組織されたいわゆる軍事的組織は、国連のものではなく、各国から拠
出された軍組織の集合体でしかない。国際的に違法な行為をおこなった国家が
あらわれても、国際社会は手をこまねいているしかない場合もある。違反国家
に対して物理的に制裁を加えることに困難を伴うこともある。せいぜい経済制
裁や外交関係の断絶などといった非軍事的な制裁はありうるが、それらも実行
するのは各国の判断に依ることになる。制裁の方法は国内社会と同じではない。
国際社会には違反者への制裁の仕組みがないとまでいえないが、国内社会と比
べるとかなり不徹底なものである。

4　最初で最後の疑問——国際法は法か

　前節を読んで、読者は、国際法が国内法と異なる法であると感じたのではな
いだろうか。目まぐるしく変化する国家間関係を念頭に置くと、国際法は法な
のだろうかと問いたくなるのも無理はない。この疑問に対しては、法とは何か
ということを考えてみなければならない。次に法に関する学説をみてみよう。

1) 法は命令であるという考え方

　法は、国家を支配者する者の意思に基づいて発せられる**命令**であるとの考え
方がある。これは、国会などで立法化される国家の法については、当てはまる
が、社会の構成員の中で自然発生的に形成されて、現実に生きている法、つま
り慣習法などは含まれなくなってしまう。すでに見たように、国際社会には国

4

内社会と同様の立法制度がなく、慣習法で存在する国際規範もあると思われるから、国家法のみを法と捉えると、国際法は法ではないことになってしまう。

2）法には強制力があるという考え方

次に、強制力が備わっていないと法とはいえないとする説がある。これだと、一見、法と道徳・宗教との区別が付けやすい。道徳や宗教の世界では、内面の自発的意思が行為として現れるのであるが、法は、外部から強制されることでその内容が実現され、それこそが法であるとする考え方がある。そして、この考え方では、**強制力**は現実に物理的に強制する力のことで、これがなければ法とはいえないと考える。

この説には説得力がある。だが、現実はそうなっていない。たとえば、日常的に起こる民事上の訴訟または刑事上の犯罪は、国内法に違反している者がいることを表している。つまり、現実社会では、国内法は、物理的に強制されるとは限らない。しかし、その国の民法、商法、刑法、税法などが存在しないとは誰もいわない。その国の法体系の中に確実にこれらは存在しているのである。

3）法の実定化が強制力であるという考え方

そこで、ある学説は、法文上で、強制されるべき内容が書かれている、つまり**実定化**されていることで、その法にはすでに強制力が備わっていると考えた。つまり、この説は強制力を2つに分け、現実の強制力のみを強制力と考えず、現実に強制がなくても、強制力と呼ばれるものは存在すると考えた。道徳や宗教は、上に見たように、自発的行為を促す規範であるが、その限りにおいて強制力があるともいえる。これに対して、法は、明確に規定されており、否が応でも、したがわなくてはならない。強制されるべき内容が書かれていることを強制力と捉えれば、実際に強制されるか否かは、現象として現れる結果にすぎず、強制されるべき内容が明瞭であれば、すでに強制力が存在すると考えることもできる。この学説は、強制という概念を現実にあるものとは違った見方で理解しようとする考え方である。

そうすると、国際法は法である、となる。なぜなら、条約や協定などで、規範内容は実定化され明文となっている。完全に遵守されなくとも、強制される

第1章 プロローグ　5

べき内容が規定されているだけで、強制力が備わっていると捉えることができるからである。

　以上、法にまつわる学説を見てきたが、これらから読者は、国際法は国内法と同じではないが、何やら法らしいもののようだ、と感じることができたのではないだろうか。

5　国際法を学ぶ有益性

　「法の不知は害する」という法格言がある。法を知らなくとも違反すれば罰せられるという意味である。したがって、われわれ個人は、国内法を知る有益性を実感する。こうして国内法によって、現実に起きる利害関係は調整され、紛争が解決される。一方、われわれは、国際法のルールを知らなくても、国内法違反のように即座に罰せられることはない。なぜなら、国際法は国家と個人、あるいは個人間の法ではなく、国家間の法だからである。では個人であるわれわれにとって、国際法を学ぶ有益性はあるのだろうか。

1）職場での国際法

　公務員や国際組織のスタッフは、その分野の国際法の知識を知ることが求められるであろう。経済産業省、農林水産省では第12話で見る世界貿易機構（WTO）の知識は必要と思われる。防衛関係では、第24話の武力紛争に関する国際法の知識は必須であろう。国政にたずさわり対外政策に関わる政治家は、国際法の見地から物事を見る必要があろう。民間企業においては、国際貿易、国際取引、外国人雇用などの側面で国際法を知らないのはビジネス上でマイナスかもしれない。コンプライアンスを徹底するには、人権や労働に関する国際法の知識は死活的であろう。第21話で見る国際環境法は、海外に工場をもつ企業にとっては避けて通れないルールであるとはいえないだろうか。

　第18、19話で見る国際人権法の知識は、人権問題に関わる仕事に従事する場合、欠くべからざる知識であろう。地方公共団体の職員、人権NGOのスタッフにとって、地域住民の人権を保障するためにも、国際人権法は必須の知識と考えられる。学校教育の場面においては、国際人権法は子供の人権を守る

重要な武器となる。医師や看護師などの医療関係者にとって、世界保健機構（WHO）の勧告は患者を守るために知るべきであろう。労働運動においては、雇用者、被雇用者ともに、国内の労働法だけでなく、国際労働機関（ILO）の勧告を知らなければならないだろう。

このように、国際法は、何らかの場面で、働く者にも関わる知識なのである。国際法は職場でも有益となることを知っておきたい。

2）国際問題を分析する力

国際法を知ることが実際の働く場において有益であることは上で述べた通りであるが、国際法を学ぶことは、日々起きる国際問題、たとえば 2003 年のイラク戦争、2022 年のロシア・ウクライナ戦争などを考える上でも有用である。第 23 話で見るように、国家が武力に訴えて国際紛争を解決することは国際法上否定されるが、一定の要件を満たせば武力行使は正当化される。法は理想を説き現実は法を砕くのかもしれない。しかし、われわれは、現実を法の目で見、現実を法に近づける努力を放棄してはならないだろう。国際社会のルールである国際法は、国際問題を冷静に分析する視点をわれわれに与えてくれる。

6　国際法を学ぶツール

テキストは単著と共著があり、それぞれ良さがある。全体を見渡した薄手のもの、重厚な多分量のものをそれぞれ使い分けてみたい。最新のデータが入っている書籍以外にも、出版年が古いが名著もある。条約集は国際法学習にとっての六法全書である。国連憲章、人権諸条約、国際司法裁判所規程などの基本的な条約は通常の六法にも載っているが、その他のさまざまな条約については掲載されていないので、条約集があるとさらに都合がよいだろう。判例集は法学の分野において必須アイテムだ。国際司法裁判所（ICJ）の判例などをまとめた国際判例集は、当該事案を研究者が解説しているので、論点の全体が掴みやすくなる。なお、本書は各章で **Case Note** を載せて読者の便宜を図った。

専門辞典は専門用語を理解したい場合に効果を発揮する。大部の国際関係辞典やコンパクトな基本用語辞典、キーワード解説集もあって、最近の国際法学

第 1 章　プロローグ　　7

習のツールは充実している。また、新聞やインターネット上の国際記事も見逃さないようにしたい。これらは生きた国際法の教材となるからである。日頃から国際問題に関心を持ち、それが国際法とどう関わっているのかに気を配ってみよう。さらに深く知りたい場合は、国際連合をはじめとする国際組織のウェブサイトにアクセスすれば、最新のデータを知ることができる。

　本書は水先案内人である。本書を一読したあと、あるいは、テーマごとに区切りがついた段階で、さらに研究論文にも挑戦してほしい。研究者が心血を注いで著し、それらが積み重ねられた学術的営みに触れるとき、読者は学問の世界に導かれることであろう。

Case Note：コルフ海峡事件
国際司法裁判所、先決的抗弁判決、1948 年 3 月 25 日、本案判決
1949 年 4 月 9 日、損害賠償額算定判決 1949 年 12 月 15 日

〈事実の概要〉　本件は国際司法裁判所が審理した最初の事件である。本件には種々の論点があるが、ここでは、国際裁判が国内裁判と質的に異なること、あるいは、判決内容の実現の視点から考えてみたい。

　1946 年 5 月、イギリス巡洋艦が、コルフ海峡を航行中にアルバニア側の沿岸から砲撃を受けた。また、同年 10 月にも、同じくイギリス艦隊がコルフ海峡を航行中、機雷に触れて火災が発生し多数の死傷者が出た。これに対して、イギリスはアルバニアに抗議するとともに、コルフ海峡の機雷の掃海を通告し、アルバニアの同意なしに掃海作業に着手した。1947 年 4 月、安全保障理事会が紛争を国際司法裁判所へ提訴するよう勧告したことを受けて、同年 5 月イギリスは、一方的に国際司法裁判所に提訴した。これに対して、アルバニアは、同年 7 月の裁判所宛の書簡の中で、安保理の勧告を全面的に受諾し、裁判所に出廷する用意があるとしたが、同年 12 月の答弁書で、イギリスの提訴を認めないように国際司法裁判所に要請した。しかし、この訴えは認められず、裁判所は本案の審理に入った。

〈判決判旨〉　本件を国際司法裁判所に付託するよう求めた安保理の勧告をアルバニアは受諾したのであるから、アルバニアは、紛争を裁判に付託する義務を承認したことになる。裁判所は、1947 年 7 月の書簡はアルバニアが裁判所の管轄権を任意にかつ疑う余地なく受諾したものであると考える。裁判所が管轄権を有するためには当事者の同意が必要であるが、特定の形式で表明される必要はない。当事者間において共同でかつ事前に特別の合意が締結される代わりに、2 つの個別で継続した行為によって管轄権の受諾がおこなわれることも可能である。当裁

判所は、裁判手続は特別の合意によってのみ開始されるというアルバニアの主張
を却下する。

　その後の本案審理については 1949 年 12 月に判決が下り、アルバニアはイ
ギリスに賠償金、約 84 万ポンドを支払うよう命じた。だが、アルバニアは支払
を拒否したため、判決は履行されなかった。これに対抗してイギリスは、イング
ランド銀行に保管されていたアルバニア所有の金塊を差し押さえた。結局、外交
交渉の末、1992 年に、アルバニアが 200 万米ドルを支払うことで決着した。
国際法の世界では、最終的に外交交渉によって解決せざるをえないことがある。
これは国内法とは大きく異なる仕組みである。

【考えてみよう】

①国際社会の仕組みは国内社会とはどこが違うだろうか。

②国内法に比べて国際法の弱点とは何だろう。

③国際法を法と捉えるにはどのような視点があるだろうか。

【調べてみよう】

①寺澤一「国際法の名称」寺澤一・山本草二・広部和也（編）『標準国際法』新版、
　青林書院、1994 年。

②団藤重光『法学の基礎』第 2 版、有斐閣、2007 年。

③波多野里望「第 16 章　国際法の位置づけ」波多野里望・小川芳彦（編）『国際
　法講義』新版増補、有斐閣、1998 年。

④尾崎重義「国際法と強制」『法哲学年報』1982、1983 年、pp. 61-80。

⑤齋藤民徒「国際社会における『法』観念の多元性——地球大の『法の支配』の基
　盤をめぐる一試論」『社会科学研究』（東京大学社会科学研究所）56 巻 5・6 号、
　2005 年、pp. 165-195。

⑥最上敏樹『国際法以後』みすず書房、2024 年。

⑦川島慶雄「応訴管轄　コルフ海峡（先決的抗弁）」『国際法判例百選』第 1 版、
　有斐閣、2001 年。

⑧鶴田順「軍艦の無害通航　コルフ海峡事件」『国際法判例百選』第 3 版、有斐閣、
　2021 年。

⑨松井芳郎・坂本茂樹「コルフ海峡事件」薬師寺公夫・坂元茂樹・浅田正彦・酒井
　啓亘（編集代表）『判例国際法』第 3 版、東信堂、2019 年。

⑩ Michael Waibel, "Corfu Channel Case", *Max Planck Encyclopedia of
Public International Law*, Rüdiger Wolfrum, (ed.), Oxford University

Press, 2010.

第 2 章

国際法の歴史

Keywords　三十年戦争、ウェストファリア条約、ヨーロッパ公法、自然法論、主権、法実証主義

1　国際法の誕生

　各国の国内法には歴史があり、西欧近代法を受け継ぐ前から独自の法文化が存在したことは間違いない。一方、国家間のルールである国際法はいつ、どのように現れてきたのだろうか。その出発点は西ヨーロッパに求めることができる。そして、**三十年戦争**の終結の結果、現代に引き継がれる国際法の歴史が始まった。以下では国際法が成立するまでの時代状況を見てみよう。

1）三十年戦争

　1618年に現在のチェコであるボヘミアで新教徒が反乱を起こしたことをきっかけに、その後30年間続く戦争が始まった。内乱は新教側にデンマークがつき、旧教側にスペインがついたため国際紛争に発展した。さらに、スウェーデンが介入し、その後、フランスが参戦したことによって、フランスのブルボン家とオーストリアのハプスブルク家の争いに変化した。つまりこの戦争は、新教側であるドイツ封建諸侯、デンマーク、スウェーデン、フランス勢力と、旧教側である神聖ローマ帝国皇帝すなわちオーストリアのハプスブルク家および同家系のスペインとの戦いであった。

　新・旧両派は戦争の長期化とともに疲弊し、ついに講和会議が1644年からウェストファリア地方の2都市で開催された。66カ国が参加した交渉は4年

11

も続き、1648 年に**ウェストファリア条約**の調印で戦争は終結した。

2) ウェストファリア体制

　ウェストファリア体制によってドイツの封建諸侯はほぼ完全な主権と外交権を手に入れた。約 300 の領邦国家が乱立し、神聖ローマ帝国は崩壊した。ウェストファリア条約が、「神聖ローマ帝国の死亡証書」と呼ばれる所以である。また、ウェストファリア条約はスイスとオランダを独立させた。フランスはドイツのアルザス地方を獲得し、ドイツに領土を伸ばしたスウェーデンも権益を得た。

　最近の研究では、近代主権国家体制は、ウェストファリア条約からはじまったという見方と異なる見解をとる歴史学者も出てきているが、少なくとも、この条約が、西ヨーロッパの国際関係を再編させる契機となったことは間違いないであろう。国際法は、この新たな国家の関係に重要な役割を担って登場したのである。

2　国際法の思想家たち

　国際法に関する初期の考え方は、ウェストファリア体制が安定化する以前から、法学者以外にも思想家、啓蒙家らによって提示されていた。たとえば、ビトリア、スアレスはスペインの神学者であった。一方、スペインの法学者アヤラ、イタリアのゲンティリス、ドイツのプーフェンドルフとヴォルフは、**自然法**とローマ法思想をもって国家間のルールを論じようとした。「国際法の父」とまで称されるオランダのグロティウスは、かの有名な『戦争と平和の法』（1625 年）を著し、戦時における法を論じた。

　1800 年代に入ると、実証主義の波は法学に及んだ。**法実証主義**の観点から国際法を論じたズーチ、バインケルスフーク、ヴァッテル、モーゼル、マルテンスは形而上学的なアプローチを取らなかった。特にヴァッテルは、国家の明示または黙示の合意に基づく規範が国際法であると説いた。

　国際法の発展における初期段階では、これらの学者によって国際法の存在が示されたが、君主たちには物理的な実力があり、思想家たちの説にしたがう必

要はなかった。だがその後、西ヨーロッパの国家権力者たちによって、国際法規範が形成されていった。そこには、次のような背景があったと考えられる。

第1に資本主義の存在である。ウェストファリア体制の国家は、貿易・通商を拡大させるために、経済面と政治面でルールが確立されていることを望んだ。実利的思考は国際法を必要とした。

第2にキリスト教の存在である。ヨーロッパ世界では、君主と臣民はどちらも神の「僕（しもべ）」であった。この世では絶対権力を有する君主もしたがわなくてはならない法があるとする国際法学者たちの声に、彼らは神を想起したのではないだろうか。権力者たちが国際法を軽視することには、宗教的あるいは心理的な抵抗があったとはいえないだろうか。

第3にローマ法の存在である。「書かれた理性」と呼ばれたローマ法が共通の私法体系として生き残っていたのが西ヨーロッパであった。当時の君主間の関係において、諸国に共通の法である国際法をローマ法に重ね合わせて連想していたのではないだろうか。ローマ法の市民法（*jus civile* ユス・キウィーレ）と万民法（*jus gentium* ユス・ゲンティウム）という法的思考が、国際法の発展にとって重要な要素であったといえよう。

3　国際法の発展

国際法の考え方は、西欧諸国が植民地を拡大するにつれて、アジア・アフリカにまで拡大していった。そしてさらに、規律される内容もその範囲も広がっていった。

1）近代の国際法

1800年代は国家関係が展開していく過程でもあり、多くの条約が締結された。なかでも通商分野の条約がその多くを占めたのは、国際経済活動が緊密になったからである。国家間の武力衝突に関する国際法については、争っている国にはそれぞれ正当な理由があるから、正しい戦争と不正な戦争という区別をつけることはできないという考え方が登場した。この時代の国際法の特徴を挙げると次のようになるだろう。

まず、諸国が学説としての国際法を実際に適用し始めた。そして、そのため
には成文法化される必要があったので、不文の慣習法として認識されていた国
際法が条約化あるいは法典化され始めた。たとえば、1864 年の赤十字条約、
1899 年第 1 回ハーグ平和会議以降に作られたハーグ陸戦規則などがある。

　そして、国際法の規定する内容が広がり、さまざまな分野の国際法が作られ
た。たとえば、1815 年スイス永世中立に関するパリ条約、1856 年ドナウ川
に関するパリ条約、1857 年エーレスンド海峡条約、1888 年スエズ運河条約
などである。その一方で、1865 年国際電気通信連合、1874 年一般郵便連合、
1883 年工業所有権保護同盟など国際機関が設立され始めた。

　次に、国際法が世界に広がっていった。これは、西欧諸国の植民地が拡大す
るにつれて生じた現象である。主権国家の考え方が基本であったので、西欧諸
国としても、武力で植民地を広げていったものの、最終的には法的な関係を
まったく否定するのではなく、不平等条約や領土割譲条約などを相手国と結ん
だ。こうして、ウェストファリア体制によって登場した国際法の仕組みの中に
これらの植民地化された国々が組み込まれていった。たとえば、1842 年南京
条約による清国からの香港割譲がある。また、戦争の結果、非西欧国が西欧的
な国際法の仕組みに取り込まれた例としては 1856 年パリ条約によるオスマン
帝国に対する国際法の適用がある。さらに、1885 年ベルリン議定によって、
アフリカ分割がおこなわれ、結果的に、これらの地域に西欧的な国際法が適用
されることになった。このような国際関係の変動を通じて、国際法が世界に広
まった。

2) 第二次大戦までの国際法

　国際関係がさらに密になってきた 20 世紀前半には、国際法の考え方がさら
に広がっていった。その背景には 2 度の世界大戦があった。第一次大戦が終
わったあと国際連盟が設立されたことで、集団安全保障制度が導入された。
1928 年の不戦条約は、実際はどうあれ、戦争を国際法で禁止するという規範
を打ち立てた。第二次大戦後は、国際連合が設立され、世界的な課題に各国が
協力して取り組む体制が整った。

　この時期には、武力紛争法が整備された。1924 年にジュネーブ議定書締結、

1925 年毒ガス等の使用禁止に関するジュネーブ議定書締結、1928 年にジュネーブ一般議定書締結、1929 年第 3 回赤十字条約締結などである。これらの条約が作成されていくことを通じて、国際法は普遍的な法体系へと発展していった。

　ウェストファリア体制の始まりから第二次大戦までの国際法は、近代国際法あるいは伝統的国際法と呼ばれることがある。**主権**概念が明確になり、**国家は平等**であるという考え方が定着したことが、この時期の国際法の特徴である。16 世紀フランスの政治思想家ジャン・ボダンによって唱えられた主権の考え方は、国王が有する権力のことであり、国家の絶対的で永続的な権力のことであった。彼は、国王権力の正当化のために主権論を主張したが、後に国際法にも大きな影響を与えた人物であった。

　以上のように、ウェストファリア条約は、絶対的権威のある主権国家の独立とそれらの対等で平等な国家関係という思想を生んだ。このヨーロッパ国家体制を支える法が国際法であると考えられた。

4　現代の国際法

　第二次大戦が終わり、国際連合が設立され世界に平和が戻った。これ以降の国際法を現代国際法と呼ぶことがある。現代国際法の特徴を 2 つ挙げるとするならば、人権の国際的保護と武力不行使の原則の確立であるといえるだろう。伝統的国際法の下では、人権問題は国内管轄事項であって、他国は口出しできなかった。しかし、ナチスのユダヤ人虐殺を機に、きわめて深刻な人権侵害がある場合、他国がその人権問題に関わることは内政干渉ではないとの考え方が登場した。また、国連憲章 2 条 4 項に規定されたように、国際紛争を解決するために武力で威嚇し、あるいは武力を用いないという原則も現代国際法の特徴といえるだろう。

　さらに、現代国際法の時代に入ると、一般条約を作成する目的で国際機構や委員会が設立された。たとえば 1947 年国連国際法委員会、1967 年海底利用平和委員会、1966 年国際商取引法委員会などである。こうして、慣習国際法が条約化され、また、新たな国際規範が定立されてきた。

第 2 章　国際法の歴史　　15

また、第二次大戦後は、植民地化されていた国々が独立することにより、ア
フリカやアジアの諸国が国際法の世界に登場した。このことは、伝統的な西欧
中心の国際法理論に変革を求める原動力になっている。

　以上のように、17世紀に西ヨーロッパで誕生した国際法は、今日までさま
ざまに変貌を遂げながら、現代国際法として生き続けているのである。

5　非西欧世界の国際法

　17世紀の西ヨーロッパの戦乱から近代国際法が誕生したのであるが、もち
ろん、インド、メソポタミヤ、中国、南米など、かつて世界には高度に発達し
た他の文明があり、それらの地域においても、当然、社会集団が複数成立し、
地理的に近いそれぞれの集団が、ときには友好的関係を結び、ときには、非友
好的関係（その典型が戦争である）にあったはずである。そして、それらの非西
欧世界の「国々」の間においても、彼らの関係を規律する何らかのルールが存
在していたとみることができる。

　たとえば、東アジアでは、中国を中心とした国家関係を規律するルールが存
在したといえる。また、イスラーム教徒の国々の間にも、ダール・イスラーム
（イスラームの家）やダール・ハルブ（戦争の家）という独特の領域概念やその他
の国際法的規律が存在した。インドにおいても、独自の戦争法や外交関係法が
適用されていた。また、東南アジア諸国、たとえば、シャム（現タイ）やビル
マ（現ミャンマー）、カンボジアなどの国々の間にも一定の君主間のルールが存
在していたと考えられる。そのほか、南米や北米でもそれぞれ西欧列強により
植民地化される前は、西ヨーロッパ世界とは異なる価値観を有した社会集団が
存在していたと考えられる。

　つまり、近代の国際法は、当時、きわめて限られた地理的範囲の西ヨーロッ
パの国々に適用された法体系、つまり、ヨーロッパ地域の共通の法、いわば公
法であった。この**ヨーロッパの公法**は、列強の植民地が拡大するにつれて、全
世界に伝播した。現在の国際法学が、西欧中心主義的であるのは、国際法の発
祥地が西ヨーロッパであった事実を考慮すれば、十分うなずけることである。

　ただし、今日、非西欧地域の国際法規範を探ろうとの試みが始まりつつある。

16

法社会学または近時提唱されている非西欧法学によれば、西欧中心主義的法学方法論が法現象の真実を捉えていないことが、すでに指摘されている。国際法学もこの視点にいたったといえるが、非西欧世界探求の意義が指摘されるにとどまり、それが具体的にどのようなものであったのかについて、その実証的研究は今後の課題となっている。

Case Note：マリア・ルース号事件
仲裁裁判所　1875年6月10日

〈事実の概要〉　本件は、維新から10年も経たない明治日本が初めて遭遇した国際裁判であり、日本政府が主権国家を強く認識した事件であった。

マリア・ルース号には、ポルトガル領のマカオからペルーに向けた移民労働者として中国（清国）人労働者が乗船していた。その後同号が台風に遭い修理のため神奈川（横浜）港に入港したところ、乗船していた中国人労働者たちが、船内で虐待を受けており、その中の一人が同船から泳いで同港に停泊中のイギリス艦艇アイアン・デューク号に助けを乞うた。神奈川県令は、イギリス領事から引き渡された中国人から事情を聞いた後、同船の船長を呼び出し、当該中国人に危害を加えないことを条件に身柄を引き渡した。

ところが、船長は当該中国人に対して拷問をおこなったことが判明したので、神奈川県令は船長を逮捕し、県令裁判所において中国人数人の証人尋問を行い、船長に有罪判決を言い渡した。これに対し船長および移民業者から移民契約違反で訴えられたが、県令裁判所は、当該契約書は奴隷契約に等しく公序違反であるとして、中国から来た特使に当該労働者たちを引き渡した。これに対しペルー政府は、日本政府の判断は違法であると主張し、両者譲らず、日本側は各国領事の意見も聴取したが、結局、ロシア皇帝に仲裁判断を仰ぐ仲裁協定をペルー政府と締結した。ロシア皇帝アレクサンドル2世は、最終的に日本側勝訴の判断を下した。なお、中国側から感謝の意が表され、「数首ノ詩ヲ金箔ニテ書写致シ候紅色滑綾地ノ一大軸」が寄贈された。

〈判決要旨〉　マリア・ルース号の船長以下に対しておこなった行為は、「日本国の法律及び通習」に依ったものであり、「万国普通の常則」に違反しておらず、「特別の條約面の規條」にも背いていない。日本政府の行為は、ペルー政府とペルー国民に対して故意に義務を怠ったものではなく、悪意を挟んでいたものともみなされない。よって日本政府は、マリア・ルース号に関して神奈川港で起こった事柄に対して責任はない。

【考えてみよう】

①近代西欧国際法の誕生の歴史的背景と共通の思想的基盤とはどのようなものだろう。

②近代西欧国際法が今日まで発展する段階を振り返ってみよう。

③現代国際法の特徴とはどのようなもので、それは現在、どのように変化していると考えられるだろう。

【調べてみよう】

①岩井淳『ヨーロッパ近世史』筑摩書房、2024年。

②大沼保昭「第1章 国際社会における法」大沼保昭『国際法——はじめて学ぶ人のための』東信堂、2005年。

③藤田久一『国際法講義Ⅰ』第2版、東京大学出版会、2010年。

④寺谷広司「序 第2節」酒井啓亘・寺谷広司・西村弓・濱本正太郎『国際法』有斐閣、2011年。

⑤杉原高嶺「第1章 国際法の基本構造」杉原高嶺・水上千之・臼杵知史・吉井淳・加藤信行・高田映『現代国際法講義』第5版、有斐閣、2012年。

⑥山内進「グロティウスの伝統——国際法の思想史と国際社会（特集 ヨーロッパ社会史の世界）」『一橋論叢』122巻4号、1999年、pp. 489-505。

⑦王志安「国際法における領域主権：そのヨーロッパにおける歴史起源を吟味して」『駒澤法学』14巻1号、2014年、pp. 23-82。

⑧千葉正士（編）『アジア法の環境：非西欧法の法社会学（アジア法叢書19）』成文堂、1994年。

⑨沖祐太郎「ダール・イスラーム／ダール・ハルブをめぐる議論の国際法学における意義」『世界法年報』40号、2021年、pp. 77-102。

⑩森利一「古代インドの『国際関係』概説——古典『実利論』を中心にして」日本国際政治学会編『国際政治』69号、1981年10月、pp. 129-144。

⑪中井愛子『国際法の誕生——ヨーロッパ国際法からの転換』京都大学学術出版会、2020年。

⑫ *International law and practice in ancient India*, edited by H. S. Bhatia; introd. by Nagendra Singh, Deep & Deep Publications, 1977.

⑬牧田幸人・浅田正彦「マリア・ルース号事件」薬師寺公夫・坂元茂樹・浅田正彦・酒井啓亘（編集代表）『判例国際法』第3版、東信堂、2019年。

⑭「太政類典・第二編・明治四年〜明治十年・第九十四巻・外国交際三十七・雑二」国立公文書館。

第3章

国際法と国内法

> **Keywords** 二元論、一元論、調整理論、合意は守られなければならない、自己執行条約、一方的（国内）措置

　第1章で述べた通り、国際法学では、国内社会と国際社会を区別し、それぞれの構造が異なっていると考える。そして、法の側面から見て考え、国内社会に適用される法体系と国際社会で適用される法体系とがそれぞれ存在しているか、あるいは一個の法体系として存在しているのかについて学説が争われてきた。

1　国際法と国内法の抵触

　国際社会が現在のように複雑ではなかった時代においては、国際法と国内法との関係を論ずることの実益性はあまりなかった。しかしその後、特に19世紀以降、個人の権利義務を規定する内容の条約が締結され始めた。一方で、近代立憲主義国家の登場で、三権分立原則が基本となってきた。このことによって、条約を締結する権限を有する行政権者の意思と国内法を制定する立法権者の意思とが一致しない場面が増え、条約（国際法）と国内法の関係が問題となってきた。今日のように国家間の関係がきわめて複雑な時代においては、国際法と国内法の関係を理論的に理解することは、国際法をより知ることにつながる。

2　国際法と国内法の関係についての諸説

　国際法学者は、以前から、国際法と国内法との関係を2つの考え方で表し

論争してきた。つまり、二元論と一元論の対立である。また、これら伝統的な学説に対して、調整理論（等位理論）と呼ばれる学説も登場している。

1）二　元　論

　二元論を最初に唱えたのは、ドイツのトリーペルである。その後、イタリアのアンチロッチ、ヴァルツなどがこれを発展させた。彼らの考え方は次のようになる。国内法は、個人と個人あるいは個人と国家の関係を規律するのに対して、国際法は、国家間の関係を規律する。そして、国内法は、国家の単独の意思で成立させることができるが、国際法は諸国家が共同して意思形成をおこなうことによって成立する。国内法が遵守される根底には、立法者の命令にしたがわなければならないという考え方が存在するが、国際法は、**合意は守られなければならない**（ラテン語で、*pact sunt servanda*：パクタ・スント・セルヴァンダ）という思想、いわば公理が根底にある。

　このように二元論は、国際法と国内法の概念を明確に分ける。国内社会と国際社会は、現実にこの地球上に同時に存在しているが、法制度あるいは法体系に着目すると、国内法体系と国際法体系は別々の存在であって、それらが互いに独立していると考えるのである。別個の存在なのだから、両者が抵触するという発想自体成り立たず、国際法と国内法は、互いに干渉しあうことなく並存していると捉えるのが二元論である。

2）一　元　論

　二元論に対して、**一元論**は、国際法と国内法は、それぞれの法体系が一個の大きな法体系に包含されている、言い換えれば、国際法と国内法は１つの法体系の中に存在していると説かれる。この考えは、さらに国際法が優位である一元論と国内法が優位である一元論とに分けられる。

　①国際法優位の一元論　　これは、ドイツのケルゼン、フェアドロス、クンツなどによって提示された。彼らは次のように考えた。国内法がその国内社会で存在し適用される（つまり妥当する）のは、国際法がそのような効力を国内法に与えている（つまり委任している）からであり、国内法は全世界を覆う法体系の全体的な秩序の一部分である。また、国際法が国内社会で適用され実施され

ている現実を無視することはできない。2つの法体系を統合する上位の規範体系を必要とするが、これはまだ経験されていない（先験的）。国際法体系はいまだ原始的状態にあるが、これは将来、段階的に発展していき、最終的には国際法は完全な法体系になるのであって、このように認識することが正しい。そして、国際法と国内法が抵触する場合は、国際法が優先されるのだ。

②国内法優位の一元論　　この考え方では、国際法は、国家が認めるから存在するのであり、国家の意思によって国際法の内容が変更されるとする。この説は、19世紀から第一次大戦前ごろまで主張された学説であるが、現在、これを支持する者はいない。

ただし、ニカラグア事件でアメリカは、国際法違反の判決を受けたにもかかわらず、判決内容を履行しなかった。また、イラク戦争におけるアメリカの国際法に対する考え方に見られるように、現実的には、国際法は大国のパワーの前にその無力性をさらすことがある。それゆえ最近では、国際法無用論ないし無能論すら論じられることもあるので、国内法（国家）が国際法（国際社会）に優越するのではないかと考える誘惑にかられるが、国内法優位の一元論を論理的に推し進めていくと国際法の存在そのものを否定することにつながるので、この説を肯定する国際法学者はいない。

3）両説に対する批判

以上の2つの学説に対してフィッツモーリスから鋭い批判が唱えられた。これはのちに等位理論あるいは**調整理論**と命名される説である。彼は、一元論と二元論の論争そのものが非現実的で人工的なものであり完全に的外れであると主張した。なぜなら、一元論と二元論の論争は、両者の法秩序において共通の適用領域が存在するという前提に基づいているが、実際にはそのような共通領域は存在しないので、そもそも論争が成立する前提が成り立たないと論じた。つまり、国際法と国内法は、フランス法とイギリス法のどちらが優越するかとの議論が無意味なように、それぞれの領域において独自の最高性を有しているのであって、国際法と国内法という2つの法体系が対立するとしても、それは義務の対立であって、当該国家が国際法上の義務違反を犯した場合国際的な責任を負うことを意味するにすぎないと考えた。そして、共通領域の仮定自体

が誤りであり、この仮定に基づく一元論と二元論の論争は非現実的で不毛であり本質的に無意味であると結論した。

　フィッツモーリスのいう調整の概念を応用して次のように考えてみよう。たとえば、国家がある条約の締約国になるに際して、その条約の義務を履行するために国内法を制定しなければならない場合、あるいはその条約義務を履行するために国内法を改正しなければならない場合、その締約国はそのような立法措置を講じないと国際義務違反となるので、国際法の求める内容に沿うように国内法を変えなければならない。こうして、国際義務を履行できるように、締約国は国内法との調整をおこなわざるをえない。実際の国家実行を観察すると、国際法と国内法の関係というのは、伝統的思考である一元論または二元論によって静止的・固定的に捉えられるものではなく、動的かつ可変的に見なければならないのではないだろうか。

3　国際法の国内的効力

　国際法と国内法に関する伝統的な学説は、きわめて抽象的な法理論上の論争である。現実には、今日の国家は他国との関係が緊密になっており、国際法を無視して国家の運営はできない。国際法が国内社会と関わる場面は増大している。では、諸国は、現実に、国内において国際法の効力が生じることを認めているのだろうか。また、国内法体系において、国際法をいかなる位置に置いているのであろうか。この点については、その国内の最高法規である憲法ないし憲法的慣行がどのように国際法を扱っているか、また、国内裁判所が国際法をどのように適用しているかを見ればよい。

1）条約の国内的効力

　条約が国内で効力を持つためには、次の2つの方式のどちらかが採られる。1つは、一般的受容方式（編入方式ともいう）であり、もう1つは、変型方式である。前者は、条約をそのまま国内法として効力を認めることである。これを採用する国は、アメリカ、フランス、オランダ、オーストリア、日本などである。後者は、条約に書かれた内容を国内法に規定し直さなければ、国内で効力

を持たないとする方式である。これを採用する国は、イギリス、カナダなどである。

　しかし、国家の実行をよくみると上のような分類方法を不適当であるとして、自動的受容、承認法受容、個別的受容の3形態で捉える考え方が提示されている。自動的受容とは、条約を批准・公布することにより国内での効力を発生させる方法である。アメリカ、日本がその例である。承認法受容とは、まず条約が国内で効力を発生させることを承認する法律を別に制定する。そして、これを公布して条約が批准されれば国内的効力が発生するという方式である。ドイツ、フランス、イタリアなど欧州諸国にこの方式を採る国が多い。個別的受容とは、従来の変型方式に近く、国内で条約の効力を発生させるためには、国内で立法措置が講じられなければならないとするものである。この例は、イギリス、カナダなど大英帝国時代の植民地諸国に多い。

2) 自己執行条約

　一般的受容方式を採る国では、すべての国際法が国内的効力を有することになるが、国内法の制定が必要である場合も生ずる。どのような場合に、国内法が制定されるかというと、たとえば、条約をそのまま国内で適用しようとしても条約に書かれた規範の内容が不明瞭であるとか、条約に書かれた内容だけでは具体的に国内で執行するには手続的に不備・不完全な場合などである。したがって、国内法の制定が必要であるという視点に立てば、結果的に変型方式と大差ないことになる。

　これとは異なり、その条約の規範性が明瞭であり、国内裁判所が直接に適用しても問題ない条約がある。これを**自己執行条約** (self-executing treaty) または、自動執行条約と呼ぶ。この場合は、その条約が直接に国内で適用が可能であるから、裁判官は国内法と同様に援用することが容易になる。

　ある条約が自己執行条約であるか否かは諸国が自ら判定するが、条約を締結した締約国が、その条約中で条約の自己執行性を否定している場合は、諸国はその意思を尊重する必要がある。また、憲法が特定事項について国内法にゆだねている場合も、それに関する条約の自己執行性は否定される。

3）条約の国内法上の順位

　一般的受容方式の国において、ある条約が国内で受容された後、その条約は、その国内法体系のどの位置に置かれるのであろうか。これについて、アメリカでは、条約を連邦法と同位で州法より上位に置く。フランスでは、憲法より下位で法律より上位に置く。ドイツでは、連邦法と同位とする説が有力である。その他多くの国々で、条約を憲法より下位、法律より上に置いている。わが国でも、憲法98条2項の解釈として、条約は法律より上に置かれることが政府の公式見解となっている。そして、憲法と条約との関係については、憲法優位説と条約優位説の対立があるが、一般的には、憲法優位説がわが国では有力である。なお、オランダやオーストリアは、一定の条件の下で条約を憲法と同等または上位に置いている。

4）慣習国際法の国内的効力

　ドイツ、イタリア、オーストリア、スペインなど世界各国の憲法ないし憲法的慣行は、そのほとんどが慣習国際法を国内において効力のあるものとして認めている。判例法主義のイギリスでも、慣習国際法はコモンローの一部であるとする。アメリカでは、建国当初から慣習国際法の国内的効力が認められている。わが国憲法も98条2項における「確立された国際法規」とは、慣習国際法も意味するとされているので、慣習国際法は国内において効力を有する。

5）慣習国際法の国内法上の序列

　ドイツではその憲法である基本法より下位に、かつ連邦法より上位に慣習国際法を置く。そのほか多くの国、たとえば、イタリア、ポルトガル、ギリシャ、日本などでも慣習国際法が法律より優先すると解されている。

　一方、イギリスでは、慣習国際法の効力を議会制定法より下位に置いている。ベルギー、オランダでも法律を慣習国際法より優先させている。アメリカは、連邦憲法と連邦法より下位に、州法より上位に慣習国際法を位置づけている。

4　国際裁判における国内法

　国際裁判において、その問題を解決する法がみあたらないことがある。たとえば、領域画定で争っている場合、その領域に関する条約が紛争当事国で締結されていない事案などである。この場合、その領域に関する当事国それぞれの国内法を検討することがある。裁判審理中に紛争当時国は、当該領域に関する国際的義務を履行していることを立証したい場合もあるだろう。その際、そのような国際義務履行の証拠として国内法を援用する場合もある。

　いずれにしても、この場合の国内法は国際法ではなく、裁判を進める過程での「前提」と捉えられる。つまり、国際裁判で言及される国内法は、国際法上の法規則や法原則として適用されるのではなく、当該事件の「事実」であって、裁判所はこの「事実」を判断の材料にするということである。「事実」ということは、国内裁判所によってなされた当該国内法の解釈を国際裁判では変更できないということでもある。国内では「法」であるのに、それが国際の平面になると「事実」であるとする考え方は、国際法と国内法が二元的な関係となっていることを如実に表しているといえよう。

5　一方的行為

　国家は自らの意思で、一方的行為と呼ばれる法律行為をなすことができる。たとえば、後述する国家承認などである。一方的行為は民法上の単独行為と同じ概念と考えてよい。他方、国際法では**一方的（国内）措置**という考え方がある。これは国際法上の効果についての評価が確立していない行為のことである。その内容は政府声明や国内法として明示されるが、それらが国際的にどこまで通用するか。いいかえると、一方的（国内）措置は国家間においてどのような効力を有するか。この問いは、一方的（国内）措置をめぐる国家間紛争が国際裁判所に係ったときに表面化する。

　一方的（国内）措置の効力を論じた過去の事例として、たとえば、ノルウェー漁業事件がある。そこでは、ノルウェーが採用した直線基線方式による領海画

第3章　国際法と国内法　　25

定行為は国際上の法律行為に当たるか、つまりその有効性について争われたところ、これが認められた。これとは対照的に、漁業管轄権事件では、アイスランドが制定した漁業水域に関する国内法が、イギリスとの関係で争われた事例である。国際司法裁判所は、アイスランドの立法は国内において有効であっても、イギリスには対抗しえないとして、その国際法上の法的効力を認めなかった。

6　国際法上の義務の優先

　国家がいったん国際義務を受け入れたならば、国内法の規定を理由としてその国際義務の履行を回避することはできない。つまり、この場合、国内法より国際法が優先されるということである。この考え方は1872年のアラバマ号事件の仲裁判決で認められ、その後、常設国際司法裁判所および国際司法裁判所の判決でも踏襲された。つまり、条約の不履行を正当化する根拠として自国の国内法を援用することができないのである（条約法条約27条）。

　国家が国際的義務を履行しない理由にはいろいろあるが、国内法を根拠とした国際的義務の不履行の場合でも、その国家は国家責任が問われることになるだけで、その国内法が無効になるわけではない。

Case Note：中国人強制連行劉連仁訴訟

東京高等裁判所、2005年6月23日棄却、上告。
第一審、東京地方裁判所、2001年7月12日判決、最高裁判所、2007年4月27日棄却。

〈事実の概要〉　故・劉連仁（リュウリェンレン）さんは、中国山東省の住民であったが、日本軍部によって北海道へ強制連行され、そこで強制労働に従事させられていたが、1945年7月に逃走した。それから13年の間、彼は北海道の山中で逃走生活を送った。このような耐えがたい精神的苦痛を被った生活を強いられたことを理由に、劉さんは、日本政府に対する損害賠償請求の訴えを東京地裁に起こした。

　劉さんは一審で勝訴する前に87歳で亡くなったので、彼の妻、長男および長女が訴訟を承継し、奴隷条約および慣習国際法としての奴隷制の禁止、人道に対

する罪、ILO の「強制労働に関する条約」、ハーグ条約および附属規則の各国際法違反を主張した。

〈判決要旨〉 劉さんの遺族である被控訴人らの主張する国際法違反については、条約は国家間の権利義務関係を規律するのであって、当該条約内容が国内の裁判所で直接的に適用可能とするためには、その規定内容が私人の権利義務を定め、直接に国内裁判所で適用可能な内容のものであるという条約の締約国の意思が確認されねばならない。さらに、当該規定により私人の権利義務が明白で確定的に定められていることが必要である。被控訴人らが主張する各条約等には個人の損害賠償請求権発生の要件、効果を具体的に定めた規定はないから、これらの条約等を国内の裁判所で直接適用することはできない。

　一方、劉連仁さんを保護しなかった不作為については、国家賠償法 1 条 1 項所定の公務員の過失による違法行為であって、劉さんが被った損害と相当因果関係が認められる。だが、大日本帝国憲法下においては、国の権力的作用について民法の適用を否定し、その損害について国が賠償責任を負わないという国家無答責の法理が確立していた。また、中国においても政策として国家無答責の法理が存在し、中国の国家公務員の違法行為によって日本人が被害を受けても、国家賠償を認める法的根拠は存在しなかった。さらに、日中間には国家賠償について相互の保証もなかった。よって、原判決を取り消し、被控訴人らの請求を棄却する。

【考えてみよう】

①国際法と国内法が抵触する具体的な事例を考えてみよう。

②二元論、一元論、調整理論のそれぞれの長所と短所を考えてみよう。

③各国は、条約、慣習国際法を国内法体系の中でどのように位置づけているか整理してみよう。

【調べてみよう】

①岩沢雄司『国際法』第 2 版、東京大学出版会、2023 年。

②杉原高嶺「第 1 章　国際法の基本構造」杉原高嶺・水上千之・臼杵知史・吉井淳・加藤信行・高田映『現代国際法講義』第 5 版、有斐閣、2015 年。

③小森光夫「第 2 章　法源」小寺彰・岩沢雄司・森田章夫（編）『講義国際法』第 2 版、有斐閣、2018 年。

④ G. Fitzmaurice, General Principles of International Law, Recueil des Cours, Vol. 92, 1957-II, pp. 70-85。

⑤寺谷広司「『調整理論』再考」江藤淳一（編）『国際法学の諸相――到達点と展望　村瀬信也先生古稀記念』信山社、2015 年。

第 3 章　国際法と国内法　27

⑥多喜寛「国際法と調整理論」『法学新報』124 巻 5・6 号、2017 年、pp. 1-49。

⑦吉田脩「戦後補償　中国人強制連行・強制労働国家賠償請求訴訟控訴審判決」
　『ジュリスト』No. 1332（2007/4/10）。

⑧明石欽司「国際法上の義務の優越──国内法の援用の禁止　アラバマ号事件」
　『国際法判例百選』第 3 版、有斐閣、2021 年。

第4章

国際法の法源

> **Keywords** 形式的法源、実質的法源、法の一般原則、一般慣行、法的信念、強行規範

1　国際法の存在形式

　法源の定義は論者によって様々なので、ここでは、国際法はどのようなかたちで存在しているのか（法の存在形式）という意味として考えてみよう。

　自然界の見えない法（則）は、数式で表すことが可能である。法もわれわれにとって目に見えないものであるので、それが、どのようなかたちで認識できるのか、というのが法の存在形式の意味である。そうすると、国内法は、民法、刑法、商法などのかたちとなってわれわれの前に現れている。一方、国際法は、条約あるいは慣習国際法のかたちとなってわれわれの前に存在しているといえる。そして、この条約と慣習国際法を国際法の**形式的法源**と呼ぶ。また、後述するように、国際法の実質的法源と呼ばれるものもある。

1）条　　約
　法源を法の存在形式のことであると定義すると、日米安全保障条約は国際法として認識することができる形式的な法源となる。国連憲章もわれわれが認識できる国際法であり形式的な法源である。だが、条約は法源に含まれないという説も主張されている。これはどういうことか。

　人がつくる契約（contract）というものは個別具体的なものであって、法（law）とは異なり、契約は民法（契約法）という一般的で普遍性のある法によっ

29

て規律される存在であると考えられる。一方、国際法における個々の条約
(treaty) は、国際法の法主体間における意思の合致つまり合意 (agreement) あ
るいは約束 (promise) であって、それらは条約に関する諸規則である条約法と
いう一般的・普遍的な法 (law) によって規律される。つまり、条約（契約）と
法は、それぞれ異なるものなのだ。となると、法でない条約は法源とはならな
いことになる。

　しかし、法源とは拘束性が発生する原因や"源泉"のことであるとしよう。
そうすると、ある契約においては、契約当事者間で拘束力が生まれるので、そ
の限りにおいて契約は法とみなすことができる。つまり、その契約は法源とな
りえるということになる。同じように、条約も当事国間が守らなければならな
い拘束力が生じるので、その限りで法と捉えることができる。

　特に、国連憲章、国際人権規約、海洋法条約などのような世界規模の多数国
間条約は、国内の立法に類似した規範である。それらが、本来的には当事国の
合意で成り立った契約ないし約束であったとしても、一般的で普遍的な規範で
あるとみなすことができる。したがって、これらの多数国間条約には個別の条
約に比べ、一層強い拘束性が付与されるで、その意味において法と同じような
性質をもつ規範であると考えられる。つまり、個別の条約であれ一般的で普遍
的な条約であれ、これらは法としての性質を有するので、国際法の法源と捉え
ることができるのである。

　このように考えてくると、条約は国際法上の法源であるか否かの議論は、法
とは何か、法源の意味とは何かを探求する法社会学や法哲学の知見を借りる必
要があるといえるだろう。

2）慣習国際法

　条約のかたちにはなっていないが、国家によって実践されてきた規範もある。
公海自由の原則は典型例である。この原則は、1609 年に著した『自由海論』
において、グロティウスが主張した。当時は学説にすぎなかったが、のちにイ
ギリスがこれを実行し、19 世紀に入ると、諸国によって、国際法上の重要な
原則であるとみられるようになった。慣習国際法であった公海自由の原則は、
今では 1962 年発効の「公海に関する条約」となっている。つまり、公海自由

の原則は、300年以上の時間を経て条約として明文化されたことになる。それまで諸国は、公海自由の原則を暗黙裡に、国際間のルールとして認識していったといえる。同様に、条約になる前に、諸国によって実践されてきた分野としては、条約法、戦争法、中立法などがある。これらはそれぞれ、今では条約として明文化されている。

3) 法の一般原則

　国際司法裁判所（ICJ）規程第38条1項cには、法の一般原則が規定されており、法の一般原則も国際法という規範の具体的なかたちであるという説がある。

　法の一般原則とは、諸国の国内法に共通する一般的な法に関する原則の中で、国家間の諸問題に適用できる原則のことをいう。具体的には、過失責任の原則、信義誠実の原則、挙証責任と証拠能力の原則、訴えの利益と既判力の原則、禁反言の原則などがある。これらは、西欧諸国の共通する法原則であったものが、非西欧諸国で西欧法が受け入れられてきたために、今では法学における共通原則と考えられている。

　国際法のかたちとして法の一般原則が考えられた背景には、提起された訴訟について、裁判をすることができないこと、つまり裁判の不能を防ぐ目的があったといわれている。その紛争に関する条約や慣習国際法がなく、裁判で国家間紛争が解決できない事態を避けるために、諸国の共通原則である法の一般原則を使って解決にいたる方法が考えられた。今日では法の一般原則は諸国の共通原則だけでなく、国際法にも独自の法の一般原則があるとの主張も見られる。

2　ソフト・ロー

　ICJ規程第38条1項dでは、常設国際司法裁判所（PCIJ）、国際司法裁判所、国際仲裁裁判所、EU裁判所などの国際判決と諸国の国内裁判所が下した国内判決、さらに学者が説く学説は、適用する国際法を決定する補助手段であると規定する。これ以外にも、条約と慣習国際法のかたちになる前に、国際法を形

第4章　国際法の法源　　31

成する要素となると考えられるものがある。これを**実質的法源**という。なかでも、1970年深海底原則宣言、1974年経済的権利義務憲章などの国連総会決議や宣言などの実質的法源は、法規範性を有すると考えてよいものがあり、これらをソフト・ローと呼ぶことがある。なお、このような概念を「法前提」と考える法社会学者もいる。

3 慣習国際法の成立

慣習にしかすぎないものが、諸国によって法として受け入れられるには、客観的要件である国家の一般慣行と主観的要件である法的信念の2要素が必要であると国際司法裁判所は判示した。

1）国家の一般慣行

国家の**一般慣行**とは、一定の国家の行為が諸国によって何度も繰り返され、その行為が一般的な慣行にまでなることである。さらに、国際機関が国際法の主体であると考えられる今日では、国際機関の実行も一般慣行をつくることができると考えられている。「一般」とは、必ずしも地球上のすべての国々を指すものではない。相当広範囲でかつ代表的な国家が実行していれば一般的である、というのがICJの判断である。

一般慣行は時間的な要素を考えに入れた発想である。では、一般慣行が形成されるまでに、どれくらいの時間が必要なのだろうか。先に述べた公海自由の原則では、100年単位の期間が必要であった。今日では、短期間でも一般慣行が形成されると考えられている。たとえば、大陸棚の沿岸国の主権的権利は、1945年のトルーマン宣言以降、諸国が暗黙裡に認めアメリカと同様の政策をとり、13年後の1958年に大陸棚条約となった。排他的経済水域（EEZ）は1970年代後半から諸国によって実行され始め、12年後の1982年に国連海洋法条約が締結された時点では、慣習国際法として成立していたと考えられている。

2) 法的信念 (*opinio juris* オピニオ・ユーリス)

　法的信念とは法的確信とも呼ばれ、繰り返される国家の実行が、法的な権利と義務を発生させるという心理状態である。ある国家がある行為をおこなうとき、その行為は「法」であると自覚して実行するということである。そして、法的信念を伴わない国家の一般慣行は、国際的なエチケットすなわち国際礼譲であると捉える。国際礼譲は「事実上の慣行」と呼ばれ、法的信念を伴う一般慣行である慣習国際法とは区別される。

　しかし、これは論理が矛盾していると指摘する説がある。国家が、ある慣行を法であると認識するとき、その判断はどのようにして下されたかを考えると、すでにその慣行は法であると国家が認識してその慣行を法として実行しているにすぎないと考えるのである。つまり、ある国家がその慣行を法であると判断するときには、すでに、ある慣行は法規範でなければならないということだ。だとすると、ある慣行が法となるために法的信念という要件が必要であるといっても、すでに対象は法であるわけで、国家が、法となっていない慣行に対して法的信念を抱くというのは幻想であり、単に、すでに法となっている慣行を法として認識し実行しているにすぎないということになる。

　法的信念という概念には、さらに考えるべき点がある。つまり、ある国家の実行が慣行になり、それが法に変化する過程を考えると、ある行為を最初に開始した国家はその行為を法とは考えず、単なる一政策の実行と捉えるかもしれない。では続いて同じ行為をする諸国家が、その行為を法として認識し遵守するか否かの判断基準は何なのであろうか。ひとつの行為が繰り返され慣行になったとしても、それが法にまで昇華する場合としない場合の決定打は何か。このように、法的信念にはいくつもの問いが横たわっている。

3) インスタント慣習国際法

　時間は絶対的ではなく相対的であるので、短期間でも慣習国際法が成立するとの考え方を進めると、法的信念さえ存在すれば、一般慣行は不要であるという考えに行きつく。これをインスタント慣習国際法論と呼ぶ。これは、国際機関の決議や宣言に法的効力を持たせるべきではないかという思想が底流にあるといえる。時間的要素を考えないことは論理的には正しいかもしれないが、そ

れでもなお、一般慣行という客観的で時間的な要素をまったく否定することには違和感が伴うので、学説も一致していない。

4）法的信念は要らないか

　信念とは心理状態のことである。人は内面の心理状態を外部に表さないかぎり内面の心理は誰にもわからない。つまり、主観である心理状態は行為に現れる。これを国家に当てはめると、国家の法的信念を認定するためには、結局のところ外形的に表明された行為でしか判断ができない。となるとそれらの行為が蓄積した一般慣行が外形的に表明された国家の行為として法的信念が表されるのだから、一般慣行のみを見ればよいのであって法的信念は不要である、という考え方に行き着く。

　しかし、慣習国際法を認定する際に、一般慣行のみを成立要件とすると、「事実上の慣行」との区別がつかなくなる。したがって、法的信念という概念を用いざるをえないのであるが、法的信念不要論をまったく否定することもできそうにない。

　このように、慣習国際法の成立要件として、一般慣行と法的信念が必要であると言われてきたが、インスタント慣習国際法論では一般慣行が否定され、法的信念不要論では、法的信念が否定されるので、一体何が成立要件なのかわからなくなる。まさにデッドロックである。そこで登場したのが、経済学の知見であるゲーム理論だ。これは、慣習国際法の成立をまったく異なる視点から論じようとする考え方である。

4　慣習国際法の特質

　条約は、２国間あるいは多国間にのみ適用されるが、慣習国際法は、それが当てはまる地域のすべての国々が遵守しなければならないと考えられている。つまり、普遍性があるということだ。これを慣習国際法は一般的に妥当すると表現される。仮にその慣習国際法が適用される領域が地球上のすべての領域であるなら、その普遍性は全世界的なものとなる。そして、ある慣習国際法が形成されたあとに成立した国家は、その慣習国際法に拘束されると考えられてい

る。

　このように慣習国際法には強い拘束力があると考えられているが、それが形成される過程で、そのような慣行に一貫して反対してきた国家には、その拘束力は否定されるという主張がある。主権国家が、そのように一貫して反対してきたのだから、その主権国家の意思を最大限に尊重するわけだ。

5　国際法の効力関係

　国内法の体系は憲法を頂点とし、その下に法律が位置付けられる。一方、国際法では、条約と慣習国際法に上下関係はなく、同一平面上に存在する法であると捉えられている。そうすると、この2つの規範が抵触する問題が生じるときがある。

　たとえば、公海上の船舶の管轄権は、その船舶の旗国にあるとの慣習国際法が存在する。したがって、自国の近海の公海上で、他国の船舶が覚醒剤の密輸に関わっていたとしても、ただちに臨検することはできない。旗国主義という慣習国際法の法理があるからである。そこで、覚醒剤の密輸を防ぐために、公海上において、いつでも他国の船舶を臨検できる条約をその海域の国家間で締結する方が都合がよいが、これは旗国主義という慣習国際法に抵触しないだろうか。

　この問いについては、「特別法優位の原則」が用意されている。これは国際法独自の原則ではなく、法学一般の原理を国際法に応用したものである。

1）特別法優位の原則

　これは、別名「特別法は一般法を破る」の原則ともいわれる。条約は特定国間で結ばれるという意味で特別法である。慣習国際法は特定の領域において普遍性があるので一般法と捉えられる。民法と商法の関係を見ればわかりやすいだろう。上の例では、関係国間で締結された条約が結ばれることによって、旗国主義をとらなくてもよいことになる。つまり、慣習国際法は普遍的な拘束性を有するが、条約に表明された国家の意思によって適用されなくなることもあるということだ。

第4章　国際法の法源　　35

なお、ある一定の地域で形成された慣習国際法が存在する場合、それが特別法と捉えられ、より広範囲に適用される慣習国際法が一般法となることに注意が要る。

2）後法優位の原則

　特別法優位の原則のほかにも、後法優位の原則あるいは「後法は前法を廃す」の原則とも呼ばれるものがある。同じ事柄について作られた条約について、後で締結された条約が時間的に前に締結された条約より優先されるという意味である（条約法条約30条3項）。これも国際法独自の原則ではなく、法学一般の原理である。

　後法優位の原則は条約だけに当てはまるものではなく、慣習国際法にも当てはまる。後に成立した慣習国際法が前に成立した慣習国際法より優先されることがあるということである。

　国連憲章は、これを遵守しないと国連体制が崩れるので、特別の地位にあると捉えられている。憲章103条は、憲章と抵触する条約や慣習国際法がある場合、憲章が優先すると規定しているので、国連加盟国にとって国連憲章は、常に上位の規範となる。

3）強行規範（*jus cogens* ユス・コーゲンス）

　条約法条約は、「いかなる逸脱も許されない規範」で、「後に成立する同一の性質を有する一般国際法の規範によってのみ変更することのできる規範」、「国際社会全体が受け入れ、かつ、認める規範」を**強行規範**と規定する（条約法条約53条）。条約や慣習国際法が強行規範に抵触すると無効となるので、強行規範は最上位に位置する法であると考えられている。

　国内法の強行法規は、国際法の思考には存在しないといわれてきた。なぜなら条約や慣習国際法は国家の自由な意思によって成立するのであり、国家自身が自らを拘束することに合意するのであるから、国家は国家以外の存在によっていかなる強制もされないというのが国際法の思考様式であったからである。

　しかし、主権は絶対であり、国家は何ものにも拘束されないとしても、まったく自由に国内で人権を侵害するとか、他国を侵略するとかは許されないであ

ろう。その意味で、国家であっても、必ず遵守しなければならない法あるいは絶対的な価値が存在するのだという信念が、オーストリア人のフェアドロスたちによって提唱された。特に、悲惨な世界大戦を経験した国際社会は、このような絶対的価値を有する法の存在を認める方向へ向かっていき、条約法条約が審議される過程で、この信念が明文化されたのである。

強行規範として列挙できるものは多くはない。たとえば、海賊行為の禁止、奴隷売買の禁止、集団殺害の禁止、侵略の禁止、武力行使の禁止が強行規範であると考えられている。1970年のバルセロナ・トラクション会社事件判決においてICJは、国家の義務を2つに分け、特定国の権利に対する義務（相対的義務）と国際社会全体に対する義務（普遍的義務）とに区別した。ICJは強行規範とは明言していないが、この分類は国際法学にとって画期的なものであった。国際法は私法的規範の集合であると従来考えられてきたのだから、強行規範の概念は、国内法の公法的な要素を取り入れた思考であるといえよう。

Case Note：プレア・ビヘア寺院事件
国際司法裁判所、1962年6月15日判決

〈事実の概要〉　プレア・ビヘア寺院とは、タイ（当時はシャム）とフランス領カンボジアの国境にある古い寺である。1904年、タイとフランスとの間で国境画定条約が締結され、両国の国境は山脈の分水嶺を基準として、両国が設置した混合委員会が地図の作成を開始した。その後、地図作成作業が中断したので、タイは、フランス政府に地図の作成を依頼した。地図が完成したのは1907年であった。その地図によると、この寺はカンボジアの領域内に位置した。そこで、タイは1934年に独自で地理調査を開始したところ、分水嶺と地図上の国境線が一致せず、この寺はタイの領域内に入った。ところがタイ政府は、その後も1907年の地図を公式に使用していた。現地を見れば一目瞭然だが、断崖絶壁に建てられたこの寺の入り口はタイ側にあって、長年タイ政府は、地理的に見てこの寺がタイ側にあることを当然視していたと思われるが、1934年以降も1907年の地図に異論を唱えなかったことがタイ政府にとって、のちのち不利に働いた。

1949年にタイが同寺院に警備兵を配置したことをきっかけに、タイとカンボジア（1953年独立）は、国境画定会議を開き打開策を探ったが成功せず、1959年にカンボジアがICJに提訴したのが本件である。

カンボジアは、この寺はカンボジアに帰属すること、タイの軍隊は寺から撤退

第4章　国際法の法源　37

すること、タイ側が持ち去った古美術品等を返還することを求めた。タイ政府は、1907 年の地図は混合委員会が作成したものではないので拘束力はない、地図上の国境線は真の分水嶺ではない、タイは 1907 年の国境線を認めたことはないと反論した。本件では、法の一般原則と考えられた英米法上の禁反言の法理が適用されたと考えられている。

〈判決要旨〉 1907 年の地図は混合委員会によるものではないので、拘束力はない。また地図上の国境線と分水嶺とが一致していないとしても、それらは真の問題ではない。タイ政府が、幾度も 1907 年の地図について異議を申し立てる機会を長期間にわたって有していたにもかかわらず、異議を唱えなかったことが問題である。これはすなわちタイ政府がその地図を黙認したことになる。

【考えてみよう】

①国連総会において、全会一致で核兵器使用の違法性を認める決議を採択したとすると、この決議は国際法として扱ってよいだろうか。

②慣習国際法成立の伝統的 2 要件論を否定する主張は正しいといえるだろうか。

③国際法どうしが抵触する場合の解決方法は何か。

【調べてみよう】

①小森光夫「第 2 章 法源」小寺彰・岩沢雄司・森田章夫（編）『講義国際法』第 2 版、有斐閣、2018 年。

②岩沢雄司『国際法』第 2 版、東京大学出版会、2023 年。

③「〈特集〉慣習国際法の再検討」『国際法外交雑誌』（国際法学会）88 巻 1 号、1989 年、pp. 1-121。

④福王守「『法の一般原則』概念の変遷に関する一考察──国内私法の類推から国内公法の類推へ」『法政理論』（新潟大学）39 巻 4 号、2007 年、pp. 271-330。

⑤佐藤一義「国際法における強行規範（Jus cogens）概念の展開──国際法委員会における議論と条約法条約以後の展開」『法学新報 』128 巻 10 号、2022 年、pp. 301-321。

⑥宮田賢人「法的確信（*opinio juris*）の現象学的解明──フッサール現象学を慣習法論へ応用する試み」日本現象学・社会科学会編『現象学と社会科学』第 5 号、2022 年、pp. 75-89。

⑦ Jack L. Goldsmith & Eric A. Posner, *The Limits of International Law: The Limits of International Law*, Oxford University Press, 2006.

⑧森大輔『ゲーム理論で読み解く国際法』勁草書房、2010 年。

⑨千葉正士『アジア法の多元的構造（アジア法叢書 23）』成文堂、1998 年。

⑩六本佳平『法社会学入門──テュトリアル 18 講』有斐閣、1991 年。

⑪ニクラス・ルーマン（著）、ディルク ベッカー（編集）、土方透（翻訳）『システム理論入門──ニクラス・ルーマン講義録 1』新泉社、2007 年。

⑫浅田正彦「プレア・ビヘア寺院事件」薬師寺公夫・坂元茂樹・浅田正彦・酒井啓亘（編集代表）『判例国際法』第 3 版、東信堂、2019 年。

⑬寺谷広司「法の一般原則　プレア・ビヘア寺院事件」『国際法判例百選』第 3 版、有斐閣、2021 年。

第5章
条約の成立

> **Keywords** 条約法条約、一方的宣言、立法条約、条約の批准、国会承認条約

1 条約法条約

　条約とは何かという本質的な問題については第4章で触れたので、本章では個々の条約を規律する法である「条約法に関するウィーン条約」にそって条約に関する理論を詳しくみていこう。

　条約を締結するにはどのような手続が必要なのか。条約の効力とはどういうことか、条約を改正するにはどうするか、条約はどのように解釈するか、などといった条約に関する一連の諸規則を条約法という。この諸規則は慣習国際法であり、諸国によって実践が積み重ねられてきた。慣習国際法だと内容が明瞭ではないので成文化した方が諸国にとって都合がよい。そこで、国連の国際法委員会の場で1950年から、条約法の草案作成が開始された。1966年に最終草案ができ、1968年に国連条約法会議で草案が審議され、1969年に「条約法に関するウィーン条約」（以下、**条約法条約**）が採択された。この条約は1980年に発効し、2024年現在、締約国数は116カ国である。

　条約法条約には、慣習国際法として存在してきた法規則だけでなく、新たな法規則も盛り込まれることになった。この条約法条約は国家間で締結される条約だけを扱っており、国家と国際機関、国際機関と国際機関の間で締結される条約は対象外としている。これについては、1986年「国家と国際機関及び国際機関相互の条約に関するウィーン条約」が採択された。

2 条約の定義

　条約法条約上の条約とは、「国家間において文書の形式により締結され、国際法によって規律される国際的な合意」（条約法条約2条、以下、条文番号のみ）である。

　条約法条約では、条約は文書の形式をとっている必要があると規定するが、口頭の合意について条約としての効力を認めた1933年東部グリーンランド事件がある（Case Note を参照）。条約法条約でも、文書の形式をとらない国際的合意の存在とその法的効力を否定していない（3条）。

　条約は国際法によって規律される合意であるから、その合意は、条約法の適用を受けることになる。合意はつまり約束のことであり、これは民法の契約と類似する。契約は民法という法律によって規律される。国際法上の合意は、条約法という国際法によって規律される。契約は当事者に対して権利と義務を発生させる法律行為である。したがって、国際法上の合意もまた当事国に権利と義務を発生させることになる。そうすると、たとえば、外交会議の後に、政治的立場を表明する共同声明が発表されることがあるが、これが権利義務を生じさせる合意でないならば、そのような共同声明は条約ではなく、外交上、自国の政策を表明したものにすぎなくなる。

　条約は国際的合意でなければならないのであるから、2国間以上の国が交渉の末に達した合意が条約となる。これに対し、遺言に類似した単独行為である一方的行為（第3章第5節参照）は条約ではない。たとえば、フランスは、南太平洋の大気圏内での核実験を実施していたが、大気圏核実験から地下核実験に変更するという同国が一方的に発した宣言の法的拘束性について、国際司法裁判所は、これを国際法上有効とした。つまり、フランスと他国との間で合意が成立し、それに基づいて法的拘束力が生じたのではなく、フランスが一方的に宣言をおこなっただけで、フランスを拘束する国際法上の法的拘束力が生じるとされた。このような**一方的宣言**は、特定の相手方がいる合意ではなく、したがって条約ではない。

Case Note：東部グリーンランド事件

常設国際司法裁判所、1933 年 4 月 5 日判決

〈**事実の概要**〉　同君連合であったデンマーク・ノルウェー王国は、グリーンランドを支配していた。1814 年にノルウェーがスウェーデンに割譲されたが、グリーンランドは対象外であった。ノルウェーはグリーンランド南東部にあるスピッツベルゲン島の主権を主張し、1919 年、デンマークは異議を唱えないと表明した。一方、ノルウェー外相は、デンマークのグリーンランド全域に対する主権の主張について、異議を唱えない旨を口頭で宣言した。ところが、ノルウェーは、1931 年にグリーンランド東部を先占したと宣言したので、デンマークは、常設国際司法裁判所に提訴した。

〈**判決要旨**〉　1931 年までデンマークは、グリーンランド全域に対して主権を有していたことを立証した。一方、ノルウェー外相の発言は、デンマークのグリーンランドに対する主権を承認したものではない。しかし、この宣言によって、ノルウェーは、グリーンランド全域に対するデンマークの主権について争うことはできず、グリーンランドの一部を先占することは控えなければならない義務がある。よって、ノルウェーの先占は違法かつ無効である。

3　条約の名称

　条約の名称については、条約法条約 2 条に、どのような名称かを問わないと規定されている。名称は、条約、共同声明、協定、議定書、宣言、憲章、規約、規程、取極、交換公文、交換書簡、決定書、合意書、暫定協定などさまざまである。名称に条約とついている合意は問題ない。それ以外のものについては、合意した国家がその文書により法的に拘束され権利を付与され義務を負わされるか否かで決まる。その合意に権利義務が設定されていれば条約ということになる。

　英語では Treaty、Convention、Covenant、Pact、Protocol、Agreement などの語が用いられるが、それぞれ慣例的に使われており、これらに対応する日本語訳も多様である。

4　条約の分類

　条約は、いくつかの視点によって分類することができる。ⅰ）二国間条約と多国間条約は、当事国数による分け方である。ⅱ）閉鎖条約と開放条約は、当事国を特定国のみに限定するか、原加盟国、つまり条約採択の際に署名した国以外の国も当事国になれるかどうかによる分け方である。ⅲ）その条約の性質が一般的な内容であれば一般条約、特別な内容であれば特別条約となる。一般条約は当事国が多くなるが、特別条約はそれが少なくなる。2国間の条約は特別条約となり、国連憲章などは一般条約となる。ⅳ）当事国の意思が、共通の目的実現のために同じ方向に向けられている条約は立法条約、当事国双方の利害調整のための条約ならば契約条約という分類もある。ⅴ）正式条約は、批准やそのほかの厳格な手続にしたがって締結される条約であり、一方、署名や条約文書の交換によって効力が発生する条約は簡略形式条約である。ⅵ）処分条約は、国境画定や領土割譲などに関する条約で、1回限りの処分行為を目的とする条約である。当事国の継続的な関係を維持するために締結される国際河川を利用する条約などは継続的給付条約である。ⅶ）政治的色彩の強い条約は政治的条約であり、通商航海条約などは非政治的条約である。このように条約は種々に分類される。

5　条約の締結

1）条約を締結するのは誰か

　条約を締結することのできるのは国家と国際機関である。自然人は、一定の制約下で国際法主体になることができるが、条約を締結することはできない。連邦国家の構成国は、その国の憲法が許せば一定の商業的な条約を締結することは可能である。

　条約締結権者は誰か。つまり、国家のどの機関または人間が条約を締結することができるか。これについては各国の憲法で規定されている。通常、元首および政府の長が条約締結権者である。しかし、条約締結権者が条約締結に臨む

ことはまれで、全権代表がこの任を務める。全権代表は相手国に全権委任状を提示する。元首、政府の長、外務大臣、外交使節団の長は、当然に国家を代表する職務にあるので、全権委任状を提示しなくても国家を代表し条約を締結することができる（7条）。

2) 条約文を採択し確定する

　条約が締結されるまでいくつかの手続を踏まなければならない。まず、条約文を採択し、それを確定する段階がある。外交会議の場で関係国が条約の内容について交渉しながら、条約文の内容をまとめ、すべての国が同意することによって、条約文は採択される。多国間条約では、多数決方式で条約文が採択されることが多く、必ずしも全会一致は要求されない（9条）。

　条約文が採択されると、条約締結権者が署名をおこなう。これで、条約文が確定する。この署名には３つの方式がある。正式の署名、国家の追認が必要となる署名、正式な署名を予定する仮署名の３方式である（10条）。署名は、条約文の確定のためにおこなわれる行為であって、これだけでは、以下に述べる「条約に拘束されることの同意」を表明したことにはならない。

3) 条約に拘束される同意を表明する

　確定された条約が拘束力を有するためには、当事国が拘束されるという意思が表明されなければならない。これを、「条約に拘束されることについての同意の表明」という。その方法としては、批准、条約文書の交換、受諾、承認、加入がある（11条）。上述したように、条約への署名は当然に批准をおこなう法的義務を生じさせるものではない。批准をしたのちに作成される批准書は、その後、当事国どうしで交換されるか、あるいは署名式が実施された国に寄託される。これで条約の締結手続は完了する。

4) 批　　准

　批准とは、正式の条約に関する手続で、条約に拘束される意思を確定するための国際的な行為のことである。歴史的に批准は、全権代表が権限内で条約を締結したかどうかを君主などの支配者が確認するためにおこなわれていた。今

日では、条約締結者が署名したのちに、その条約の内容を自国に持ち帰り再検討する機会を得ることができる制度が批准であると捉えることができる。いいかえると、条約の当事国になると、その条約の義務を履行するために国内で立法が必要となる場合があり、また、条約義務を履行することが国民生活に影響をおよぼす場合もある。したがって批准は、条約締結権限を有する行政府の行為について立法府が関与することなのだ。こうして条約の内容が署名国によってより正確に認識されることになる。このように、民主国家においては、国民の行政への監視という観点から、行政府が締結した条約を国民の代表である立法府がこれを再検討する機会が与えられるべきとの視点で批准を捉えることができる。日本国憲法には、内閣が条約を締結する場合には、国会の承認を経なければならないと規定している（憲法73条3号）。

5）国会承認条約

　各国の立法府が、行政府の締結した条約にすべて関与することが望ましいが、多くの条約が毎年締結される現在では、時間的に困難である。各国は、立法府の承認を必要としない条約と必要とする条約とを区別して扱っている。日本では、前者を行政取極、後者を国会承認条約と呼ぶ。

　国会承認条約か否かは、1974年の大平三原則に基づいて判断される。この原則は、条約を次の3つの観点から分け、これらに当てはまる場合は、批准を必要とする条約として扱う。i）国会の立法権に関わるような国際約束、ii）財政の支出義務を負う国際約束、iii）政治的に重要で批准が必要な国際約束。このどれかに当てはまれば国会承認条約となる。なお、国会承認条約とは、国際法上の理論ではなく、日本国内の事情に合わせた考え方である。

6）条約の発効

　国内法においては、公布と施行という2段階があり、公布後に一定の期間をおいて施行されることにより効力が発生し、法的拘束力が生ずる。一方、国際法では、条約の効力が発生するのは、それぞれの条約中において規定された条件が揃ったときである。特にそのような規定がない場合には、拘束されることについての同意がすべての交渉国において確定したときに条約の効力が発生

第5章　条約の成立　　45

することもある（24条）。

7）条約の登録

　条約の登録とは、当事国が国連に条約を送付することをいう（80条）。国際連盟の時代では、連盟へ登録すれば条約の効力が発生すると定められていたが（連盟規約18条）、国連憲章には、登録に関する規定はあるが（憲章102条1項）、効力発生の要件とはなっていない。したがって、国連加盟国が国連に条約を登録しなくとも、条約当事国間では効力が発生するが、国際連合の諸機関に対して援用することはできないと規定されている（憲章102条2項）。

【考えてみよう】

①条約の定義に関する条約法条約の規定はどのようなものか。
②国家元首による口頭の約束は条約といえるだろうか。
③批准の意義とは何だろうか。

【調べてみよう】

①小森光夫「第2章　法源」小寺彰・岩沢雄司・森田章夫（編）『講義国際法』第2版、有斐閣、2018年。
②加藤信行「第10章　条約法」杉原高嶺・水上千之・臼杵知史・吉井淳・加藤信行・高田映『現代国際法講義』第5版、有斐閣、2015年。
③小川芳彦『条約法の理論』東信堂、1989年。
④坂元茂樹『条約法の理論と実際』第2版、東信堂、2024年。
⑤中内康夫「国会の承認を要する『条約』の範囲──現在の運用と国会で議論となった事例の考察」『立法と調査』No. 429、2020年、pp. 17-35。
⑥ "Definitions"（https://treaties.un.org/Pages/overview.aspx?path=overview/definition/page1_en.xml#conventions）（2025/1/6）。
⑦筒井若水「決定的期日　東部グリーンランド事件」『国際法判例百選』第1版、有斐閣、2001年。

第6章

条約の適用と効力

> **Keywords** 条約の留保、条約の一体性と普遍性、両立性の原則、条約の終了、解釈宣言、条約の無効、相対的無効原因、絶対的無効原因

1 条約の留保

本章も条約法条約にそって、条約に関するさまざまな考え方をみていこう。

1) 留保とは

ある条約の締約国になる意思を有する国にとって、その国のさまざまな事情から、その条約の趣旨と目的には賛成だが、その条約の一部の条文を受け入れたくない場合がある。

こういう場合に、すべての条項を受け入れなければその条約の当事国になれないとすると、条約の当事国になることを控える国も出てくるだろう。国内法の場合、国民はある法律の特定の条文に反対なのでその適用を拒むなどといったことは許されない。国内の法律は、すべての条文がその国の全住民に適用されるのが原則だからである。しかし、国際法の場合は、このような国内法の原則が当てはまらない。留保制度は国際法理論の大きな特徴のひとつである。

条約法条約では、**留保**とは、国がおこなう単独の声明で、法的効果を排除または変更することを意図する行為であると規定する（2条1項d）。国家は条約締結手続のどの段階においても留保を表明することができる。留保は通常、多国間条約に付される。二国間条約にも留保を付すことができるが、この場合、当事国は、新たな条約を結ぶであろう。

47

留保制度が存在する理由は、なるべく多くの国が条約の当事国となり、国際関係が良好なものとなるよう主権国家の意思が尊重されているからである。つまり、条約の当事国が多くなるという意味で普遍性があり、一方、条約の内容が全体として欠けることなく当事国に受け入れられることで、**条約の一体性**が生まれる。しかし、事情により一部の条文を受け入れられない国が出てくることもありうる。そこで、そのような国家にも条約の当事国になることができる、つまり**普遍性**が達成される仕組みが編み出された。それが留保制度である。

　日本が留保した例として、1966年の「経済的・社会的及び文化的権利に関する国際規約」がある。その7条では、締約国は、公正で良好な労働条件を享受する権利を有するとし、同条（d）では、「公の休日についての報酬」がその労働条件の1つに挙げられている。だが、日本政府は、国民の祝日に現実に労働を提供しないにもかかわらず賃金を支払うかどうかについては、労使の話し合いに委ねるのが適当であるので、日本政府は同条文に拘束されないと宣言した。

　留保制度は主権国家の意思を尊重する制度であるが、頻繁に実行されると条約の当事国関係は複雑になる。そこで、留保はできないとの条項を規定する条約もある。たとえば、国際刑事裁判所に関するローマ規程第120条では、締約国は留保ができないと規定している。

2）留保理論の展開

　留保はどのような場合に国際的に認められるのか。この留保の許容性に関する考え方は変遷してきた。これは4つの時期に分けることができる。①米州連合の留保理論、②国際連盟の留保理論、③国際司法裁判所の留保理論、④条約法条約の留保理論である。

　1910年発足の米州連合では、留保の許容については次のような柔軟な方法が採用されていた。つまり、留保国の主張を1カ国でも認める国があれば、留保をしようとする国は条約当事国となることができ、留保国と留保受諾国との間では留保が付いたかぎりで条約関係が成立するが、留保国と留保反対国との間では条約関係そのものが成立しないというものであった。これは、条約当事国がなるべく多くなるように考えられた方式である。

1920 年に国際連盟が発足し、全会一致原則にしたがった留保制度が採用された。すなわち、条約の全当事国がその留保を認めれば、その留保は有効となるが、1 カ国でも留保に反対する国があると、その留保は許容されないという考え方である。留保反対国があると、留保を付そうとする国つまり留保国は、留保を取り下げるか、条約の当事国にならないかどちらかの選択肢しかない。条約の一体性を重視したのがこの方式である。

第二次大戦後の 1949 年に、ジェノサイド条約留保事件が起きた。発効を数年後に控えたジェノサイド条約に対して、旧ソビエト連邦と数カ国が、国際司法裁判所の管轄権に否定的態度をとって留保を付したのである。各国はその留保に反対した。国連総会は解決策を探るために国際司法裁判所に意見を求めた。同裁判所は、**両立性の原則**と呼ばれる考え方を示した。これは、留保が付された場合、その留保が、条約の趣旨および目的と両立する留保なのかどうかを吟味し、条約目的と両立するならばその留保は許容されるとする考え方である。

条約法条約では、この両立性の原則が採用されつつ（19 条の c）、さらに独自の方式が導入された。つまり、条約中に留保を付すことが認められている場合などを除き、留保国は 1 カ国でも留保を受け入れる国が現れると条約当事国となることができるだけでなく（20 条 4 項 c）、留保反対国が留保国との間で条約当事国関係に入ることを拒否しないかぎり、留保国は留保反対国との間においても当該条約の効力を発生させ、条約当事国関係に入ることができる（20 条 4 項 b、21 条 3 項）というものである。これは、結局のところ、留保反対国が、留保には反対だが留保国が当事国になることまでは反対ではなく、したがって、留保国と条約関係に入ることを許容することを意味する。要するに、留保反対国の「反対」の意味を 2 つに分けた考え方であるといえよう。

留保を付した国は、留保受諾国の同意なくいつでもその留保を撤回することができる（22 条 1 項）。また、留保の受諾や反対の表明は書面で表明しなければならない（23 条 1 項）。

2　解　釈　宣　言

留保と似ているので、しばしば論争となるのが解釈宣言である。**解釈宣言**と

は、条約のある条項について、解釈が複数考えられる場合に、そのどれか1つを選択し宣言することである。解釈宣言は、留保のように、ある条項の適用を「変更」あるいは「排除」することではないので、他国が解釈宣言を受け入れるか否かという問題は起こらないとされる。このような解釈宣言は単純解釈宣言と呼ばれる。日本政府は、市民的及び政治的権利に関する国際規約22条2項にある「警察の構成員」という語について、「消防職員」を含むとの解釈を表明している。

　一方、複数ある解釈から単純に1つの解釈を選択するのではなく、その条文の法的効果そのものを変更または排除する結果にいたる解釈宣言がある。このような解釈宣言は留保と区別がつきにくくなる。この場合、ある締約国のおこなった宣言について他の締約国自身が判定する必要があるので、それが解釈宣言なのか留保なのかが争われることも起こりうる。特に、条約の締約国になる際に解釈宣言をおこない、これが認められなければ当事国とならないとするような解釈宣言がある。これを条件付き解釈宣言と呼び、留保との区別がつかなくなることがある。

3　条約の改正と修正

　条約法条約の第4部は改正と修正に関して定めている。二国間条約の改正は新しい条約を締結するものと考えてもよいので、条約締結手続と同じプロセスになろう。一方、多国間条約が改正されると、当事国の条約関係を複雑にさせることになる。ここでは、多国間条約を中心に条約の改正について見てみよう。

　まず、条約改正の提案はすべての締約国に通告されなければならない（40条2項）。条約の当事国は、改正に関する合意形成のために、改正交渉のテーブルにつく権利を有することはもちろんである（40条2項）。ところが、交渉の結果、そのような改正に同意できない当事国が出てきた場合はどうなるか。たとえば、国際連盟規約では改正に反対の国は、自動的に脱退することになっていた。

　条約法条約では、改正に反対の国も、改正前の条約当事国の資格はそのまま継続する。つまり、改正された条約は、改正に同意する当事国間のみで適用さ

れ、改正に反対した当事国と改正に同意した国との間では、改正前の条約関係が維持されると規定された（40条4項）。したがって、改正後に当事国となる国は、改正された条約の当事国とみなされ、改正に同意しなかった国との間では、改正前の条約の当事国とみなされる。このように、多国間条約が改正されると、条約の当事国関係が複雑化する。

一方、改正と似ているのが、修正である。修正とは、2カ国以上の当事国の間において、当該条約の内容を変更することである。修正は改正と異なり、全当事国の間で条約内容の変更の交渉がおこなわれるわけではない。したがって、条約の修正は、修正に同意した当事国間で条約が締結されたことと同じことになる。

修正を希望する当事国間だけで、そのような条約内容の変更がおこなわれると、条約の趣旨と目的を阻害する修正がなされることもありうる。そこで、条約法条約は、2つの場合を規定し修正を制限的に認めた。第1は、その条約自体が修正を可能としている場合。第2は、その条約が修正を禁止しておらず、かつ、その修正が、①修正に参加しない他の当事国が有する権利の享有と義務の履行を妨げず、②逸脱を認めれば、条約の趣旨と目的の効果的な実現とが両立しなくなる修正ではないものである（41条）。

4　条約の終了

条約の終了とは、条約の効力がすべての当事国に対し失われ、条約の存在が消滅することをいう。条約の終了は、条約の効力を一時停止する運用停止とは区別される。

条約の終了には、合意に基づく終了と合意に基づかない終了の2つの態様がある。条約中に条約の有効期間などが規定されていない場合は、当事国間の合意により条約を終了させることができる（54条）。条約の当事国すべてが、同一事項について新条約を締結する際、その条約の締結をもって前の条約を終了させることを意図していた場合は、前の条約が終了したとみなされる（59条）。

合意に基づかない条約の終了としては、①条約について重大な違反がある場合、②後発的履行不能の場合、③事情の根本的な変化がある場合、④新たな強

行規範の成立があった場合である。

①重大な条約違反　　重大な違反とは、条約法条約が認めていない条約履行の否定と条約の趣旨および目的に不可欠な規定の違反のことである（60条3項）。これを反対解釈からいえば、重大でない違反をもって条約を終了させることはできないということになる。

②後発的履行不能　　後発的履行不能とは、条約の実施に不可欠である対象そのものが消滅しまたは破壊され、条約の履行が不能となる場合である（61条）。たとえば、島の水没とか河川の枯渇などである。

③事情の根本的変化　　事情の根本的変化とは、後発的履行不能とは異なり、対象物の消滅ではなく、条約締結時の事情が予見不可能的に変化した場合のことである。濫用を防ぐために、この原則が認められるための要件およびこの原則が認められない場合が詳細に定められている（62条）。

④強行規範の成立　　新たに強行規範が成立した場合は、その時点から、これに抵触する条約は終了する（64条）。

5　条約の解釈

法の解釈というのは、法学における重要なテーマである。条約の解釈についても、法解釈学の一般的理論が妥当する。ただ、国内法に比べ、条約は政治・外交的な文脈で成立することがあるので、その解釈の方法について、より柔軟な考え方が条約法ではとられている。以下、条約法条約の規定をみてみよう。

条約の内容は、その条約の文脈と趣旨および目的に照らし、与えられている用語の意味にしたがって誠実に解釈されなければならない（31条1項）。条約の文脈とは、条約の前文、付属書、条約に関連する関係合意などのことである（同条2項）。また、条約は、解釈に関する当事者間の事後の合意や慣行なども考慮して解釈されなければならない（同条3項）。さらに、一定の場合に、条約の準備作業や締結時の事情を解釈の補足的手段とすることも可能である（32条）。

条約文は複数の言語で作成される場合があるが、どちらも等しく正文となる（33条1項）。解釈が分かれたときにどの言語の正文に依拠するかについてあらかじめ合意がなされる場合があるが、そのような合意がないときは、条約の趣

旨と目的を考慮してすべての正文について最大限の調和がとれるように解釈されなければならない（33条4項）。

6　条約の遵守と適用

　当然だが、条約は誠実に履行されなければならない（26条）。条約の不履行を正当化するために自国法を援用することはできない（27条）。つまり、国際法が国内法より優先されるということである。別段の合意がないかぎり、条約は不遡及的に適用される（28条）。また、別段の合意がないかぎり、条約の適用範囲は、当事国の全領域である（29条）。同一事項に関する相前後する条約が適用される際には、条約に優先関係が規定されている場合はそれにしたがうが（30条2項）、すべての当事国が後の条約の当事国となっている場合には、前の条約は後の条約と両立する限度で適用される（同条3項）。ただ、ここでいう「同一事項」の意味については、明確ではない。

7　条約の第三国への効力

　条約は、当事者間の合意が拘束力を生み出すので、合意形成に参加しない第三国には法的拘束力がおよばない。これを「合意は第三者を害しもしないし益しもしない」の原則という。一方で、第三国の同意があれば義務または権利を設定することができる（34条）。これを①権利義務の設定と、②権利義務の撤回の2側面に分けて考えてみよう。

　①義務を設定する場合は、第三国の書面による明示の同意が必要であるので（35条）、積極的な同意表明を不可欠の要件としている。権利を設定する場合は、第三国の同意が必要であるが、同意しない旨の意思表示がないかぎり同意の存在が推定されるので（36条）、第三国の明瞭な同意の意思表示は消極的に扱われている。

　②設定された義務が撤回される場合には、条約当事国と第三国とが義務の撤回を合意したときに撤回が可能である（37条1項）。権利の撤回の場合は、第三国の同意なしには撤回できないことが条約で規定されているとか、条約当事

第6章　条約の適用と効力　　53

国と第三国とで、第三国の同意なしには撤回できない合意がある場合には、撤回はできない（37条2項）。

なお、条約の規定が慣習国際法となった場合は普遍的な法的拘束力が生じるので、当該条約の第三国は、当然に当該慣習国際法によって拘束されることになる（38条）。

8 条約の無効

条約の締結においては当事国の意思に瑕疵がなく完全なものでなければならないが、その意思が不完全な場合は、その条約の効果を否定することが妥当であろう。これが条約の無効制度である。条約法条約では、条約が無効となる原因を8つ挙げている。

①締結権限に関する違反　条約の締結権限に関する国内法の規定に明白に違反しており、かつその国内法規定が基本的な重要性を有するものである場合である（46条）。国内法とは、通常、憲法のことを指す。「違反が明白」とは、客観的に明らかなことをいう。

②代表者の権限違反　条約締結の任に当たる代表者に与えられた特別の権限の内容が交渉国に知らされており、かつ、その代表者がその権限にしたがわずに合意を締結した場合である（47条）。

③錯誤　条約に拘束されることについて、その国が同意するための不可欠な基礎を構成する事実や事態に関して錯誤があった場合である（48条）。

④詐欺　交渉相手国による詐欺があった場合である（49条）。何が詐欺行為に当たるのかについて条文は明らかにしていない。

⑤買収　一方の相手国による買収行為があった場合である（50条）。何が買収となるかは定かでない。

⑥代表者への強制　相手国による代表者個人に対する強制があった場合である（51条）。

⑦国家への強制　交渉相手国が相手国に対して武力による威嚇または武力行使による強制をおこなった場合である（52条）。

⑧強行規範違反　強行規範に抵触する場合である（53条）。

①から⑤は**相対的無効原因**と呼ばれる。これは、相手国はこれらの理由で条約を終了することができるという意味である。逆に、その条約を無効としないことも可能である。⑥から⑧は**絶対的無効原因**と呼ばれる。これらに違反しないことが、「対世的義務」（*erga omnes*：エルガ・オムネス）と考えられ、これに抵触すると、その条約は最初から効力がない。

民法上、取消は、取り消した時点から法的効果が発生しなくなるが、無効については最初から効果がないとされる。条約法ではこれら2つは区別されていない。相対的無効原因は、それらを援用しなければ、条約の効力がそのまま維持され、援用後には無効となるので、民法の取消概念に近いものと考えられる。

Case Note：リビア・チャド領土紛争事件
国際司法裁判所、1994年2月3日判決

〈**事実の概要**〉　1951年にリビアはイタリアから独立した。当時、リビアはフランスの植民地と国境を接していた。独立したリビアは1955年にフランスと善隣友好条約を締結した。一方、リビアと国境が接していたチャドはフランスの植民地であったが、1960年に独立した。1973年、リビアは、フランスとイタリア間で1935年に締結された条約に基づいて、チャドとの国境にあるアウズ地帯を占領した。同地帯の帰属をめぐり、両国は1989年に紛争解決枠組み条約を締結し、1年以内に解決できない場合は国際司法裁判所（ICJ）に付託することを約したが、解決できなかった。そこで、1990年に、リビア、チャドはそれぞれICJに提訴し、ICJは同一紛争として審理を開始した。争点は、1955年の条約3条に規定されている内容、つまり、国境が一定の国際文書に由来する結果であることを承認する、という文言の解釈であった。リビアは、1955年条約は、すでに画定されている国境を承認するだけであり、それ以外の国境を画定するものではない（つまり、アウズ地帯の帰属はまだ決定されていない）と主張した。一方、チャドは、既存の条約は国境をすでに画定していると主張した。

〈**判決要旨**〉　条約は、文脈・趣旨・目的に照らして与えられる通常の意味にしたがい、誠実に解釈されねばならない。解釈は条約の本文に基づかなければならず、また、解釈の手段として、条約の準備作業や締結の際の事情などが考慮される。1955年条約の国境を「承認する」とは、その国境を「受け入れる」ということであり、リビアとチャドの国境は、すでに1955年条約によって画定されている。国境は、一度合意されれば恒久性をもち、ゆえに、アウズ地帯は1955年条約によりすでにチャドに帰属している。

第6章　条約の適用と効力　　55

【考えてみよう】

①条約の留保制度が存在しないとすると、どんな不都合が生じるだろう。

②なぜ条約の第三国への効果が議論されるのだろう。

③戦勝国が敗戦国に講和条約の締結を迫ることは、条約の無効原因となるだろうか。

【調べてみよう】

①広部和也「第2章　条約」波多野里望・小川芳彦（編）『国際法講義』新版増補、有斐閣、1998年。

②加藤信行「第10章　条約法」杉原高嶺・水上千之・臼杵知史・吉井淳・加藤信行・高田映『現代国際法講義』第5版、有斐閣、2015年。

③山本良「第3章　条約法」小寺彰・岩沢雄司・森田章夫（編）『講義国際法』第2版、有斐閣、2018年。

④櫻井大三「条約の無効援用権の喪失と禁反言──条約法条約第45条の成立過程における議論を手掛かりとして（1）（2）」『法學新報』（中央大学法学会）110巻9・10号、2004年、pp. 199-232、111巻1・2号、2004年、pp. 329-395。

⑤山形英郎「条約の解釈とは何か」『法学セミナー』55巻1号、2010年、pp. 18-21。

⑥中野徹也「人権概念と条約の留保規則」『国際法外交雑誌』111巻4号、2013年、pp. 587-608。

⑦「国際人権規約に対するわが国の取り組みに関する質問主意書」（第164回国会／質問第373号）。

⑧西元宏治「条約の解釈規則　リビア・チャド領土紛争事件」『国際法判例百選』第2版、有斐閣、2011年。

⑨西村智朗「リビア・チャド領土紛争事件」薬師寺公夫・坂元茂樹・浅田正彦・酒井啓亘（編集代表）『判例国際法』第3版、東信堂、2019年。

> **第7章**
>
> # 国際法の主体としての国家

> **Keywords** 国家の資格要件、分離独立、国家合併、国家の分裂、国家承認、尚早の承認、未承認政府、イスラム国、クリミア

1 国家という国際法主体

　伝統的国際法上、国家のみが国際法上の権利義務の主体であった。国家は国際社会において領土をもつ唯一の実体であり、領域内でのすべての人、ものおよびできごとを規律する権能あるいは統治権能をもつ。このように、国家は当然のごとく包括的な権利能力をもつものとして認められる。また、国家は自らの意思により、条約や慣習法などの形で国際法を創設する能力を有するだけでなく、国際機構といった国際法の主体を創設し、それに限定的な権利能力を付与することもできる。

　国家はその対内的および対外的な権力関係から類型的に識別される。国家の類型は、国家の存在態様が国家を取り巻く国際法関係にどのような影響を及ぼすかという点を明らかにするために帰納されるものである。国際法上、国家を語るときに、対内の中央集権および対外の完全独立という特徴をもつものが一般にイメージされる。現実においては、中央集権が徹底される単一制以外にも、多様な類型の国家が存在する。それらの国家は対外関係上一定の制約を受けたり、特殊な配慮をもって行動したりする。かつては、附庸国と被保護国という従属国家があった。今日では、連邦国家、永世中立国、英連邦といった形態の国家がある。また、バチカンも特殊な国家として存在する。

　国際法上、国家となるためには一定の要件が満たされなければならない。こ

57

れは国家システムの維持にとって大切である。また、多くの民族集団が国家としての地位を望んでいる、という厳しい政治的現実もある。**国家の資格要件**について、1933年米州諸国家の「国家の権利義務に関するモンテビデオ条約」の第1条の規定が、通説として一般的に受けとめられている。これは、以下の4つの要件を含む。

　第1に、永続的住民である。これは、領域との結合による安定的な共同社会の形成についての共通の忠誠関係を基礎に成立する人間集団をいう。その表徴として、国籍という国家と個人との法的紐帯が確立されている。ちなみに、国際法上の国家となるために必要な最小限の人口については、一定の基準が存在するわけではない。国連加盟国の状況を見ても、人口の多い国では14億人のインドがあり、人口の少ない国では2万人程度のサンマリノがある。

　第2に、確定した領土である。これは、領域実体としての国家の最も本質的な要素であり、国家の主権的活動の空間でもある。もっとも、領域の大きさや周辺諸国との国境が厳密に画定されているかどうかは、国家存在の要件とは無関係なものである。多くの国が領土紛争や国境紛争を抱えている現実を考えれば、この点は明らかである。

　第3に、政府である。これは、国内社会を自主的に統治し、それにより国内秩序維持のための国家管轄権を行使できる統治機構が事実上確立されていることを意味する。国家は組織化された権力でもある。政府の確立によって、国家がはじめて対外関係における行為主体として機能しうる。

　第4に、外交能力である。これは、自国の対外関係を自主的に処理することができる能力、いいかえれば国家の独立を意味する。ある実体が法的に他の権力主体に従属すれば、もはや国家として存続しているものとはいえない。歴史上存在した傀儡国家がこれに当たる。2014年4月ウクライナの領域で、ロシア系住民を中心に、建国宣言を出した「ドネツク人民共和国」と「ルガンスク人民共和国」は、ウクライナ戦争最中の2022年9月、ロシアによる領域併合が遂行された。これらは、わずかロシア、シリアおよび北朝鮮による国家承認を得たものの、明らかにロシアに操られた傀儡国家といえよう。

　そして、2014年6月、国家成立を宣言した**イスラム国**（Islamic State）は、主権国家体制において、明らかに歪な存在である。既存の国家領域・国境の意

味合いを根底から否定し、自らの支配領域の範囲を流動的なものとし、宗教教義や宗教法をもって国際法にとってかわるとするその過激な姿勢は、国家主権体制に対する深刻な挑戦を引き起こすものである。国際社会は、それを基本的にテロ集団として位置付け、武力行使を含み、厳正に対処してきた。領域を基盤とするイスラム国の存在態様は次第に失われている。

2　国家成立の形態

　国家の成立は国際法に直接規制されない史的、政治的過程ではあるが、さまざまな側面から国際法に問題を投げかける。歴史上、領域主権の変更をもたらす大きな原因の一つは、国家の対外的な領域拡張であり、具体的には征服や無主地の取得がその形態であった。今日では、領域主権の変更をもたらす最大の原因は、国家内部から生じる民族集団の分離・分裂要求である。

　領域における政治組織形態の歴史を振り返って見れば、今日の世界は、近代からの連鎖的転換の新たな岐路に立っているといえる。まず、帝国、君権または神権から政治権限を取り上げる民族原則への転換は、近代における戦争の主たる原因であり、主権体制を築き上げる大きな原動力であった。その過程で、同類支配の原則（the like-over-like principle）または民族自決が、帝国の民族的階層化を否定する思考様式として展開された。次に、新しく成立したばかりの国民国家は、近代領域観念を強く意識し、エスニック的な混在のある領域の獲得、または他のエスニック集団に支配された国境にまたがる民族の政治的運命の掌握に相次いで乗り出し、互いに競い合ってきた。さらに、こうして構築された国民国家の多くは、今日では、同類支配の政治的・シンボリック的利益から他のエスニックの排除を主張するエスニック民族主義の挑戦を受けることとなった。

　確定した領域を基盤とする近代国家は歴史上、民族という思考様式に先行するものであり、その既存の国境内における民族の再構築を重要課題として遂行してきている。世界人口の10%から20%を占める少数者が存在する現実を考えると、ほとんどの国が国民国家の宿命として国家の領域と等身大の民族のアイデンティティ構築の課題を抱えている。これまでの国際法は、国家レベルの

民族構築あるいは「一国家一民族」の構築に最も適した環境を創出してきたが、人権、民主主義、グローバル化の展開に伴って、領域をめぐる国家と民族の対立が次第に顕在化するようになった。

　国際法は国家の資格要件を定めるものの、国家成立の形態、方法そのものについては原則として規律しない。たとえば、国家の成立に関わる重要な政治的過程としての独立宣言について、2010年のコソボ独立宣言事件勧告的意見で、ICJ は、次のような見解を示した。「18、19 および 20 世紀の初期において、数多くの独立宣言の事例があり、そうした独立宣言に対しては、それが発せられた国家が常に強く反対する立場を採っていた。独立宣言が新国家の創設をもたらす場合もあるが、そうではない場合もある。しかし、いずれにしても、国家実行は全体として、そうした宣言発布の行為が国際法に反するということを示唆しているわけではない。むしろ、逆にこの時代の国家実行は、国際法は独立宣言の禁止規則を含めていないという結論を明確に示していた」。しかし、国家実行上、国家の成立に当たって新国家が積極的に国際的承認を求める一方で、既存国も新国家を承認するかどうか、そしてどの時点で承認するか、さらにどのような方法で承認するかを決めた上で、こうした要請に対応する。その意味で、新国家がどのような形態、方法によって成立したかではなく、新国家の成立という事実にどのような特定の法的効果を与えるかは、国際法の側面とされ、承認行為によってはかられる。

　今日の新国家成立は、一定領域に対する国家主権の交替・変動によるものであるが、その過程からいえば、領域主権との闘争によるものもあれば、関係国の合意によるものもある。実際、この過程上の相違は、国家成立の形式を異にするだけでなく、承認行為の重要性および意義をも異にすることとなる。国際法上、問題となる国家成立の形式には次のようなものがある。

　第 1 に、**分離独立**である。これは、国家の領域の一部が母国から分離して独立の国家となることを意味する。この場合、母国の法人格はこれによって影響されない。史的に、承認理論の発展に最も大きな影響をもたらしたのは、2 回にわたる非植民地化の過程であり、そのいずれも基本的に分離独立の形態をとっていた。まず、いわば領域取得の先占理論に基づいて獲得され、長い間植民地支配国の海外領域として存続してきた米州の多くの領域は、18 世紀末か

ら19世紀初頭にかけて、激しい闘争を通して、分離独立を達成した。この過程において、実効的支配を基礎とする国家承認制度がはじめて確立された。次に、第二次大戦後、特に1960年代から今日に至るまでに、国際的な管理制度の下に置かれた領域、すなわち信託統治地域や非自治地域の独立である。この過程においては、数多くの新国家が誕生しただけでなく、国家成立と国際法との関係も新たな展開を成し遂げた。国連の下で、自決権に基づく国家の形成が国際法上はじめて認められたからである。

　非植民地化後、分離独立は依然として多くの多民族国家におけるホットな課題である。1990年代以後、旧ソビエト連邦の崩壊により、多くの新国家が分離独立の形式で誕生した。そのほか、1993年エチオピアからのエリトリアの独立、2008年セルビアからのコソボの独立、2011年スーダンからの南スーダンの独立がそうした事例である。2014年ウクライナからのクリミアの独立宣言とロシアへの編入もそうした問題の1つである。

　第2に、**国家合併**である。既存の複数の国家が合併して単一の新国家を形成することをいう。たとえば、1871年に成立したドイツ帝国や1990年のドイツ統合である。これは、基本的に主権国家の合意に基づいておこなわれ、国家承継以外には国際法上特に複雑な問題を引き起こすことが少ない。承認は必要とされないという考え方さえある。

　第3に、**国家の分裂**である。1国が消滅して2以上の国に分裂することを意味する。この場合、母国が法主体性を失う。合意による分裂の場合もあれば、武力紛争を伴う分裂の場合もある。たとえば、1992年のチェコスロバキア連邦がチェコ共和国とスロバキア共和国に分裂した例が前者である。逆に、1991年から始まった旧ユーゴスラビア崩壊が後者に当たる。実行上、新国家の誕生は、分離独立によるものであるか、それとも国家分裂によるものであるかをめぐって、対立することがある。

3　国家成立をめぐる法的対応

1）国家承認の意義

　国家の成立は、国際法の主体の誕生、すなわちある既存の国家の領域主権の

変更あるいは新たな領域主権の確立を意味し、必然的に国際法に影響を及ぼすできごととなる。そして、国際法理論上、国家が国家として事実上成立すると同時に、当然国際法上の主体としての地位をも認められるかどうかという問いが存在するわけである。この問いを解くのは、承認理論の課題であり、しかも、この問いを解くことによってのみ、国家成立と国際法とが結び付けられることとなる。

　承認制度は、アメリカのイギリスからの独立をめぐって 1778 年から展開された**国家承認**の実行を通して確立されたものである。このときに、承認行為がはじめて国際法に関連するものとして認識されるようになった。具体的には、新国家が革命により樹立された場合に、既存国の承認が新国家にとってどのような意義を有するかという問題が提起される一方、承認行為が母国の領域主権に対する侵害に当たるかどうか、いいかえれば、新国家の国家性を肯定するために母国の承認が法的に必要であるかどうかという問題も生じた。現にイギリスは、フランスが 1778 年 2 月に友好通商条約の締結を通してアメリカを国家として承認したことがイギリスの主権に対する侵害であり、その国内事項に対する干渉であるとして、強く抗議した。

　その後、このような法的意識を抱く承認制度は、伝統的国際法の領域範囲の拡大や 2 度にわたる世界大戦を契機に登場する多数の新国家にも適用された。にもかかわらず、今日に至るまで承認理論は、事実上成立した国家が当然国際法上の主体としての地位を有するかどうかという問いについて、明確な回答を提供しえなかった。事実上成立した国家をどう認定するかという承認基準に関わる問題がある一方、承認が国際法における国家成立にとって必要不可欠であるかどうかという難問も残される。

　また、従来から学説上の対立が存在してきた。特に承認の効果については、各国の実行上の認定がかなり異なっている。学説は、基本的にいわば承認の創設的効果説と宣言的効果説という 2 つに分かれる。創設的効果説とは、承認以前の国家の国際法主体性を全面的に否定し、国家承認によってはじめて国家は国際法上の存在となり、国際法主体となる、という考えを意味する。その意味において、承認前の国家は単なる事実上の存在である。逆に宣言的効果説によれば、国家は、承認される以前において、すでに国家としての国際法主体性

を備えており、承認は単にそれを確認し宣言するだけのものだというのである。

　理論上、事実主義と法律主義の論争といわれるこの対立は、今のところほぼ終息しているといえる。つまり、今日の主流の学説は、両者を調和的に捉える形で、両者の主張を同時に支持している。それによれば、国家成立は事実のプロセスであるが、国家自身は法的構築物である。つまり、国家は、法によって評価される前にまず社会的現実として現れるものであると受け止められている。

　他方、承認行為をめぐる客観的基準と間主観的承認の調和は不可能に近い。モンテビデオ条約は、国家承認の客観的規準となり、国家を評価するための形式的尺度を提供する一方、承認行為の相対性がもたらす問題の解決には何ら指針を提供していない。結局、新国家の存在は、それを受け入れる用意をもつ諸国に対してのみ、現実的意義を有する。そうした認識によれば、国家性の概念は、間主観的にしか国際法システムにおいて機能しないものであり、それゆえ、一定の法的意義を与える行為主体またはレジームとの関係においてのみ法的効果を引き起こすものである。近年では、コソボやアブハジアと南オセチアの国家承認をめぐり、承認撤回と承認凍結の事例も見られ、その法的意義についての議論が展開されている。

　なお、国家承認と国連加盟は区別される。国家承認は、国家による個別の行為であり、国連加盟は国連憲章上の手続に基づいておこなわれる。これについてパレスチナ国の承認とその国連加盟の問題が良い例となる。2024 年 5 月現在、パレスチナを国家として承認したのは、国連 193 の加盟国のうち 147 カ国であるが、2024 年 4 月の国連安保理において、パレスチナ国の加盟承認の決議は 12 の賛成を得ながらアメリカの拒否権発動によって認められなかった。その結果、パレスチナ国の国連加盟の申請が再度失敗に終わった。その後、国連総会は大多数の賛成を得た決議をもって、安保理に対してパレスチナ国の加盟を再考するよう呼びかけた。

　他方、国連加盟が果たされたことは、すべての加盟国が新加盟国に国家承認を与えたとも意味しない。事実として、日本はいまだに国連加盟国たる北朝鮮に対する国家承認を行っていない。

第 7 章　国際法の主体としての国家　　63

2) 国家承認の実際

承認がおこなわれるためには、対象となる実体が国家として事実上成立していること、あるいは国家としての権力をすでに確立していることが必要である。これは、つまり、上述した国家の資格要件を満たし、一定の領域において実効的支配をおこなう自主的な政府が確立されていることを要求する。単に国家樹立の宣言がなされたのみで、まだ実効的な支配が確立されていない場合、国家承認をおこなうことは法的に許容されない。

しかし、実際どのような時点で新国家が独立を達成し、国家としての実質を備えたかを判断するには困難な場合が多い。国際法上、国家の要件の達成を確認する集権的機関は存在しないため、そうした判断は基本的に個々の承認国に委ねられる。その結果、国家の自由裁量の余地が多く、実行においては国家承認の要件の存否をめぐって対立がしばしば生じる。この対立の背後には、いわば尚早の承認（premature recognition）が国際法に違反する行為であるという原則が存在する。すなわち、国際法上、国家の要件をまったく備えていない実体を国家として承認することは、母国の主権を侵犯する国際法上の違法行為である。

尚早の承認は、実効的支配という国家承認や政府承認の要件がまだ整わない中でおこなわれる承認のことである。分離独立による国家の成立に当たって、母国がその支配権限を回復するための努力を有効におこない続けており、抗争の結果が完全に確定しない時期に、独立を目指す領域実体を国家として承認することは母国の主権に対する否定であり、国際法違反の行為とされる。1778年、イギリス軍の抵抗が継続されている最中に、フランスはアメリカを承認した。これは尚早の承認とされ、イギリスによる宣戦布告によって対抗された。1903年のアメリカによるパナマ承認も尚早の承認とされ、コロンビアからの強い抗議を受けた。ちなみに、政府の変更に関しては、合法政府が明らかに有効な抵抗をおこなっている場合、反乱集団を政府として承認することは尚早の承認を構成し、国際法に違反する干渉行為とされる。

実行上、新国家に与える承認がさまざまな形でおこなわれている。明示の承認と黙示の承認、法律上の承認と事実上の承認、条件付の承認、集合的承認といった形がみられる。

4　政府の違憲的な変更の法的対応

1）政府の変更と承認

　政府承認とは、ある既存国で革命やクーデターにより違憲的に誕生した新政府を、その国を代表する資格を有するものとして認め、それとの公式の関係を開始しあるいは回復させる意向を示す行為をいう。国際法上、政府の変更はたとえ違憲的な変更であっても、その事実が国内的な性格をもち、国家の権利義務関係に影響を及ぼすものではない。つまり、政府の変更は国際法の主体たる国家の変更でなく、その結果、国家の法的地位に影響しない。これは、いわば国家の継続性または同一性の原則である。たとえば、1923年のティノコ利権契約事件の仲裁判決（**Case Note**参照）が認めたように、旧政府によって締結されていた条約は新政府によって当然すべて承継されなければならない。その意味で、政府承認は、承認を与えた国家と与えられた国家との間に一般国際法上の権利義務関係のみならず、特別国際法上の関係をも復活させる効果を有する。

　また、特殊な問題として、政府の変更が国内の憲法秩序に反しただけでなく、国際法にも違反した場合がある。これについて、国際法に違反した国家への対応と同じように、不承認の政策が展開される。すなわち、国際社会がこうした違法行為に対する制裁をおこなうために、違法状態の除去を求める手段として当該新政府を認めない立場を採ることである。一般的に、外国の軍事援助によって維持される新政権が国際法上傀儡政権とされ、承認を与えられないものとなる。

Case Note：ティノコ利権契約事件
国際仲裁裁判、イギリス対コスタリカ、1923年10月18日
U.N.R.I.A.A., Vol. 1, pp. 369-.
〈事実〉　1917年1月、クーデターでコスタリカを掌握したティノコ政権は、コスタリカの名義でイギリスの会社に油田の探査および採掘の権利を認めた。また、通貨発行をもおこない、その相当な一部はイギリス法人たるカナダ・ロイア

ル銀行がもっていた。ティノコ政権の崩壊を受けて成立した新政権は、1922年8月、無効法という法律を制定し、イギリスの石油会社の石油開発利権契約を含む、ティノコ政権が私人との間に締結したすべての契約を破棄し、またその発行した通貨をも無効とした。

　そこで、イギリス政府は自国民の利益のためにコスタリカ政府に抗議し、その利権契約および銀行負債について請求権を有すると主張した。事件は1923年、合意のもとに仲裁裁判に付託された。

〈判決要旨〉　請求に関わる一般原則についてのイギリスの主張を認める（ただし、実質審議において、別の理由から、コスタリカ政府はこの請求について責任を有しないと判断した）。

　（1）事実上の政府と承認……ティノコおよびその立法機関は、2年間にわたり、コスタリカ政府の責任を平穏に果たした。そうした事実から見れば、ティノコ政府はその執政期間においてコスタリカにおける事実上の政府である。

　（2）事実上の政府と憲法……ティノコ政府は1871年憲法にしたがって樹立され存続したものではないから、事実上の政府ではないと主張された。しかし、当該国家の憲法手続にしたがわなければ事実上の政府にはなれないという考えは、革命は現行政府の基本法に反する新政権を樹立できないというような国際法の規則を作り出すこととなり、これは真実でありえないし、また真実でもない。

　（3）国内救済と外交的保護……契約上の義務およびコスタリカの法律要求として、そのイギリスの会社は本国の外交的干渉で請求を提出すべきでなく、コスタリカ裁判所に請求を付託すべきであると主張された。しかし、利権契約の規定において、外交的保護の要請に関わる禁止は、本件のように契約の存続そのものに関わる場合、適用されない。

2）政府承認の諸原則

　通説上、新政府が当該国家の領域全般に対して実効的支配をおこなっているならば、政府承認の必要かつ十分な条件が整っていることとなる。この考えは、いわば実効的支配を基準とする事実主義に基づくものである。つまり、すべての国がその自由意思により対外的代表権をもつ政府を選定する権利を有するので、他の国は新政権樹立の起源や方法を問うことなく、その政権の実効性を主たる基準にして政府承認の可否を判断すべきである。実効的支配は領域全部を支配していることを意味するものではないが、一定の領域に対する実効的支配が確立されていない段階におこなわれる承認は尚早の承認とされ、当該国に対する内政干渉を構成する。ちなみに、革命やクーデター政権が国の一部の領域

しか支配できていない場合、交戦団体の承認がおこなわれうる。

　国家実行上、実効的支配についての認定はしばしば主観的になされ、明らか
に安定した政権であっても国際的に承認を得ることができない現実をもたらし
た。たとえば、1907 年のロシア革命を経て誕生したソビエト政府は、1933
年になってはじめてアメリカの承認を得た。このような現実は結果として政府
承認の要件に関してだけでなく、政府承認制度の存立そのものに関しても理論
上の対立をもたらした。

　まず、事実主義に対抗して、正統性を承認の要件とする正統主義は、政府承
認制度の形成段階においてすでに出されていた。19 世紀のはじめ、フランス
革命の影響を受けて、各地に民主主義的な革命の機運が広がった。これに対抗
して、神聖同盟に参加した諸国家は君主主義的正統性の原則を承認の要件とし
て持ち出し、そうした正統性をもたない革命による政府への承認を拒否する態
度をとった。また、20 世紀に入り革命の頻発する中米諸国において、立憲主
義的正統性といわれる原則が主張された。これは、1907 年エクアドル前外相
トバールによって出され、トバール主義（Tobar Doctrine）と呼ばれる。立憲
主義に反する政権の樹立に対する承認を拒絶する立場である。この考えは、
1905 年の中米 5 カ国間の条約においても確認された。

　次に、政府承認の廃止論である。国家実行において、実効的支配が確立され
たにもかかわらず、新政府が国際的な承認を得ることができない事態、すなわ
ち**未承認政府**が存在する。これは、むろん承認の裁量的性格に由来する。こう
したことを背景に、未承認政府に対する差別扱いを是正し、国家の権利義務の
継続的実現を確保するためには、承認制度が廃止されるべきである、という考
えが生まれた。1930 年、メキシコのエストラーダ外相は政府承認という形を
採らず、外交使節の交換という形で政府の変更により生じた問題に対応すべき
であると主張した。これは、エストラーダ主義（Estrada Doctrine）と呼ばれる。

　また、1980 年代に入ると、英国をはじめ、多くの国は相次いで政府承認の
政策の変更を表明し、政府承認についての宣言を公式的にはおこなわない立場
を明らかにした。そのため、新政府との関係は、主に実用に応じて判断される
こととなる。これは、エストラーダ主義の延長線上にある考えであり、政府承
認制度の存続に大きな影響を及ぼす。こうした考えの背景には、正統主義また

は正統性の原則が機能している。実際、イギリスの政府承認政策の変更は、かつてのカンボジアのポル・ポト派政権を承認したことはジェノサイドなどの違法行為を犯した当該政権の政策を是認することである、という厳しい国内批判を受け入れておこなわれたものである。

　今日では、政府承認の法制度としての意義が確実に低下している。実効的支配を有するが、国際法の視点からみて、何らかの問題を抱えている政権に対しては、政府承認を控え、実務的に政府関係を展開するかどうかが判断される傾向が強くなっている。アフガニスタンのタリバン政権に対して、人権とりわけ女性の権利保護に大きな問題があるとして、政府承認が控えさせられる一方、それとの公式関係を展開する多くの事例がみられる。

5　不承認原則

　不承認政策は、1930 年代の満州事変への対応の過程で生まれたものである。満州への日本の侵攻に対して、米国国務省は、不戦条約の違反を根拠に、そうした違法な侵攻から作り出されたいかなる事態も承認しないという政策を明らかにした。当時の米国の国務長官の名をとってスチムソン・ドクトリンと呼ばれる。

　不承認は、連盟時代において、政策性・裁量性をもつものであった。国連の下では、不承認は政策から法的原則に変化した。まず、国連憲章は国家の領土保全に対する武力の行使または威嚇を明確に禁じた。また、不承認は、個別の国家によってなされるのではなく、一定の集権的権限をもつ国際機構によって決定されるものとなった。これによって、不承認は、集権的な法の執行あるいは違法行為への制裁の一環となり、機構の加盟国にとって法的義務を伴うものとなった。国連の場合、不承認は、ほとんどの場合、拘束力のある安保理決議によって決定され、加盟国に対して法的義務を負わせる。この点に関して、1971 年のナミビア事件勧告的意見で、ICJ は次のような見解を示した。ナミビアにおける南アフリカの居座りが違法であると安保理が認定した以上、国連加盟国は、ナミビアに関わる南アフリカの行為の違法性と無効性を認め、その行為の合法性を含意するようないかなる行動も慎まなければならない義務を負

う。

　国連憲章その他の国際法に違反する国家の成立と領域の取得に関して、国連の実行上、不承認原則は一貫性をもって適用されてきた。たとえば、2014年2月のクリミアの独立宣言に関して、国連安保理決議をもって**クリミア**の住民投票を国際法違反と認定する試みがロシアによる拒否権の発動で失敗に終わったことを受け、国連総会は、クリミアの住民投票は無効であり、クリミアのロシアへの編入は違法であるとして、すべての国家および国際機構にクリミアの法的地位の変更を承認しないよう求める決議68/262を採択した。

　また、不承認原則は、国際法に違反しまたは国際法上正当性を欠くような新政府の樹立に関しても適用される。一般国際法上の原則とまではいえないが、地域的レベルでは、代議制民主主義に反したクーデター政権が承認されてはならないという原則が存在する。1991年のハイチや1997年のシエラレオネのクーデターに対する米州機構（OAS）や西アフリカ経済共同体（ECOWAS）の対応がその例である。また、2021年米軍の撤退に伴ってアフガニスタンの支配を治めたタリバン政権に対して、領域の実効的支配の安定性や人権保護を始めとする国際義務を履行する意思と能力に対する懸念が払拭されず、ほとんどの国は政府承認を控えた。

　これまで不承認は、主に国際法上違法な国家の成立や領域の取得、また政府の違憲的な変更に関連して法的原則として展開されてきたが、今日では一般国際法上の強行規範との関連で、制裁・遵守メカニズムとしての不承認義務の発展にもつながっている。不承認義務は、2001年の国家責任条文41条において明確に規定されている。

6　承認と国内裁判

　承認行為は、国家間関係にかぎらず承認を与えた国の国内裁判においても、被承認国家または政府の法的地位、被承認国の財産の承継、立法の効力などに関して、一定の法効果をもたらす。一般的に、国家は承認の効果として、自国が承認を与えた新国家や新政府に対して、裁判所へ出訴する権利、裁判権免除、自国の領域に存在する旧政府所有の公有財産に対する所有権、新国家や新政府

の法令やその執行行為の効力を認めなければならない。これを否定することは国際法に違反し、国家責任の問題が生じる。

　しかし、国内裁判における承認効果の問題は、多くの場合行政府の承認行為（作為）の結果に関わるというよりも、行政府の未承認（不作為）の結果に関連する。すなわち、未承認政府の地位、具体的にその出訴権、裁判権免除、法律の適用などがどう処理されるべきかである。かつて、多くの国の国内裁判において、未承認政府は法的に存在しないものとされ、それに関わるすべての権利、地位を否定されていた。その主たる理由としては、裁判所が自らの判断から生ずる外交上の困難をさける必要性が挙げられる。いわば裁判所の自己制約である。しかし、承認行為の主観的性格により、新国家や新政府の樹立の時期とこれに対する承認との間にあまりに大きな時間的ずれが生じうるため、未承認政府の地位を一切否定するというような対応は、現実の問題を処理しきれず、次第に変化を見せ始めた。

　つまり、客観的に事実として存在する新国家や新政府との間に自国または自国民が取引やその他の民事関係に入っている場合、これらの法律関係を処理する現実的必要が生じる。たとえ未承認の政府であっても、国内裁判所は国際私法の規則にしたがい、その国内法を適用することが妥当だと判断する場合もある。こうした事実主義の考えに基づいて、行政府の立場をも配慮しながら、多くの国内裁判所は次第に裁判所への出訴権を除いて、承認された政府とほぼ同様な地位を未承認政府に与えた。その結果、未承認政府の裁判権免除を認めた事例、未承認政府の法令を適用した事例が多く見られる。特に、政府承認を明示的に宣言しない今日において、裁判所は、自国の行政府が特定の外国または外国の政府との間にどのような性格の関係をもっているかを自らの権限で判断した上で、その法的地位を確定することとなる。その意味で、裁判所はより大きな権限をもつようになる。にもかかわらず、国内裁判における承認の効果の問題は、すべて裁判所の権限を基礎に処理しきれない側面をもち、行政府の対外的立場、特に国家としての国際義務に適切な配慮を払う必要がある。

【考えてみよう】
　①政治的なプロセスから生まれる国家の成立について国際法はどのような役割をも

つのであろうか。

②政府の違憲的変更はどのような意味において国際法に関連するものであろうか。

③行政府が承認していない外国の国や政府について、裁判所はそれらに一定の法的
　地位を認めることは妥当であろうか。

【調べてみよう】

①芹田健太郎『新国家と国際社会』信山社、2020 年。

②加藤正宙「日本の国家承認実務」『国際法研究』5 号、2017 年、pp. 141-154。

③多喜寛『国家（政府）承認と国際法』中央大学出版部、2014 年。

④山形英郎「二一世紀国際法における民族自決権の意義」『法政論集』245 巻、
　2012 年、pp. 517-560。

⑤王志安『国際法における承認——その法的機能および効果の再検討』東信堂、
　1999 年。

第8章
国 家 承 継

Keywords 先行国、条約の承継、領域変更の類型、条約境界移動の原則、クリーン・スレートの原則、国家財産、国家債務、無国籍者

1 国家承継の意義

国家は生き物であり、誕生したり、滅亡したりする一方、領域を獲得したり、喪失したりする。そうした現象は、すべて一定の領域範囲内で生じ、領域主権の移り変わりがその最大の特徴である。それに伴って、かつて領域のために設定された法的関係は、どのように処理されるか、あるいは先行国の下で存在していた法的関係が承継国によって引き継がれるべきかどうかが問題となる。これは国家承継の概念をもって意識される課題である。

国家承継は、領域主権の変更の事実によって引き起こされる一国の国際関係上の責任が、新たに領域主権を獲得した国に移転されるかどうかに関する法的処理を意味する。受け継がれる場合もあれば、解除されるものもある。その際、判断の基準は主に2つの側面をもつ。1つは、国際社会にとっての法的関係の継続性と安定性である。もう1つは、新たな領域主権者の法秩序の一体性と必要性である。その意味で、国際法秩序と国内法秩序のバランスの上に国家承継の実行が展開される。

国内法上の相続は、人の死亡という単純明快な事実によって引き起こされる。国際法上、国家承継を引き起こすのは、領域主権の変更という事実である。ただ、この事実は、わりと複雑な事情を伴って発生し、一般には次の4つの類型に分けられる。すなわち、国家の結合、分離独立、国家の分裂、領域の一部

の割譲である。そうした異なる事情に応じて、国家承継に適用される規則も一定の相違を見せている。また、国内法上の相続が財産に限定されるのと違って、国家継承の対象は国家の国際法上の権利義務であり、多岐にわたる。具体的には条約、国家財産、国家債務、国家責任などが問題となる。近年では、領域主権の変更に伴って領域に住む個人の国籍がどのように処理されるべきかという問題も、国家継承に関わる。そして、先行国の国際法上の違法行為責任も、国家承継の文脈で処理される必要がある。

　先行国の権利義務がどのような範囲で、そしてどのような形で承継国に移転されるべきかについて、実行上の処理方法が多様性に富み、学説の見解も一致しない。このため、国家承継を処理する国際法の規範を統一的にまとめることが重要な課題とされている。国連国際法委員会の法典化作業を通して、1978年に「条約に関する国家承継条約」、そして 1983 年に「国家財産、公文書および債務に関する国家承継条約」が制定された。しかし、これらの条約は、非植民地化過程で生じた国家承継の問題を処理してきた各国の実行に偏りすぎて、国家承継について一般的な原則、規範を適切に取り入れているとはいえない。今日になっても、条約承継条約の締約国数は依然少数にとどまり、また、国家財産の承継条約は諸国家の賛同を得られず、未発効の状態が続いている。実行では、旧ソ連や旧ユーゴスラビアの崩壊において生じた国家承継の問題の多くは、これらの条約に依拠する形での処理を求められた（**Case Note** 参照）。他方、ドイツの統合に関わる承継は、多くの場合、承継条約の規則とかけ離れた方法で処理された。

　そのほか、領域主権の変更に伴う自然人の国籍の取り扱いに関する条約の起草作業も一定の進展を見せている。

Case Note：旧ユーゴの崩壊に関わる国家承継
旧ユーゴ平和会議仲裁委員会の勧告的意見（Nos. 9（1992），11-15（1993））
31 I.L.M. 1488（1992）；32 I.L.M. 1586（1993）
〈**事実**〉 旧ユーゴの崩壊に伴う紛争を解決するために、EC とその加盟国は1991 年 8 月に平和会議を開催した。紛争に関わる法律問題を裁判手続で解消

第 8 章　国家承継　　73

する方が妥当であるという判断に基づき、会議の下に仲裁委員会が設けられた。平和会議議長から、旧ユーゴの崩壊に伴う国家承継に関連するいくつかの法律問題について仲裁委員会に諮問した。それらについて、仲裁委員会は自らの意見を示した。

　ただし、留意すべきなのは、仲裁委員会は平和会議によって設けられた諮問機関であり、国家合意原則に基づいた通常の国際裁判ではないことである。実際、旧ユーゴ政府は、その法的位置付けに異議を唱えていた。

〈意見要旨〉　第1に、国家承継は、1978年と1983年の2つの国家承継に関する条約に具現される、国際法原則によって規律されるべきである。国際機構における加盟国の地位は、機構の設立文書にしたがって処理され、承継国の1つによって単独で主張されることはできない。

　第2に、国家承継の第1の原則は承継国間での協議、合意である。承継国の領域に存在する国家の不動産は、その国に移転される。その他の国家財産、債務、公文書は、その取得の資金調達のいかんにかかわらず、承継国間で配分される。

　第3に、国家財産、公文書、債務の衡平な配分の達成には、承継国間の協力が求められる。協力の拒否は国際義務の違反となる。ただ、協力の拒否によって国家承継における当該国の権利が損なわれてはならない。

　第4に、旧ユーゴ国立銀行は、国家権力の一部を行使してきたものであるから、旧ユーゴの崩壊により同時に解体した。したがって、この銀行は、国家承継の原則にしたがって承継国間で分割される財産、権利、利益に影響を与えるような決定をおこなう資格はない。そして、旧ユーゴの国家機関としてこの銀行の決定によって生じた権利・義務は、承継国に移転する。

2　条約の承継

1）条約承継の基本視点

　条約は国家間関係を規律する最も重要な法源であり、締約国の批准によってその領域に関わる法秩序の一部となる。領域主権の変更に伴って、かかる法的関係がどのように処理されるべきかが条約の承継問題である。

　条約関係の明確な取り扱いは、国際秩序の安定に直接つながる。**条約の承継**は、実質上、先行国の締結してきた条約が引き続き承継国にとって有効であるかどうかの問題である。これについて、かつて条約の性格の相違を基準に条約の承継が異なる方法で処理されるべきであるという理論が存在し、これを裏付ける国家実行も多く見られる。つまり、一般的に、国際法主体の資格と関連す

る条約、たとえば国際機構の設立条約は先行国の法人格的側面をもち、承継されえない。また、政治的な条約、たとえば同盟条約、友好関係条約、共同防衛条約などは、国家承継に伴う事情の変更を理由に承継されない。他方、領域制度に密接に関連する条約、たとえば国境制度に関わる条約、国際河川利用の条約、道路交通の条約や協定などは承継される（11条）。そして、中立化地域や非軍事化地域に関する条約も承継される。これらの規則は1978年の条約の国家承継条約にも反映されている。

　1990年代に生じた国家承継の事例において、条約承継の取り扱いは大きな関心を呼んだ。これらの実行には条約承継条約の規則にそって展開されるものもあるが、逸脱しているケースも少なくない。たとえば、旧ソ連の崩壊において、1992年7月、独立国家共同体は条約の承継については主に次のような原則を確認した。まず、各国の共通利益に関わる多数国間条約に関して、統一的な処理方法を定めず、共同体の各構成国がそれらを承継するかどうかについて独自に判断する。次に、2以上の国家の利益に関わる二国間条約は関係国の合意による。さらに、軍縮関連の条約は特別の協議を通して決定される。

　他方、ドイツの統合における条約の承継に関しては、統合条約の中で具体的な処理方法が定められた。まず、条約境界移動の原則を適用できるとして、11条はドイツ連邦（旧西ドイツ）がそれまで締結したすべての条約をドイツ全土において引き続き有効なものとする。欧州共同体との条約も同様に取り扱われる。もし旧東ドイツの法律と抵触するものがあれば、一定の例外または経過期間を設ける。次に、旧東ドイツが批准し、ドイツ連邦が批准しなかったすべての多数国間条約について、ドイツはその条約上の義務を負わない。ただ、国境に関する条約は除外される。さらに、旧東ドイツが締結した二国間条約については、関係国との協議が前提となるが、基本的に破棄される方向で処理される。

　このように、条約はすべて承継されるとも、すべて承継されないともいえない。異なる事情、異なる条約に関して異なる処理がなされる。条約承継条約は、そうした異なる事情に対応する具体的規則を取りまとめた。ただ、実行に照らしてみる場合、一定のズレが生じていると指摘できる。

第8章　国家承継　75

2) 条約上の規則とその問題

　1978年の条約承継条約は、領域変更の状況に応じて条約の承継に関する規則を設けている。これらの規則はわりと明確なものであるが、実行においては多くの問題を抱え制度的不備を露呈している。

　第1に、領域の一部が他の国に割譲されるとき、その領域に適用されていた先行国の条約は、当該領域について効力を失い、かわって領域取得国の諸条約が自動的に拡張適用される（15条）。これは、**条約境界移動の原則**（moving treaty-frontiers rule）と呼ばれ、当該領域が先行国の条約レジームから離れ、承継国の条約レジームに入ることを意味する。領域の統合を果たした国の法秩序の一体性を維持できることは、この原則の最大の魅力である。前に触れたように、ドイツの統合においてこの原則が適用された。このことは、事情が違っているものの、法秩序の一体性の維持という視点からは理解しやすい。実際、ドイツの統合は2つの国家の合併として理解するよりも、ドイツ連邦による旧東ドイツの吸収の性格をもつ。

　しかし、条約境界移動の原則と違った形で条約の承継が処理された事例がある。香港の主権移譲に伴う条約の承継である。厳密にいえば香港の中国への返還はすべて領域の割譲ではないが、実質的には香港に対するイギリスの主権的権利が1997年に中国に移転されたというものである。興味深いことに、そこに適用されているのは条約境界移動の原則でなく、基本的に条約の効力を存続させる原則である。つまり、イギリスの軍隊駐留を認めたような個別の条約を除き、これまでイギリスが香港のために締結した条約の多くは、1997年以後も引き続き香港に適用される。こうした取り扱いは、中国と違った社会制度と法システムが香港の高度な自治という原則の下で維持されていることと密接に関連する。異なる法秩序の維持が目的とされているため、その一体性に機能するような規則が適用されないのは当然のことである。

　第2に、国家の結合の場合には、先行国の条約が承継国によって引き継がれるべきであり、いわば継続性の原則が採用される（31条）。ただし、条約の適用範囲が制限される。つまり、複数の国が結合して1つの承継国を構成するときは、かつてその条約が効力を有していた先行国の領域に該当する承継国の領域部分についてのみ引き続き効力を有する。承継される条約を承継国の全

領域に拡張適用するには、多数国間条約についてはその旨の通告、二国間条約については相手当事国の同意が必要である。ここでは、国家領域全体の法秩序の一体性よりも、特定領域における法秩序の継続性が強調されている。

前に触れたドイツ統合における条約承継の取り扱いからすれば、国家統合に関して、国家の法秩序の一体性維持がきわめて重要である。これを損なうような条約が受け継がれたとしても、実行上、その効果はあまり期待できない。たしかに、国際関係の安定が大切であるが、長期的に見れば、国家の法秩序一体性の維持はその安定に寄与する。

第3に、国家の分裂または分離独立の場合には、基本的に条約の効力の継続が要求される（33条、34条）。つまり、国家の1または2以上の部分が分離して新国家を構成するとき、先行国が引き続き存在するか否かにかかわらず、先行国の全領域について効力を有していた条約は各承継国にも引き続き効力を有する。また、先行国の領域の一部であって承継国となった領域について効力を有していた条約は、その承継国のみについて引き続き効力を有する。ここでは、条約関係の継続は重要な意義をもつ。新国家の誕生に際して、かつての領域に設けられた法的関係がすべて無視されると、国家システムにとって大きな緊張が生じる。

実行上、この規則は緩やかな形で適用されている。旧ユーゴや旧ソ連の崩壊に伴い、先行国の条約は、承継国の判断にゆだねられているものもあるが、基本的に引き続き有効なものとされた。

第4に、いわゆる新独立国の条約承継である。条約承継条約において、新独立国はかつて従属状態、たとえば植民地支配に置かれてきた地域から独立した承継国を意味する。この場合、条約の継続的な有効が要求されず、基本的に民族自決権に対する配慮から、いわゆる**クリーン・スレートの原則**が適用される（16条）。つまり、承継国として新独立国は、先行国が第三国と締結した条約にはまったく拘束されず、これを承継するかどうかは承継国の意思による。その意味で、新独立国は先行国の締結した条約を承継するか否かの選択権を有する。具体的には、多数国間条約については、一方的な通告によって当事国としての地位を確立することができる。ただし、条約への加入がすべての当事国の同意を必要とする条約の場合には、そのような同意を得なければならない。

二国間条約については、新独立国と他の当事国とが明示または黙示に合意したときにのみ効力を有する。

この規則はきわめて特殊である。ある意味で法典化作業における力関係（特に数の力関係）を如実に反映した側面をもつ。途上国の勝利を示した規則でもある。ただ、実行において、新独立国は、条約に関して決して意のままに承継を選択したり拒絶したりしてきたわけではない。条約関係の安定性と継続性に相当な配慮を払っている実行も多く見られる。たとえば、承継協定を締結し、特定国家との条約関係の原則的承継を定める実行も見られる。

条約承継条約が存在する一方、実行上、1990年代以後の国家承継に関する国家実行から、次のような理解が次第に明らかになった。

まず、領域主権変動の形態に応じて条約承継の規則を構築する法典化の手法が疑問視された。多くの実証研究で、国家承継の類型に関する分類は国家実行に完全に合致するものではないという一つの結論が明らかになった。つまり、領域変動の形態に応じた形で条約承継が処理されたというよりも、ドイツにおける条約承継が端的に示したように、承継国は、領域変更の態様を念頭に置くことなく、領域の統治に対する領域変更の影響を重要視する立場をとった。

次に、条約承継条約のコア規定第34条が深刻な問題を抱えていると認識されている。本来、20世紀90年代の国家承継の多くは、条約の第5部の国家の結合及び分離に相当するものであり、それゆえ、第34条に基づけば、先行国の条約は承継国に自動的に引き継がれる規則が適用されることになるはずであった。しかし、条約承継の確認について条約寄託者が何ら役割をもつわけでもなく、この規則の実効性を確保するすべはない。

さらに、二国間条約承継の取り扱いには当事国の自発的意思が重要である。国家実行上、従来から二国間条約の承継と多数国間条約の承継は異なる法的課題として取り扱われてきた。多数国間条約の承継は、すべての国家の一般的国際利益を調整する力をもつものとして、承継国に拘束的義務を引き受けさせることを中心に展開されている。これと異なり、二国間条約は、境界およびその他の領域的制度に関わる処分的性格なものを除き、先行国がもはや元来の条約の当事国でなくなる場合、条約が消滅することとなるので、法的に承継国を拘束するものではない。

3　財産、債務、公文書の承継

1）国家財産の承継

　これは、先行国が所有していた国家財産が承継国に移転されるかどうかに関する問題である。ここでの**国家財産**は、国家承継がおこなわれた時点で先行国がその国内法にしたがって所有していた財産、権利および利益を意味する。

　承継の基準として、移転すべき国家財産と承継地域との関連性や承継地域の生存可能性が挙げられる。また、一般的に不動産と動産の承継が区別される。具体的には、不動産が領土の一種の付属物であるところから、先行国の領域内にあるすべての不動産は、領土の変更に伴って当然承継国の所有に帰すべきであると解される。病院、学校およびその他の国有施設などが含まれる。

　そして、動産の承継は、その流動的性格から財産の所在地に依拠することができないが、対象となる財産が承継地域の活動に関連しているかどうかを基準にして処理される。つまり、領域の生存可能の要求から、承継地域の活動に関連している動産が承継国に移転されるべきだとされている。

　1983 年の国家財産などの承継条約において、**領域変更の類型**に応じて財産の承継に関する規則が定められている。まず、先行国の領域の一部が移転する場合には、先行国の国家財産のうち、承継地域に所在する不動産と、その地域についておこなわれた先行国の活動と関連する動産は、承継国に移転する。そして、承継国が新独立国である場合には、国家財産の所在地いかんにより細かくその扱いを区別する。つまり、承継国に移転される先行国の国家財産としては、承継地域に所在する不動産、承継地域についておこなわれた先行国の活動と関連する動産が、まず含まれる。そして、もともと承継地域に所属していて、国家承継がおこなわれた時点でその地域に所在し、かつ従属状態の期間中に先行国の国家財産となった不動産と動産、またはそれ以外で財産の形成に従属地域が貢献した不動産と動産も受け継がれる。

2）国家公文書の承継

　国家公文書とは、先行国がその国家権限の行使に際して作成し、または受領

した一切の文書で、国家承継の時点でその国内法にしたがって所有し、かつ直接その管理の下で保持していたものをいう。国家公文書の国家承継についても、別段の合意のないかぎり、国家財産の扱いに準じて承継国への移転が認められる。

旧ユーゴの崩壊に伴って生じた国家公文書の承継に関して、EC の資金支援で公文書をコピーして配分するという方法で、承継をめぐる対立の解消が図られた。

3）国家債務の承継

国家債務とは、先行国が国際法にしたがって他の国家、国際機構またはその他の国際法主体に対して負っている財政上の義務をいう。先行国の対外債務がどのように承継国に承継されるかについて、1983 年の条約は、主に次のような規則を設けている。

まず、国家の領域の一部が他国へ割譲される場合は、両国間に別段の合意がないかぎり、国家債務はそれに関連して移転する財産、権利および利益を考慮に入れて、衡平な割合で承継国に移転する。また、先行国の領土がいくつかの承継国に分裂した場合、複数の承継国が存在するため、先行国と承継国、または承継国間の別段の合意がないかぎり、先行国の債務は衡平な割合で承継国に移転する。さらに、国家の結合の場合、国家債務は、債務が財産と同時に移転するという規則にしたがい承継国に移転する。最後に、新独立国に関しては、債務は原則として移転しない。ただし、承継領域における先行国の活動に関連する国家債務で、新独立国に移転する財産、権利、利益との間に結合関係がある場合、先行国と承継国との間に別段の合意がなされるときには、承継される。ただ、この場合でも合意は、天然資源に対する永久的主権を侵害してはならず、また新独立国の基本的な経済構造を危険に陥れるものであってはならない。

4　国家承継における国籍の問題

領域主権の変更に伴って、領域に住んでいる人々の国籍がどのように処理されるべきか。この問題について、今日に至るまで、明確な法規則は確立されて

いない。かつての実行において、住民の国籍はほとんどの場合、領域主権の変化に伴って変わることになっていた。つまり、領域における統治が一国から他国に取って代わる場合、その領域の住民の国籍は新国家の判断にゆだねられることが多く、中には旧来の国籍を失い、自動的に新国家の国籍を得ることもある。しかし、住民の民族的なつながりや人権といった側面を考え、こうした取り扱いは妥当ではないという主張は根強く存在する。実行上、わずかながら、国籍の決定が住民の選択にゆだねられるケースもあった。また、国籍の取得について、完全に承継国にゆだねる場合、自動的国籍取得に関して条件を設けたりすることによって**無国籍者**の問題も生じる。人権保護を重んじる今日の国際社会において、この問題も次第に注目されるようになっている。

　1990年代、ヨーロッパにおいて相次いで生じた領域主権の変更においても、国籍問題の処理は一貫した実行が見られなかった。旧ソ連、旧ユーゴの崩壊およびチェコスロバキアの分裂において、大部分の新国家は、領域主権の変更が国籍の変更をもたらすという規則にそって、領域住民の国籍問題を取り扱った。その過程で、国籍自動取得の原則は、ほとんどの場合、一定の条件の下で適用された。たとえば、領域に相当長い間居住していたことや過去一定期間犯罪歴がないことなどが条件とされる。特にバルト三国においては、民族的対立の現実を反映し、旧ソ連の他民族出身者に国籍を付与しないやり方もあった。そのため、無国籍者問題は大きな関心事となった。

　そうしたことを背景に、国連国際法委員会は、国家承継における国籍の取り扱いに関する法典化に取り組み、1998年、国家承継との関係における自然人の国籍に関する条文草案を採択した。また、地域的な取り組みとして、1997年、欧州審議会の下で欧州国籍条約が採択され、その中に無国籍者問題を中心に、国家承継における国籍の取り扱いが規定されている。人権保障の視点は、確実に国家承継における国籍の取り扱いに適用されるようになっている。

【考えてみよう】
　①条約の承継は、なぜ国際社会の法秩序の安定性と継続性にとって重要な意義をもつのであろうか。そして、承継国にとってどのようなメリットとデメリットをもつのであろうか。

第8章　国家承継　　81

②いくつかの承継国が先行国の国家財産の承継をめぐって争っている場合、どのような法規則が適用されるべきなのであろうか。

③国家承継における自然人の国籍の取り扱いに関して、人権重視の原則はどのように反映されるべきであろうか。

【調べてみよう】

①前田直子「国籍の国家承継」村瀬信也・鶴岡公二（編）『変革期の国際法委員会』信山社、2011 年、pp. 529-552。

②野澤基恭「国家解体・独立・継承──旧ソ連・ユーゴスラヴィアを事例として国家承継法の確立について」『平成国際大学研究所論集』9 号、2009 年、pp. 13-22。

③ Brigitte Stern (ed.), *Dissolution, Continuation, and Succession in Eastern Europe*, Kluwer Law International, 1998.

④森川俊孝「国家の継続性と国家承継」『横浜国際経済法学』4 巻 2 号、1986 年、pp. 159-211。

⑤小川芳彦「条約に関する国家承継条約」『国際法外交雑誌』81 巻 1 号、1982 年、pp. 1-29。

第9章

国家の管轄権原理

> **Keywords** 国家の基本権、主権、国家管轄権の根拠、域外適用、国際礼譲、相互主義、主権免除、制限的免除主義

1 領域的実体としての国家

　国家は領域的実体である。この現実を基礎に、国際社会が形成され、そしてその社会の法的規範として国際法が創設されたわけである。その意味で、国際法は領域的実体としての国家の並存を前提とする。それだけにとどまらず、国際法は領域的実体の特徴の多くをもそのありのままに受容している。従来からいわれた国家の基本権の思考は、これと密接に関連する。

　国家の基本権の考えは、自然法思想に根ざし、国家であるかぎり認められる一定の固有の権利を意味するものとして理解されてきた。領域主権、独立権、自己保全権といった権利は、領域的支配者たる国家の特徴を法的に表現したものであるにすぎない。そして、平等権、不可侵権および干渉を受けない権利は、領域的実体の相互関係の基本性格を反映したものとして理解されよう。しかも、「国家の基本権は、いかなる方法によっても損なわれるものではない」（米州機構憲章 11 条）。その意味で、国家の基本権は、国際社会の構造や国際法秩序の性質に深くつながっている。

　国家の基本権を内容的にどう捉えるかに関して、必ずしも一致した意見は見られないが、領域的実体の特徴を最も端的に表したものとして、主権概念が最も広く使われている。

　主権（sovereignty）の概念は、もとは法的概念というよりも、政治的概念で

83

ある。近代国家成立の過程において、ジャン・ボダンやその他の絶対君主主義の思想家たちは、内外の封建的な諸権力に対抗し、いかなる権力にも従属しない最高絶対の国家君主の権力を表すものとして主権概念を用いた。

　国際法学は、そうした意味での主権概念を国家の本質に適したものとして受け入れた。法学上、主権とは、国家が対外的にいかなる国家にも従属せず、独立していること、そして対内的にはその領域内のすべての人、ものおよびできごとに対して排他的な統治をおこなうことができることを意味する。

2　国家管轄権の原理

　主権、独立および平等の地位をもつ国家は、その領域内において、そしてその相互関係において、それぞれどのような権限をもつものであろうか。あるいは、そうした権限は、どのように適切に配分されるべきか。これらは、国際法における国家管轄権の課題である。国家管轄権は、国家の領域的実体としての存在に密接に関連する。それに関わる原理は、広く捉えれば、国際関係における国家間の管轄権の配分・調整、ひいては国家のすべての権限主張・行使の合法性および正当性に関わる。

　国家管轄権（jurisdiction）は、国家のパワー（power）に属するものであるが、それと同義のものではなく、むしろ国内法上明確な規範で規定される国家の権力作用である。いいかえれば、国家管轄権は、一定範囲の人・財産・事実に適用し行使する、法令上国家またはその機関に認められる権能である。

　国家は、領域的実体として、自らの管轄権について一定の基準をもって主張し行使することができるが、一方的に管轄権に関する規範を作り出すことはできない。ただ、国家管轄権は、国内法制度に基づく国家の強力発動の一形態であり、厳格な適法要件および明確な基準をもった内在的に自制的な権限行使という特徴をもつ。しかも、国家管轄権の配分・調整に関わる国際法上の基本原理の多くは、そもそもそうした国家の自制的権限行使に大きく依存している。さらに国際法は、領域的な政治的実体の存在およびその意味を十分に認めた上で展開される法体系である。こうしたことから、国家管轄権原理は、他の分野の国際法規範の状況と比べ、国内法との間に一層親和的で複雑な交差を有する

84

ものと解されよう。

実際、国家管轄権の配分・調整を規律する国際法上の原理は、主に3つの側面から探求されている。

第1に、国家権力の作用の基礎に直接関わる形で存在する国家管轄権の根拠である。領域原則、国籍原則、保護的原則そして普遍的原則が管轄権の根拠として挙げられる。これらの根拠は、国家管轄権を国家間に配分・調整するための重要な国際法規範としても機能する。

第2に、国家システムの存在を意識し、権限行使における国家の慎重さまたは自制を促す**相互主義**や**国際礼譲**である。これらは、本質上一方的行為としてなされる国家管轄権の主張・行使に対して、一定の自制を作り出すこととなる。

第3に、国家管轄権の積極的抵触を調整する必要性から、管轄権の配分・調整に妥当な国際法上の原理・規則である。これらは、国際法の一般原理・原則の形で存在するものもあれば、学説上あるべき妥当な規範として主張されるものもある。

これらの側面は全体として、国家管轄権の配分・調整に適用される原理・規範を構成するのであるが、決して同一の平面で機能するものではなく、むしろ異なる事情に対応し、それぞれ異なる機能および限界をもつものである。

なお、今日、国家管轄権の課題として意識されているのは、国際法上明確に制限されておらず、かつ国家がその自らの管轄権の根拠に基づいて主張できるような管轄権の行使の合法性および正当性をめぐる対立である。その典型的な表れは、いわゆる域外管轄権または域外適用（extra-territorial jurisdiction）の問題である。

他方、南極、宇宙空間、公海といった国際区域や、港、領海および排他的経済水域といった国際的性格をもつ区域に関して、条約による管轄権の配分は相当進んでいる。これらの区域における国家の管轄権は、条約の遵守履行の問題となっている。

1）国家管轄権の根拠

国内法上、国家管轄権の設定および行使は、一定範囲の人、財産、事実に向

けられるもので、それぞれ人的、場所的、事項的な基準により一定の範囲に限定される。自国にまったく無関係な外国人の域外行為について規律するような国内法が見当たらないのと同様、自国の公権を無制限に他国の領域まで拡大させるような国内法も皆無である。国家は、一定の領域と人口を基礎に構築された政治共同体であり、この基礎を無視するような権限を行使するものではない。国際法原理や規範の制約に服する以前に、国家は、政治的理性を備えた領域的実体としての歴史的使命によって自らの管轄権の行使について必然的に一定の制約を設けている。

　国際法は、そうした国家実行から洗練された管轄権の根拠を受け入れている。そのため、そうした根拠は、国際法における国家管轄権の根拠でもある。そして、**国家管轄権の根拠**は、国内法と国際法の二重構造を鮮明にもつ。諸国の国内法におけるそうした根拠の適用上の展開は、国際法における国家管轄権の根拠の内実に大きな影響を及ぼす。

　以下、国家管轄権の根拠について具体的に見てみよう。

　第1に、領域原則である。領域原則とは、国家は、その領域内でおこなわれたすべての違法行為に関し、行為者または被害者の国籍の如何を問わず、管轄権を有するという原理である。これは、国家の属性から確立された国内法上の原則であると同時に、国際法上すべての国に認められる原理である。

　第2に、国籍原則である。国籍原則に基づいて、国家は、その行為のおこなわれる場所に関係なく、自国民の行為を規制する権限をもつ。自然人や法人とその国籍国の結びつきは、国際法上一般に認められる。域外における本国の会社による賄賂や不正行為を禁止する立法が多くの国によってなされたのは、明らかに国籍原理に基づいた行動である。ただ、国籍原則に基づく管轄権の行使にあって、他国の正当な管轄事項を干渉することや、行為地国の法律に違反するような形で自国民を行動させることは、法的に許容されない。

　第3に、効果理論である。この理論に基づいて、国家は国際法上、その領域内に重大な影響を及ぼす域外の行為について規制する管轄権を有する。すなわち、国家は、領域外でなされる行為であって、領域内でその実質的効果が生じているもの、またはそのような効果の生じることを意図したものに関して、法規則を制定する管轄権を有する。

効果理論は、客観的領域原則という刑法の概念に由来する。その原則によれば、国家の領域外にいる人が故意にその領域内に効果をもたらす行為をおこなった場合、当該人が効果の発生地において責任を問われうる。ただし、客観的領域原則では、効果が行為の直接か近因の効果でなければならないと要求するのに対して、効果理論は、行為とその効果との関係の密接さを強くは求めない。アメリカの対外関係法リステートメント第402条（1）項において、効果理論が国際法の原理の1つであるとされている。他の国の多くもこの理論を受け入れている。とりわけ独占禁止法（独禁法）に関しては、多くの国は、域外で外国人によってなされた独禁行為について、効果理論を根拠に、自国の独禁法を適用するようになっている。

第4に、普遍的管轄権である。国際法は、国際社会に対する一定の犯罪行為に関して、管轄権の行使をすべての国に認めている。普遍的管轄権の下では、たとえある行為が領域外で発生したとしても、また自国民でない者によっておこなわれたとしても、そしてまた自国民がその行為により害されることがなくても、国家は、その行為について自国法を適用するために管轄権を行使する権利をもつ。

普遍的管轄権の対象とされる犯罪は、限られたものである。その要件として、これらの犯罪がほとんどの国の国内管轄権において犯罪として一般的に扱われている一方、国際秩序に対する犯行としても認められているということが挙げられる。普遍的管轄権を行使する権利は、普遍的もしくは準普遍的な条約または一般国際法を受諾することから生じうる。奴隷制度や海賊行為は、一般国際法において普遍的管轄権の対象として認められている。そして、戦争犯罪に関する普遍的管轄権は、第二次大戦後のニュールンベルク国際軍事裁判や1949年のジュネーブ諸条約を通して確立されている。また、1998年、国際刑事裁判所が創設されたことにより、普遍的管轄権は、一層強化されることとなった。

2) 域外適用の調整
特定根拠の援用に基づく管轄権行使は、国際法上一般的には許容されるものの、国家間の管轄権の抵触を引き起こす可能性がある。**域外適用**は、その典型的な形態となる。つまり、国内法規制の実効性を確保し、または国際社会の共

通の利益を実現するために、国家がその領域外でなされた外国人の行為につい
て管轄権を主張し行使することである（**Case Note** 参照）。たとえば、外国企
業の域外でなされた独禁行為について、域内に影響を及ぼす場合、国家は効果
理論を根拠に管轄権を行使することが考えられる。他方、当該外国企業の国籍
国も、当然領域原則または国籍原則に基づいて規制の権限をもつ。そのため、
管轄権の根拠に基づく権限の行使は、一定の制約または調整に服されなければ、
場合によっては、国家間の利益対立が生じることとなる。

　そうした法的制約は、まず国家システムの存在およびそれに対する国家の自
覚に求められる。管轄権の行使に当たり、近代国家は国際社会の一構成員とし
て国家システムの存在を意識しなければならない。実際、国家は従来からほと
んどの場合それを自覚し、主に国際礼譲や相互主義を相当に配慮した形で、管
轄権の主張・行使を自制的におこなっている。これによって域外適用問題を取
り扱う具体的な方法も、各国の実行、とりわけ国内裁判判例を通して形成され
る。これらの方法は、内容的に非常に豊かで、国家管轄権の原理を捉える上で
欠くことのできない重要な素材としての意味をもつ。しかし、同時に、性格上
一方的自制にとどまるため、域外適用をめぐる対立を解消する手段としてそれ
らを期待するには、一定の慎重さも必要となる。

　そのため、国際法規範による管轄権の調整も必要となってくる。しかし、多
くの場合、国際法は、国家管轄権の範囲について明確な規制を設けていない。
現実では、国際的性格をもつ区域以外に、いわゆる域外管轄権に関わる多くの
問題分野に関して、国際合意の達成はきわめて困難である。

　これまで、条約に基づく管轄権の配分は、基本的に国家に属さない国際区域、
すなわち国際共同体全体に属する国際区域、または一定の国際的性格をもつ沿
岸国の機能的管轄区域に関連して、特定分野・特定問題に限定しておこなわれ
たものである。海洋法関連の条約や宇宙空間に関わる条約には、管轄権の配分
に関わる多くの法規範が盛り込まれている。そのほか、外交特権免除や投資保
護などのように、国家管轄権の行使に対する一定の制約が条約で定められる場
合がある。これらの規制は、一定の共通した基準で設けられる傾向をも示して
いるが、域外適用の主張およびそれによって惹起される問題への解決に有効な
示唆を呈するものは少ない。

Case Note：ローチュス号事件

PCIJ フランス対トルコ（1927 年 9 月 7 日）

PCIJ Series A，No. 10.

〈**事実**〉　1926 年 8 月 2 日に、フランスの郵便船ローチュス号がコンスタンチノープルにむけて航行中に、トルコの船舶と公海上で衝突した。トルコ船は沈没し、船員および乗客 8 名が死亡した。衝突後、ローチュス号は航行を継続し、コンスタンチノープルに入港した。そこにおいて、船長は、トルコ司法当局によって過失致死罪の容疑で逮捕され、裁判で懲役の実刑と罰金が言い渡された。そうしたトルコの行為に対して、フランスは、国家管轄権に関する国際法の原則に違反したとして異議を唱えた。紛争は、両国の合意により常設国際司法裁判所に付託された。

〈**判決要旨**〉　裁判所の判断は、6 対 6 に割れ、所長の決定投票により、トルコによる刑事管轄権の行使を妥当とした。管轄権に関連する判断の要旨は、以下の通りである。

　第 1 に、国際法は独立国家間関係を規律する。国家を拘束する法規は、条約や慣行から生じる。そのため、国家の独立性への制限は推定されてはならない。国際法が国家に課する最初の重要な制限は、それと反対の許容的な規則がない場合には、国家は他国の領域内ではいかなる形でも権利を行使してはならないというものである。

　第 2 に、外国でおこなわれた行為に関連する事件に関して、かつそれに関して国際法の許容的な規則を援用できない場合に、国家がその領域内で管轄権を行使することも国際法によって禁止されるわけではない。国際法は、域外の人、財産、行為に及ぼす管轄権の適用について国家の広範な裁量にゆだねており、その裁量は限られた特定の場合に制約されるにすぎない。このような状況下で、国家に要求できるすべては、国際法が管轄権に対して課す制約を越えてはならないということである。この制約内では、国家が管轄権を行使する権限はその主権に属する。

　第 3 に、すべての法体系において、刑法の属地性の原則が基本であることは、真実ではあるが、ほとんどすべての法体系が国外犯に適用されることも同様に真実である。したがって、刑法の領域原則は国際法の絶対的な原理ではなく、領域主権と一致するものではない。

3 主権免除

1) 絶対免除主義から制限的免除主義へ

国家主権の1つの帰結として、国家は、他の国と平等な地位にたち、他国の裁判管轄権に服さないと考えられる。対等なものは、対等なものに対して支配権をもたずという法格言もこれと一致する。実際、ほとんどの国の国内裁判所は、外国およびその財産に対して裁判管轄権の行使を避けてきた。そのように広く展開された実行から、国家は主権免除または裁判権免除を享有し、他国の国内裁判の管轄に服さないものである、という慣習的規則が存在すると考えられる。

ただ、実行上、**主権免除**について各国は必ずしも同一の基準をもってそれを認めてきたわけではない。イギリスでは、主権免除は、もともと国内裁判所が自国の君主に関して国家行為説または国王（女王）の無責任説をとり、管轄権の行使を回避してきており、そうした発想が当然のように他国の君主にも援用されたことに由来する。これと違って、他の国では、主権の対外的最高性、友好関係の配慮あるいは国際礼譲といった理由から、裁判所は他国またはその財産に対する管轄権を行使しないような立場をとった。いずれにしても、結果的に国内裁判で広く見られる裁判権免除の実行は、国際法原理とも合致するゆえに、次第に強い法規範意識をもつ行動として捉えられるようになり、慣習法規則の確立につながったと解される。

1950年代まで、ほとんどの国は、外国の国家やその財産に対して不動産、相続に関わる事件または反訴・応訴というような例外的事情を除き、裁判管轄権を行使しない立場を厳格にとっていた。これは、絶対免除主義と称される。日本においても、中華民国に対する約束手形金請求為替訴訟事件（大審院〔1928年〕）で示されるように、主権免除が厳格に遂行されていた。

しかし、ソ連をはじめとする社会主義国家の出現、そして商業活動への国家の直接参加・関与が多くなるにつれて、絶対免除主義が次第にその欠陥を露呈することとなった。つまり、国家と私人間の取引において、国家免除が認められるのと違って、私人は裁判管轄から逃れる手段をもたない。法的救済の平面

において、明らかな不平等が生じていた。それを是正する動きは、1952 年、アメリカ政府の法律顧問テイトが司法省に出した書簡をきっかけに次第に広がりを見せた。この書簡において、それまでの主権免除の慣行を改め、いわゆる**制限的免除主義**を導入する立場が明白に示された。

そうして、諸国は相次いでこれまでの絶対免除主義の立場を改め、国家免除に関する国内法を制定するようになった。これらの立法は、主に裁判権免除を認めない条件・事情を定めるものである。アメリカは、1976 年、外国主権免除法を制定し、イギリスは、1978 年、国家免除法を制定した。また、カナダ、オーストラリアなどもそうした国内立法をおこなった。そして、国内立法をおこなっていない多くの国も、主権的行為に属さない行為については主権免除を否定する立場を明らかにした。そのほか、地域条約として、1972 年、欧州国家免除条約が締結された。こうして、国内立法や条約の締結を通して、絶対免除主義が否定され、それに取って代わって登場したのは、制限的免除主義であった。

この考えの下では、一定の基準に達した国家行為または財産に限って裁判権免除が認められることとなる。そのため、免除を認めるか否かの判断基準は、大きな関心事となる。各国の共通したところでは、そうした基準は主に、主権的行為であるか、それとも業務的管理行為あるいは商業活動であるかを見極めるところに置かれている。つまり、主権行為 (*acta jure imperii*) であれば、国家の行為または財産についての裁判権免除が認められるが、職務行為 (*acta jure gestionis*) であれば、裁判権免除が認められないということになる。

実際、2004 年国連総会で採択された国家及び国家財産の裁判権免除に関する条約 (国連国家免除条約) は、国家免除を慣習国際法の原則として確認すると同時に、国家免除を援用できない具体的事情を列挙している。すなわち、国家による商業取引、雇用契約、人身および財産損害などが国家免除の対象外事項とされている。

ただし、主権行為をどのように認定するかをめぐって、実行上も学説上も一致した見解が見られたわけではない。たとえば、行為目的基準説と行為性質基準説の対立がその 1 つの例である。国連国家免除条約は、行為性質基準説を採りながら、目的基準説にも一定の配慮を示すような方法を導入した (2 条 2

項)。また、たとえ個別の国家を見ても、制限的免除に関わる基準には判例法を通して常に新たな要素が導入されている。国家の政治・軍の指導者が在任中おこなった重大な人権侵害に関連して責任を問われた事件では、国際人権法の要請から、これまでの主権免除をさらに厳しく制限する実行も見られる。

日本においては、2006年のパキスタン貸金請求事件（最高裁）により、絶対免除主義を採用した裁判所のかつての立場がようやく明確な形で変更されることになったが、学界では、国際社会の動向を適切に評価し、1970年代から制限免除主義の考えがすでに広く受け入れられている。また、国連国家免除条約が採択されたことを受け、2009年「外国等に対する我が国の民事裁判権に関する法律」（対外国民事裁判権法）が制定された。この法律は、制限免除主義を取り入れ、外国やその財産に対する民事裁判に関して免除を基本的に認めることを前提に、免除を認めない事項を明確にした。具体的な条文規定をもって裁判権免除を認めないという手法は、これまで各国の主権免除法や国連国家免除条約の傾向にも合致する。

2) 国家免除と規範のヒエラルキー

近年の国際実行において、国家免除と国際規範の上下構造の関係が問題となった。国家免除の法理は、国際法が、たとえば欧州人権条約第6条に規定されているような裁判所にアクセスする人権といった人権の法理とは全く相容れない時代に生まれた。規範的ヒエラルキーの原則により、国家免除がユス・コーゲンスの規則に違反していると主張される場合、それは後者の規則に譲歩し、免除を主張する主体には否定されるべきである。これをめぐる対立的意見がみられる。

国家の裁判権免除事件（2012年）において、ICJは、国連国家免除条約第12条が定めるような法廷地国での不法行為に関する主権免除の例外が、外国の主権行為にも適用されるかどうかについては答えを留保しつつ、武力紛争時の外国軍隊による行為に関しては現在も慣習法上は主権免除を与えなければならないとした。ドイツによる国際人権法等の違反が重大であることや強行規範違反であること、また、被害者にとって他に救済手段がないことを理由として主権免除の否定を正当化しようとするイタリアの主張もICJは斥け、イタリ

アの裁判所によるドイツの主権免除の否定を慣習法違反であると認定した。

その際、主な論点は、ユス・コーゲンスの規則は国家の実質的な規則であるのに対し、免除の規則は手続上の規則であるため、両者の間に矛盾はないというものであった。この見解からすれば、拷問や戦争犯罪を犯してはならないという要件は依然として有効であるが、そうした行為の被害国が救済を請求することはできないこととなる。

国家責任法の下では、国際的に不当な行為の一つひとつに対して救済と賠償を提供する一般的な義務がある。ユス・コーゲンス違反との関係では、この一般的な結果的義務そのものが強制的なものである。これを優先的でないものとして扱うことは、事実上、ユス・コーゲンス違反を容認することを意味すると同時に、当該事案に関して関連する優先的規範の関連性を否定することになり、ユス・コーゲンス違反の不承認義務にも違反することになる。したがって、この義務そのものが非論理性の一側面であり、国家責任に関する ILC の第 41 条に規定されているように、ユス・コーゲンスの一般的な原則の一部なのである。

3) 国家公務員の免責特権

少数の国家高官は、その任期中、より包括的な免責を享受している。逮捕状事件（コンゴ民主共和国対ベルギー、2002 年）における ICJ の判決によれば、国家元首、政府首脳、外務大臣がこれに当たる。

歴史的に、統治者は国家と同一視されており、今日に至るまで、外国の国家元首は、たとえ私的な立場で行った行為であっても、完全な免責特権を有している。ただし、国の慣行は一様ではない。逮捕状事件では、外務大臣の免責が正当化された。他の高級官僚には容易に適用できない考慮事項、すなわち、対外関係や交渉などの場面で国家を代表する高級官僚の職務の必要性による。この特別な役割のために、外務大臣は他の閣僚と同じカテゴリーではなく、国家元首や政府と同じカテゴリーに属する。

裁判所は、以下の点を強調した。外務大臣は、自国と他のすべての国との関係遂行に責任を負い、国家元首や政府首脳と同様に、その職責のみによって国際法上、国の代表として認められるような地位を占めている。

他方、国内法においては、異なる立場は存在する。英国政府が 2018 年に発

表した「普遍的管轄権に基づく犯罪の捜査と訴追に関するノート」は、「潜在的に政府の他の超高級メンバー（国防大臣、外務大臣など）は、刑事裁判権およびあらゆる形態の逮捕・拘留から完全な個人的免責を享受する」ことを示唆している。これと異なり、アメリカの裁判所は、「免責特権の付与は、米国がいかなる請求者に対しても差し控えることができる特権である」と強調している。

　いずれにしても、そうした高級官僚の免除は絶対的であるとはいえない。実際、逮捕状事件で裁判所は次のようにも指摘した。「現職の外務大臣が享受する司法権は、彼らが犯したかもしれない犯罪について、その重大性にかかわらず、彼らが免責を享受することを意味するものではない」。

4) 強制執行の免除

　国内裁判で敗訴した当事者は、判決を履行する義務をもち、それを果たさない場合、強制執行の措置が講じられることとなる。しかし、外国の国家やその財産に関わる裁判で、たとえ裁判権免除が認められず、敗訴となった判決の履行もなされていない場合でも、当該外国の財産に対して強制執行がなされうるかどうかが問題となる。国際法上、一般に外国国家は、裁判権免除とは区別される強制執行の免除を享有する。そのため、裁判権免除の放棄があっても、または、裁判権免除が否定されたとしても、強制執行の免除が当然に放棄または否定されるわけではない。

　実際、国連国家免除条約では、明確な合意が存在する場合、または訴訟に特別に割り当てられる財産あるいは商業財産である場合を除き、強制執行の免除が原則とされている（18、19条）。ただ、裁判権免除を否定しながら、強制執行の免除を認めることは、やはり国内裁判管轄権の行使にとって不都合が多い。むしろ、両者を連動させて判断するのが妥当であろう。つまり、裁判権免除を否定する際に、強制執行の可能性も考慮されるのである。実際、国家実行上、裁判権免除を認めない場合、強制執行の免除をも認めないという立場をとる国も見られる。

【考えてみよう】

①国際社会において、国家は、どのような根拠に基づいて自らの管轄権を主張し行使するのであろうか。

②域外適用をめぐる対立は、どのような方法で解消できるのであろうか。

③なぜ制限免除主義は、妥当なものとして絶対免除主義に取って代わることとなったのであろうか。

【調べてみよう】

①竹内真理「国家管轄権の意義」『法学教室』491号、2021年、pp. 30-34。

②水島朋則「COVID-19損害賠償請求訴訟における主権免除について」『国際法外交雑誌』120巻1-2号、2021年、pp. 282-291。

③藤原泉「国際法における域外管轄権と米国の二次制裁」『法學政治學論究：法律・政治・社会』115号、2017年、pp. 279-311。

④小寺彰「国家管轄権の構造──立法管轄権の重複とその調整」『法学教室』254号、2001年、pp. 121-116。

⑤水島朋則『主権免除の国際法』名古屋大学出版会、2012年。

第 10 章

国家責任法

Keywords 国家責任法、国家責任の成立要件、行為の帰属性、国に帰属される
行為、違法性の阻却事由、国有化、国家責任の解除

1　国家責任法の概説

1）国家責任の概念と法的基礎

　国際法主体は、国際法上作為および不作為の義務をもつ。国際法律責任（international legal responsibility）は、そうした義務の存在を前提とする。理論上、そうした義務を定める規則を一次規則とし、国家および国際組織が国際法に違反する自らの行為についてどのような条件の下で責任を負い、そしてその責任がどのような効果をもつかを定める規則を二次規則とする考えが広く存在する。ここでは、国家責任を中心に検討するが、国際機関の責任問題について、2011 年国連国際法委員会が採択した国際機関の責任に関する条文が具体的な規定を設けていることに留意すべきである。

　国家責任とは、国家がその国際法の違法行為に対して負うべき国際法上の責任のことである。国際法上、すべての国はその国際法に違反する行為について責任を負う。ただ、国家責任の法的基礎について明確に規定するような条約は多くない。従来から、この点をめぐって異なる意見が見られる。慣習法や国家の法的人格という視点からの分析がある一方、国際法の一般原則として取り扱う考え方もある。ホルジョウ工場事件（**Case Note** 参照）において、常設国際司法裁判所（PCIJ）は、国際法の違法行為に伴う国家責任を国際法の一般原則から引き出した。つまり、約束の違反が適切な形での賠償をおこなうべき義務

を含むことは、国際法の原則であり、それゆえ、賠償は条約の不履行に対する
欠くことのできない代償であって、このことが条約自体の中で定められる必要
はまったくないという。この意見は、通説として広く認められ、2001年国連
国際法委員会（ILC）に採択された国際違法行為に対する国家責任に関する条
文（国家責任条文）において、「国のすべての国際違法行為は、その国の国際責
任を課す」（1条）という形で反映された。

2）違法行為の法的性格

　国際法上、通常、国家は被害を受けた法主体に対してのみ責任を負う。違法
行為は、加害国とすべての法主体との間に新たな法律関係を引き起こすのではなく、あくまでも被害国との間に一種の特殊な法律関係を引き起こす。この点
は、国内法上の民事的法律関係に類する。**国家責任法**は、違法行為で侵害され
た利益の回復を法秩序の下におくことを目指すものである。たとえ法益回復の
目的で使われる一方的対抗措置であっても、法秩序の規律を受けることとなる。
国内法上のように社会秩序または公の秩序を乱したことで、国家を代表して訴
追がおこなわれるような刑事的責任の追及は、国際法上、国際共同体の共通利
益や国際犯罪概念の発達に伴って次第に可能になっているが、今のところ限ら
れた現象である。

　たしかに、「国の行為を国際的に違法とする性格付けは、国際法によって決
定される」（国家責任条文3条）が、今日、違法行為の責任に関する国際法規範は、
依然として多数国間条約の形でまとめられていない。国家責任の構成要件、内
容、形式および解除などに関して一貫した明確な基準が形成されておらず、理
論および実行上も多くの対立が存在する。その結果、国家責任法は、多くの場
合、いわゆるソフト・ローの形をとり、法的拘束力をもたない国家実行上の基
準として存在する。ILCは、1950年代から国家責任法の起草作業を展開し、
1980年になってようやく国際法の違反に伴う国家責任の発生要件を定めた国
家責任条文草案の第1部を公表した。その後、違法行為の被害国のとりうる
対抗措置を定めた条文草案の第2部は、1996年にその第一読会で公表された。
そして、2001年、ILCで採択された国家責任条文が国連総会によって採択さ
れ公表された。この条文は、国家の国際違法行為、国家の国際責任の内容およ

び国家の国際責任の履行という3部で構成されている。そこに挙げられている原則・規則は、国家責任に関する国家実行、学説を最善の形でまとめ、国家責任法に関する理論の発展に大きく寄与するものとなろう。

そのほか、国家責任概念は、理論研究およびILCでの議論において、2つの側面で新たな展開が見られる。

第1に、対世的義務（obligation *erga omnes*）や強行規範（*jus cogens*）に対する違反から生じる特殊な責任である。国際司法裁判所（ICJ）は、バルセロナ・トラクション事件（1975年、本案判決）で、個別国家に対するものと国家共同体に対するものという、2つの異なる国際法上の義務を区別した。国際共同体に対する義務は、対世的義務とされ、侵略、ジェノサイドおよび奴隷の禁止を含む基本的人権の侵害などがその例として挙げられている。対世的義務の遵守は、すべての国にとって法的利益をもつものである。ただ、原理のレベルでこの概念は広く使われるが、それに伴う法的結果をめぐっては対立が続いている。

ILCの考えでは、対世的義務は、強行規範とともに、国家責任の概念に導入されるべきであり、しかもそうした国際社会全体に対する義務の違反は、特殊の違法行為であり、国際犯罪となる。つまり、国家共同体にとって根本的に重要な国際法規範に対する違反は、前に述べた加害国と被害国間の相対的な違法行為と区別される、国際犯罪を構成するものである。しかし、こうした発想が1996年の国家責任条文草案第一読会で公表された後、多くの批判意見が出された。たとえば、すべての国家が国際犯罪の加害者としてみなされうるゆえ、違法行為の停止、原状回復または金銭賠償といった、通常の違法行為の法的結果とされるような対応だけでは不十分となり、国際社会全体として加害国に対する何らかの特別な措置が講じられる必要がある、という意見があった。結局、国際犯罪の法的責任をどのように問うべきかをめぐる対立は解消されず、ILCは思いきって2001年の国家責任条文では国際犯罪に関わる条文を全部外すこととした。明らかに、これですべての問題が解消されたわけではなく、むしろ国際社会全体の利益を侵害するような重大違法行為または国際犯罪に伴う国家の法的責任の具体的な形態が、依然課題として残されたままである。

第2に、危険責任の問題である。つまり、国家は自らの合法的行為である

が高度な危険性を伴う行為によって他国の利益を害した場合、どのような形で、またはどの程度の責任を負うべきかという課題である。これは、国内法上の無過失責任に近い考えでもある。ここでいう危険は、主に技術の発達、たとえば核の平和利用、宇宙活動、水源や土地の利用に伴って発生する。そうした活動から他国の利益を害するような影響が出た場合、それは果たして国際法における国家の危険責任をなすものであるかどうか、あるいはどのようにそれを認定するかが問題となってくる。理論上、合法な高度危険性の行為に伴う責任は、違法行為の法的結果として問われる国家責任法と性格上異なるものであり、しかも多くの国は、そうした責任を危険責任として捉え、違法行為の責任として取り扱うような対応には反対している。こうしたことから、1978 年以後、ILC は、国際法上禁止されていないが有害な結果を伴う行為の国際責任という形で、この課題に取り組んできている。

Case Note：ホルジョウ工場事件
PCIJ ドイツ対ポーランド　1928 年 9 月 13 日（本案）
PCIJ Series A, No. 17

〈**事実**〉　第一次大戦後、上部シレジアの一部は住民投票によりドイツからポーランドに割譲され、それに伴う諸問題を取り扱う二国間条約が 1922 年 5 月にジュネーブで締結された。条約 6 条は、明確な規定がある場合を除き、ポーランドは、ドイツ人およびドイツ人の経営する会社の財産、権利および利益を収用することはできないと定めた。本事件は、ポーランドが国内法に基づいて、この領域にあるホルジョウの窒素工場をドイツの国有財産として処理したことに起因する。ドイツは、かつて国家所有のホルジョウ工場が 1919 年にすでにドイツ人の会社に譲渡されたことを根拠に、この工場は国有財産ではなく、上記条約 6 条にいうドイツ人の経営する会社の財産であって、収用されないものであると主張した。裁判所は管轄権を確定した上、ホルジョウ工場の収用は上記条約に違反したと判断した。ここでは、違反確認に伴う損害賠償責任に関わる部分を取り上げる。

〈**判決判旨**〉（1）ポーランドは、当初ドイツが私人たる窒素会社に対する賠償を請求しておきながら、条約の違反によりドイツ自身が被った損害の賠償を請求することは、紛争の対象事項を変更するものである、と主張した。しかし、ドイツの請求は、条約に定める義務の不履行によって自らが受けた損害の賠償に関わるものである。国際法上の義務不履行に基づく損害賠償の請求が、国際法に違反

第 10 章　国家責任法　　99

する行為によって自国民の被った損害に対する賠償請求の形態をとることは、請求が一国から他の国家に向けられたものであるという性格を変更するものではない。この場合、私人の被った損害は、国家の受けた損害と性質上異なり、そうした損害を算定するための便宜的な基準を提供するにすぎない。

（2）条約の違反が損害賠償の義務を生ぜしめることは国際法の原則であり、法の一般概念でさえある。裁判所はすでに、損害賠償が条約違反の不可欠の補完であって、これを条約そのものの中に規定しておく必要がないと判断した。本件において、ポーランドによる条約の違反が確定されているから、賠償義務の存在することは明白である。

（3）賠償額を決定する原則について、裁判所は、合法な収用と違法な収用を区別して扱った。つまり、ポーランドが当該会社を収用する権利を持っていたならば、賠償額は収用時における会社の資産額プラス賠償支払日までの利息に限定されるが、条約に違反した収用には、この原則は適用されない。違法行為に対する賠償は、当該行為のあらゆる結果をできるかぎり除去し、その行為がなかったならば存在したであろう状態を回復すべきである。したがって原状回復、それが不可能であれば、原状回復に相当する価値に見合う金額の支払い、そして必要であれば、原状回復やそれに代わる金額の支払いによっては補塡されない損害の賠償がなされるべきである。

2　国家責任の成立

国家による違法行為は、国際法上、国家が責任を負うことの基本要件である。しかし、どのような事情の下で違法行為に対し国家が責任を負うかについて、国際法理論上、従来から対立的な意見が見られる。主観的責任理論（過失責任理論）と客観的責任理論の対立がその例である。前者の考えでは、故意または過失で国際義務に違反する行為をおこない、かつ他国に物的または精神的損害を与えた場合においてのみ、国家が国際責任を負うこととなる。これに対して、後者の考えによれば、故意や過失の有無にかかわらず、国家は自らの国際義務に違反した行為をおこなった場合、責任を負わなければならない。2001年国家責任条文は国家責任に関わる理論および実行を取りまとめ、故意や過失の要件をめぐる論争を回避しながら、国の国際違法行為の構成要件について、（a）国際法上当該国に帰属し、かつ、（b）当該国の国際義務の違反を構成する場合としている（2条）。

1）国際不法行為の主観的要件

　ここでいう主観的要件は、ある行為が国際法上特定の国に帰属されるゆえに当該国の行為とみなされることを意味する。**国に帰属される行為**は、主に以下のように分類されよう。

　第1に、国の機関の行為である。いかなる国の機関の行為も当該機関が立法、行政、司法その他のいずれの任務を遂行するか、または国の中央政府もしくは地域的単位の機関としていかなる性格のものであるかを問わず、国際法上、当該国の行為とみなされる（国家責任条文4条）。

　第2に、統治機能の一部を行使する人または団体の行為である。形式上、国の機関ではないが、当該国の法令上、統治機能の一部を行使する権限を付与された人または団体の行為は、特定の事案においてそうした資格で行動した場合には、国際法上当該国の行為とみなされる（5条）。

　第3に、事実上、国の統治機能を行使した行為主体の行為である。たとえば、国の使用に供された他国の機関によってなされた国の統治権能の一部を行使した行為、国の機関の越権行為、国によって指揮または命令された人または団体の行為、正規の機関が存在しないかまたは機能しない場合に人または団体によってなされた行為などが、すべて国際法上は国の行為とみなされる（7、8、9条）。

　第4に、反乱団体の行為である。これに関しては、内戦の現状に応じて国の新政府となった反乱団体の行為、既存国の領域の一部または他国の施政下にある領域において新たな国の樹立に成功した反乱団体の行為が国際法上当該国の行為とみなされる（10条）。

　第5に、国により自己の行為として認められかつ採用された行為である（11条）。

2）不法行為の客観的要件

　国家の不法行為の客観的要件とは、一国に帰属される行為が当該国の負う有効な国際義務に違反したことをいう。こうした義務違反の行為は作為と不作為を含む。作為は国際法の規範に違反した国の積極的行為を意味し、不作為は自らの負う国際義務を消極的な不作為で履行しないことを意味する。

第10章　国家責任法　　101

自らの負う有効な国際義務に対する違反はすべて国際不法行為を構成するが、違反された国際義務の重大さに応じて、理論上、国際不法行為を、重大な国際不法行為と一般国際不法行為に分ける傾向が見られる。条文の第3章では、一般国際法の強行規範に基づく義務の重大な違反に伴う、特別の効果が具体的に定められている（国家責任条文41条）。

3）国が指示または管理する行動

ある行為が国家によって指示または管理されているかどうかを理解するためには、まず国家機関と、国家によって管理または管理されているその他の部門とを区別する必要がある。

ニカラグア事件（1986年）において、国際裁判所は、米国当局によるコントラの活動に対する財政的、後方支援、諜報活動、組織的支援が、コントラがニカラグア政府に対する武装闘争を行うために重要であり、この勢力の軍事・準軍事活動は、米国の顧問によって、あるいは米国の顧問と協力して決定され、計画されたものであることを立証したと判断した。しかし、裁判所は、コントラが米国によって創設されたとは考えていない。また、コントラは米国の援助に「完全に依存」していたわけでもなかったが、この援助は彼らの活動にとてきわめて重要であった。高度な依存と全般的な管理は、それ自体で、またさらなる証拠なしに、米国がコントラによる個々の行為に責任を負うことを意味するものではない。したがって、米国が責任を負うのは、コントラに援助を提供することによってニカラグアに対して行った自らの行為だけである。

ジェノサイド条約適用事件（2007年）において、裁判所は再び依存と支配の基準に固執した。スレブレニツァでのジェノサイドの実行犯がユーゴスラビア連邦（FRY）の機関であったかどうかを明らかにする際、裁判所はFRYに完全に依存していたとみなすことができるかどうかを検討しなければならないとした。加害者たちがFRYと構造的につながっていることも、彼らの行動がFRYに完全に依存していることも認められなかったため、裁判所は指示と統制の問題に目を向けた。同裁判所は、適用される基準は関連行為の統制にあると強調し、以下のことが示されることを要求した。この「効果的な管理」が行われたこと、あるいは国の指示が出されたことは、違反の疑いのある行為が行われた

各作業に関連するものであり、違反を犯した人物またはその集団がとった行動全体に関してではない。こうしたことから、ICJ はボスニア領内で行われたジェノサイド行為について、セルビアに責任を認めることはできなかった。

これらの判決は、ICJ と旧ユーゴ国際刑事裁判所（ICTY）の間のアプローチの相違を明らかにしている。ICTY 控訴院はタディッチ（Tadic）事件において、実効的支配は適切な基準ではなく、代わりに「全体的支配」基準を用いるべきであると示唆した。しかし、その後のジェノサイド条約適用事件（2007 年）の裁判において、ICJ は ICTY の意見に反対し、国家責任条文第 8 条に記載された基準が適用可能な基準であるとした。ICJ は次のように強調した。「全体的な統制」基準は、国際責任法を支配する基本原則をはるかに超えて、国家の責任範囲を広げるという大きな欠点がある。国家は、自国の行為、すなわち、いかなる根拠であれ、自国を代表して行動する者の行為に対してのみ責任を負うのである。

3　違法性の阻却事由

国家責任の前提要件は、国家が国際不法行為をおこなったことである。そのため、国家行為の違法性が阻却される事由が存在する場合、不法行為に伴う国家責任の問題は生じない。行為の違法性の阻却は、主に 2 つの側面からその根拠が見出される。まず、違法性要件の欠落である。ある特定の行為は、外観上国家の国際義務に違反し不法行為を構成すると見られるが、実際のところでは、国際不法行為の要件の一部を欠落しており、不法行為を構成しない。そのため、国家はそのような行為に対して国家責任を負わない。たとえば、不可抗力の事情でなされた特定の行為は、損害の結果を招いたとしても、不法行為をなす主観的意識がまったくないので、不法行為を構成しない。

次に、法定の阻却事由である。すなわち、国際法の明確な規定により、特定の事情において法主体によってなされた加害行為は、その違法性が阻却されるということである。表面的に、そうした行為は特定の法主体に帰属され、故意によるものであってしかも一定の加害結果を引き起こしているため、不法行為を構成すると見受けられるが、国際法または条約の明確な規定により、その行

第 10 章　国家責任法　　103

為の違法性が阻却されることとなる。対抗措置、緊急避難などがそれに当たる。

　国家責任条文において、これまでの国家実行の現状が勘案され、いくつかの**違法性の阻却事由**が具体的に挙げられている。

　第1に、対抗措置である。対抗措置とは、他国の国際不法行為に対して、不法行為に惹起される国家責任の義務にしたがうよう促すためにのみ取った復仇的な措置を指すものである。このような措置は、たとえ国家が特定外国に対して負っている国際義務に違反したとしても、復仇行為としてその違法性が阻却されることとなる（22条）。

　武力行使の禁止の法規範の確立に伴って、対抗措置は武力を伴わない対抗措置と自衛に分けられるようになっている。条約適用の停止、経済制裁や外交関係の断絶などの対抗措置と違って、自衛は他の法主体から武力攻撃を受けた場合、国家が自らの主権および領土を防衛するために展開する武力的反撃を意味する（21条）。

　自衛を含むすべての対抗措置は、適用において一定の原則にしたがう必要がある。まず、合法性の原則にしたがう。対抗措置は国際法上、国の負っている重要な義務に反するような形でなされてはならない。具体的には武力行使の禁止の義務、基本的人権保護の義務、人道的性質の義務、一般国際法の強行規範の義務が挙げられる（50条）。次に、均衡性の原則を遵守する（51条）。ドイツとポルトガルの間に争われたナリウラ事件（仲裁裁判、1928年）で見られるように、対抗行為は国際違法行為の重大性および関連する権利を考慮して、被った侵害と均衡するものでなければならない。ただし、実行上、比例性の原則がどのように適用されるべきかをめぐる意見の対立が見られる。

　第2に、同意である。ここでの同意は、加害者とされる国に対してその国際義務に違反する特定行為への従事を認める、被害者とされる国の意思表示であり、加害国の行為の違法性を阻却する事由をなすものである（20条）。つまり、他の国の特定の行為に対する国の有効な同意は、その行為が当該同意の範囲内にあるかぎり、同意を与える国との関係でその行為の違法性を阻却することである。実行において、同意を違法性の阻却事由として取り扱う際に、2つの点が留意されるべきであろう。

　まず、合法性の問題がある。つまり、関係国の同意を援用して、一般に認め

られる国際法規範に反するような行為をおこなうことは許容されない。たとえば、他国の同意を援用して他国の主権、独立および領土保全を侵害するような軍事的干渉や武力行為は国際法上認められない。国家責任条文では、強行規範の遵守の規程が置かれ、いかなる違法性阻却の事由も、一般国際法の強行規範に基づいて生ずる義務と一致しない国の行為の違法性を阻却しないと定められている（26条）。次に、同意は国家という法主体の真正の同意でなければならない。実行上、国家を代表する法的資格が疑われる当局によってなされる同意をどう認定するかが、しばしば大きな問題となる。

　第3に、不可抗力や緊急避難である。不可抗力は、一国の支配を超える抵抗しがたい力または予測できない事態の発生を意味する。そして、緊急避難は、特定行為の実行者が自らの生命またはその者に保護を託された者の生命を救うために合理的な他の手段を有しない場合にとる緊急的行為を意味する。これらの場合、たとえ国際義務と一致しない国の行為であっても、その違法性は阻却される。ただし、不可抗力や緊急避難は、それらを援用する国自体の行為または他の要因によって引き起こされた場合、違法性阻却事由としては適用されない（23条）。また、意識的行為としての緊急避難は唯一性および合法性という2つの要件を満たさなければならない。つまり、その行為が重大でかつ緊迫した危険に対して不可欠の利益を保護するための当該国にとっての唯一の手段であり、かつ、その行為が義務の相手国または国際社会全体の不可欠の利益に対する重大な侵害となってはならないのである（25条）。

4　国家責任の追及および内容

1）国家責任の追及

　国際法上、国家責任の追及は、国内法上の違法行為の責任の追及方法と大きく異なり、責任所在および責任内容の認定について第三者の適法的な判断が多くの場合期待されない。たしかに、国際裁判を通して国家責任が確認される事例は数多くある。しかし、義務的裁判が一般的に確立されていない今日では、違法行為の責任追及は、厳格な法適用の形で解決されるというよりも、しばしば国家間紛争の形で展開されたり、政治的に決着されたりする。実際、第五福

竜丸事件（1954年、友好的解決）で見られるように、国の違法行為の責任についての玉虫色の決着は少なくない。要するに、法適用の形で違法責任の追及がなされるという制度的または手続的保証は、国際法上存在しないのである。

　外交的保護権を根拠に、国際裁判を用いて国家責任を問う国家実行が伝統的に多く見られた。外交的保護は、損害に対する国家の請求という国家的性格をもち、古くから個人の権利侵害に起因する国家の責任を追及するための手段として使われている。マヴロマティス・パレスタイン事件（ギリシャ／イギリス、1924年）で、常設国際司法裁判所は次のように判示した。「国家は、自国民が他国の行った国際法に反する行為によって損害を被り、当該他国から通常の経路を通じて満足を得ることができなかった場合に、当該自国民を保護する権利を与えられているというのは、国際法の基本原則である。国家は、自国民の一人の請求を取り上げて彼のために外交的行動あるいは国際司法手続に訴えることによって、実際には自己の固有の権利、すなわち自国民の人格において国際法の規則の尊重を確保させる国家の権利を主張しているのである」。

　ただし、このような形での国家責任の追及は、国際裁判の場面で一定の手続的制約に服することとなる。2006年に採択されたILCの外交的保護条文において、「外交的保護とは、国が、自国民である自然人または法人が国際違法行為により被った損害について責任を有する他の国の、かかる責任の履行を、外交的行動その他の平和的解決の手段により、実施することをいう」（1条）。これまでの国家実行が明らかにしたところでは、外交的保護に訴えるためには、2つの手続要件が満たされなければならない。

　1つは、国籍継続性の原則である。つまり、被害者が請求国の国籍を、損害を受けたときから解決のときまで保持していなければならない。しかも、実行上、被害者とある国との真正の結合を反映するような国籍が確認されなければ、当該国による外交的保護の行使が否定されることになる（5条）。条文では、自然人の国籍の決定だけでなく、外交的保護の適用上の法人の国籍の決定に関しても明確な規定が設けられている。自然人に関して、重国籍や無国籍または難民に関連した場合、外交的保護の遂行上の制約と可能性が定められ（6、7、8条）、法人に関しては、会社の国籍を会社の設立準拠法をもって決める原則を定める一方（9条）、株主の保護に関する規定も設けられている（11、12条）。

外交的保護と国籍の関係について、ノッテボーム事件（ICJ、1955年）判決は非常に明確な判断を示した。

　もう1つは、国内救済完了の原則である。つまり、被害者がまず自ら被請求国において利用可能な救済手段をすべて尽くしていなければならないということである（14条）。このような手続制約は、国際司法裁判所をはじめ、多くの国際裁判制度において設けられている。外交的保護条文は、この原則を定める一方、その例外についても明確な規定を設けた。具体的には、実効的救済を提供する合理性のある救済手段の欠如、救済過程の不当な遅延、国内救済手段遂行への妨害、この原則適用の放棄などが挙げられる（15条）。

　外交的保護は、自国民に対するいろいろな形態の侵害行為に関連して適用される。とりわけ自国民の財産に対する外国の収用や国有化は、その中でも特に重要な地位を占める問題である。国際法上、外国人の財産に対する国有化または収用は、禁止されているわけではない。基本的に国内法上の私有財産の収用と同様、適正な補償を国有化行為の合法性の条件として捉えることとなる。これまでの国家実行および理論において、**国有化**が合法な行為となるためには、公共性、無差別性および補償という3つの要件にしたがう必要があると広く認められている。ただ、補償に関わる基本原則に関して、大きな対立が見られる。

　1970年代から迅速、十分かつ実効的な補償を求める西側諸国の主張に対して、多くの途上国は、適当な補償で対応することを強く求めた。実際、1974年の諸国家の経済的権利義務に関する憲章（総会決議）2条2項cは、次のように規定している。すべての国家は、「外国人資産を国有化し、収用し、またはその所有権を移転する」権利を有する。「ただし、その場合には、そのような措置をとる国家は、自国の関連法令および自国が適切と認めるすべての事情を考慮して適当な補償を支払わなければならない」。こうした考えは、長期にわたる植民地支配から独立を獲得した数多くの新独立国の立場を反映したものである。実際、多くの途上国は、外国人資本、とりわけ植民地支配国国民の資本を排除することで経済の自立を図ろうとした。しかし、今日では、事情は大きく変化した。途上国の多くは、外国資本の投資を積極的に呼びかけるようになり、外国人資産の国有化や収用について次第に迅速、十分および実効的な補

償の原則を受け入れる傾向を示している（1988年日中投資保護協定5条、2008年
日本・ウズベキスタン投資協定11条）。

2) 国家責任の内容

　国際違法行為をおこなった法的効果として、国の国際責任が生ずる。こうし
た責任は、陳謝、義務履行の継続、違法行為の停止と再発防止、賠償、ひいて
は主権の制約といった形で果たされる。責任の内容（**責任解除の形式**ともいう）は、
国の違法行為の性質、程度、誘因および損害の規模によって異なる形式や程度
をとる。ただし国際法上、国際責任の内容について統一的な規則はいまだに確
立されていない。国家実行および国家責任条文からみれば、主に以下のような
形式がある。

　第1に、陳謝である。陳謝は、主に被害者にもたらした精神的損害を補償
するもので、国際不法行為の責任を果たすために広く使われる手段の1つで
ある。実行上、国家の尊厳や名誉に対する不法行為から生じる精神的損害に関
しては、特に適用される。これは、法的責任を果たすための方法であり、道義
的あるいは政治的に表明される「遺憾」とは性質上区別される。

　また、陳謝は、国家責任を解除する手段として国際不法行為の実際状況に応
じて、他の責任解除手段と併用されることが多い。よく見られるのは、国際不
法行為についての陳謝をおこなうと同時に、不法行為によって引き起こされる
物的損害をも賠償していくやり方である。

　第2に、賠償である（国家責任条文36条）。賠償とは、国際不法行為の法的効
果として被害国に対する加害国の物的補償を指す。これは、国際違法行為の責
任を解除するためにもっとも広く使われる手段であり、重大な国際違法行為に
関しても一般的な違法行為に関しても適用される。ただし、理論および実行上、
賠償の性質および限度に関して、統一的な国際法規則は存在しないといえる。
実際、賠償の性格をめぐって、不法行為に対する懲罰的性格を考慮すべきかど
うかをめぐる意見の対立が見られる。

　賠償は、主に原状回復（35条）、金銭の支払いまたは実物提供の形式をとる。
国際義務に違反する国内法の廃止、違法行為によって損害を受けた物の修復、
不法に占領した領域からの撤退などといった行為は、不法行為がおこなわれる

以前の事態を回復させるためのもので、原状回復による賠償と解される。

　金銭賠償も、国際責任を解除する方法の1つである。国際違法行為に対し責任を有する国は、当該行為に起因する侵害に対して、当該損害原状回復によって埋め合わせされない限度において、金銭賠償の義務を負う。その意味で、金銭賠償は基本的に、原状回復が先行しておこなわれたにもかかわらず、責任の解除が依然満足になされていない場合、適用される。

　第3に、精神的満足である。精神的満足は、有体的法益の侵害がないときに、あるいは侵害が原状回復や金銭賠償によって埋め合わせされないときに適用される救済の方法である。満足は通常、違反の確認、遺憾の意の表明、公式の陳謝などの形でなされる。裁判機関による違法認定や違法宣言判決は、満足させるための手段としてよく使われる（37条）。

　そのほか、国家実行において、他国に対して武力行使をおこない、国際の平和および安全を脅かす重大な違法行為をなした国に対して、主権の制約を違法行為の法的効果として課すことがある。こうした責任は重大な国際義務違反に限って適用されるもので、一般的な国際不法行為には適用されない。

　第二次大戦後、侵略を起こし敗戦国となったドイツおよび日本に対して、米ソを中心とした連合国は、国家主権の全面的制約を意味する軍事的支配を長い間実施し、ドイツや日本の国家最高権力までも代行していた。また、湾岸戦争後、国連安保理決議を根拠にイラクの大量破壊兵器の廃棄や制限がおこなわれた。これも国家主権の制約の一形態である。ただ、国家主権の制約は、明確な形で具体的な国際不法行為の法的結果として現れるものであるかどうかに関して、理論的に若干議論する余地が残されるであろう。実際、多くの主権制約の事例において、制裁の性格が強く見受けられる。

【考えてみよう】

①国家機関の越権行為について、国際法上国家の責任はどのように認定されるのであろうか。

②違法性の阻却は、国際法上どのような事情において認められるのであろうか。

③国家責任は、法的にどのような方法で解消されるのであろうか。

【調べてみよう】

①岡田陽平「行為帰属法の規範構造——国家責任条文第 5 条の解釈を中心に」『国際法外交雑誌』119 巻 1 号、2020 年、pp. 57-91。

②開出雄介「外交的保護の法的構造——国家責任法論の再構成のために」『国家学会雑誌』131 巻 7・8 号、2018 年、pp. 612-688。

③萬歳寛之『国際違法行為責任の研究——国家責任論の基本問題』成文堂、2015 年。

④湯山智之「国家責任法における『事実上の機関』としての私人行為の国家への帰属」『国際法外交雑誌』109 巻 3 号、2010 年、pp. 341-365。

⑤ James Crawford, *The International Law Commission's Articles on State Responsibility—Introduction, Text and Commentaries*, Cambridge：Cambridge University Press, 2002.

第11章

国 際 組 織

> **Keywords** 国際行政連合、国際組織の法主体性、国際組織の特権免除、コンセンサス方式

　SDGs に象徴されるように、現代は、環境、経済、人権、国際安全など、一国だけでは解決することができない課題に対して多くの国が協力する時代である。国連をはじめとしてさまざまな国際組織がこれらの諸問題に取り組んでいる。国際政治学や国際関係論でも国際組織が考察されるが、ここでは、法の視点から考えてみることにしよう。なお、「国際組織」という用語以外に、「国際機関」や「国際機構」も使用されることがある。

1　国際組織の誕生

　国際組織と呼ばれるものがいつ国際社会に現れたのか、その歴史を振り返ってみよう。ヨーロッパにはいくつもの国を経て大海に流れている河川がある。代表的なのはライン河とドナウ河であろう。これら河川を共同利用することは諸国間の交通や貿易にとって都合がよい。そこで、1831 年にはライン河中央委員会が、1856 年にはヨーロッパ・ドナウ河委員会が創設された。20 世紀に入ると、オーデル川、ニーメン川についても同様の委員会が設置された。これらは、まとめて国際河川委員会と呼ばれ、国際協力の最初の例であるといわれている。この時期、国際衛生理事会と呼ばれる伝染病の蔓延防止のための団体も設立された。

　次に、**国際行政連合**と呼ばれるものが登場する。1865 年万国電信連合、1874 年一般郵便連合、1875 年国際度量衡同盟、1883 年工業所有権保護同盟、

111

1886 年国際著作権同盟、1890 年国際鉄道運送連合、1890 年国際関税公表同盟などである。これらの国際組織が扱う事項は、国内行政の分野である通信、郵便、交通、工業、農業、衛生などである。各国がそれぞれこれらの諸問題を処理するよりも、国際会議を開き共通認識の下で解決を図る方が各国にとっても国益にかなう。そこで、定期的に国際会議が開催され諸問題を検討する機会が多くなり、このような会議のために常設の事務局が設置され、恒常的に事務局が活動するようになった。これらの国際組織は特定の専門分野について国際協力を達成するために設置されたものであり、世界的な諸問題に取り組む一般性のある国際組織は国際連盟が最初の組織であった。

国際連盟は、第一次大戦の教訓のもと、世界平和のために設立された普遍的性格を有する国際組織であった。しかし、アメリカが加盟国ではなかったことや全会一致原則を採用したことなどが原因で、結果的に機能不全に陥ってしまった。第二次大戦後は、国際連盟の失敗を踏まえながら、新たに国際連合が設置された。国連は世界の独立国のほとんどが加盟する普遍的な国際組織へと発展した。戦後はまた、地域的な国際組織も数多く設立された。

2 国際組織の分類

国際組織は、種々の基準から分類される。

1) 普遍的国際組織と地域的国際組織

これは、地理的範囲が基準である。普遍的国際組織の典型例は国際連合である。加盟国に地理的範囲の制限がなく、地球上すべての国家が加盟することができる国際組織のことを指す。これに対して、地域的国際組織にはアフリカ連合（AU）、独立国家共同体（CIS）、欧州連合（EU）、米州機構（OAS）、イスラーム諸国会議機構（OIC）、欧州安全保障・協力機構（OSCE）などが挙げられる。

2) 一般的国際組織と専門的国際組織

国際組織の目的・任務の対象範囲の違いを基準とする分類方法である。一般的国際組織は、国連や AU、EU、OAS、CIS、OIC などである。専門的国際

組織としては、UNESCO や UNICEF などの国連専門機関がある。

3) 政治的国際組織と非政治的国際組織

　これは、国際安全保障や政治目的を達成するために設立されたか否かで分ける方法である。政治的国際組織としては、欧州安全保障・協力機構（OSCE）、北大西洋条約機構（NATO）などがある。非政治的国際組織には、国際電気通信連合（ITU）、石油輸出国機構（OPEC）など数多くある。

3　国際組織の概念と定義

　国際法上、国際組織とは、常設の機関を有し、組織自らの独自の意思をもち、一定の目的のために機能している団体であり、国家と本質的に異なる存在である。条約法条約第 2 条では国際組織とは政府間機関をいうと規定している。学説では、次の要件をそろえた団体のことをいう。

　①国際組織は国家が構成員であること。したがって、国際組織とは、今日多く設置されている非政府組織（NGO）や一時的に開催される国際会議は入らない。

　②国際組織は国家の合意である設立条約によって創設されていること。つまり国際組織は、NGO などと異なって、国家の合意によって成立する。

　③国際組織は、常設の機関を持ちその加盟国とは分離した組織独自の意思を有すること。つまり、一時的に設置される国際会議などとは区別される。

　④国際組織は、構成員である国家の共通利益のために機能する団体であること、つまり、構成員のために実際に活動する機能をもった団体のことである。

4　国際組織の法主体性

　ここでの問題意識は、国際組織は法的にみて国家とどこが異なるのかということである。中でも**国際組織の法主体性**（法人格）に関する学説はさまざまな視点から展開されてきた。

第 11 章　国際組織　　*113*

1）法主体性の2つの意味

①国内法における法主体性　　1946年国連特権免除条約第1条には、国連は法人格を有し、契約すること、不動産および動産を取得し処分すること、そして、裁判所に訴えを提起することができると規定されている。国連の専門機関についても、同じ内容の規定を置く1947年専門機関特権免除条約がある。このように一般的に国際組織は、加盟国の国内において法人格を有し、契約を締結し財産を取得・処分し、裁判所に出訴するなどの国内法上の法律行為をおこなう能力を有する。つまり、国際組織には国内法上の法主体性が付与されているといえる。

国際組織が国内法上の法主体であるということは、国内法で任務を遂行するために一定の**特権が付与され義務が免除される**ということでもある。これは、第21章で述べる外交使節や領事機関の特権免除と類似している。つまり、国際組織は国家から干渉されずに任務を遂行するためにこれらの特権が付与されているということである。

国連については、前述した国連特権免除条約に詳細な規定が置かれている。たとえば、国連の財産・資産について、免除放棄をしないかぎり、訴訟手続上で免除される（2条2項）。また、国連の構内は不可侵である（同条3項）。国連文書も不可侵の対象となる（同条4項）などである。

国際組織の職員にも一定の特権免除が付与されている。たとえば、国連職員は、給与等に対する課税（5条18項b）、服役義務（同項c）、出入国制限および外国人登録（同項d）からそれぞれ免除される。特に、国連の事務総長と事務次長およびその家族に対しては、外交使節と同様の特権免除が付与される（同条19項）。

②国際法における法主体性　　国際組織は国内法上の法主体性を有すると考えられているが、国際的場面においてはどうだろうか。この点に関して、国際司法裁判所は1949年ベルナドッテ伯爵殺害事件の勧告的意見において、国連は加盟国に対してはもちろんのこと、非加盟国に対しても法人格を有すると判断したことがある（**Case Note** 参照）。つまり、国連に国際法上の権利義務の主体性が認められたのである。

Case Note：ベルナドッテ伯爵殺害事件

国際司法裁判所、1949年4月11日、勧告的意見

〈事実の概要〉　1945年の第二次大戦終了から3年後の1948年9月、当時、エルサレムで国連の調停官として任務についていたスウェーデン赤十字総裁のフォルケ・ベルナドッテ伯爵が暗殺された。この出来事はイスラエル国内で起きた事件であったので、国連がイスラエル政府に対して損害賠償を請求できるかについて、国連総会は、国際司法裁判所に勧告的意見を求めた。

〈判決要旨〉　国際的な請求をする能力とは何か、これをはっきりさせ、そのような能力が国連にあるか否かを検討しなければならない。国際請求能力とは、抗議、審査、交渉、裁判要請などの国際法が慣行で認める方法をとることができるということである。そのような能力を国連がもつということは、国連に国際人格があることが前提になる。国連がその任務を遂行するためには、国連にそのような国際人格があることが予定されているからである。そして加盟国は国連に任務遂行の権限を付与した。したがって、国連は国際法の主体であって、権利と義務をもち、国際請求能力を有していると結論する。

2) 法主体性の根拠

　国際組織は法主体性を有するという考えは、どういう理由からそのように考えられることができるのか。これついて学説はさまざまな見解に分かれている。

　①一般的国際法説は、国際組織であれば、その法主体性は一般国際法が与えたものであると考える。②設立条約説は、国際組織を設立させている多国間条約が、国際法主体を付与すると考える。③目的必要説は、国際組織の目的および原則を達成するために国際法において主体性を与える必要があると考える見解である。④客観的存在説は、国際組織は加盟国とは別個の客観的存在であると考え、その事実に基づいて、国際法上の主体性が付与されると考える。

3) 法主体性が妥当する範囲

　国際組織に法主体性があるということは、加盟国に対してのみ有効なのか、あるいは非加盟国に対しても主張できるのか。

　①一般的法主体説は、加盟国の合意とは分離した一般的性質を有する法主体性を国際組織はもつから、非加盟国にも有効であるとする。②限定的法主体説

第11章　国際組織　　115

は、当該国際組織の法主体性は、加盟国が合意した限度で有効であるとする見解である。先述のベルナドッテ伯爵殺害事件では、①の考え方がとられた。だが、条約は第三国を拘束しないという原則から考えると、設立条約に加盟していない国家が、その設立条約に基づく国際組織の法主体性を認めなければならない根拠はないことになる。国際組織の役割からすると①が支持されることが望まれるが、理論的に納得性の高い説明が求められるであろう。

5　国際組織の有する権利

　国際組織には法主体性があると理解されているということは、国際組織にも国家と同様にさまざまな権利が付与されていると考えられるのだろうか。これについては、国際組織には国家と全く同じ権利はないが、国際責任能力、国際請求権、領域管理権、条約締結権、外交使節権はあると理解されている。

1）国際請求権
　国際組織は、権利義務の主体となることができると考えられているので、その権利が侵害されたならば、損害賠償等の請求をする権利も認められるのか。ベルナドッテ伯爵殺害事件の勧告的意見は、国連自体に請求権があると結論し、国連職員に対する被害についても認められた。
　国際組織に請求権が認められるということは、国際裁判でも訴訟当事者となることができるだろうか。これについては、設立条約に提訴権が明記されていれば提訴することができるが、そうでない場合は、国際裁判に提訴する権利は認められていないと解されている。国際司法裁判所は、訴訟の当事者は国家でなければならないとする（国際司法裁判所規程34条1項）。ただし、判決ではなく勧告的意見を求める場合、国連憲章第96条には、総会、安全保障理事会および専門機関が、国際司法裁判所に勧告的意見を求める権利が規定されている。また、国際司法裁判所規程第65条では、これらの国連機関による要請があった場合、いかなる法律問題についても勧告的意見を与えることができると規定している。

116

2) 国際責任能力

　国際組織が法主体性をもつということは、国際責任を負う主体でもあるか。つまり、国際組織が何らかの事情で、国際違法行為をおこなった場合、被害者は、国際組織を成立させた加盟国に対してではなく、加害行為をおこなった国際組織それ自体に損害賠償を請求することができるだろうか。この点に関して、国連は過去に、平和維持活動中に違法行為があったために生じた損害に対して、賠償を支払ったことがある。このようなことから、一般的に国際組織には国際責任を負う能力があると理解されている。

3) 領域管理権

　国際組織は国家のように国土をもたない。したがって、国際組織には国家のような領域主権はないが、限定的に、ある領域を管理する権利が認められることがある。たとえば、国際連盟時代には、委任統治地域などに連盟の監督権が行使された。国連憲章には信託統治地域に関する規定があり、国連に施政権の行使が認められている。国連の平和維持活動の一環として、特定地域を管理するケースも見られる。

4) 条約締結権

　国際法上の法主体性をもつ国際組織は、国家のように条約の当事国となることができるか。これについては次の具体例からも当事国となることができると考えられている。

　国連大学の本部は東京に置かれており、これは、国連が日本との間で交わした1976年国連大学本部協定に基づく。国連は、さまざまな国際機関その他の専門機関との間で、それぞれ協定を結んでいる。この条約締結権は、当然みとめられるとする説と、設立条約の規定にしたがって条約締結権の有無が決定されるとする説とがある。

　では、設立条約に条約締結権に関する規定がなくとも条約を締結できるか。この点について、国際司法裁判所はベルナドッテ伯爵殺人事件の勧告的意見で、国際組織は設立条約に根拠規定がなくとも、条約を締結する必要性があると合理的に推論された場合、一定の範囲内で許容される黙示的権限が付与されてい

ると述べた。

　具体的には、ニューヨークの国連本部ビルは、1947年に国連がアメリカとの間で国連本部協定を結んだことにより敷地・建物の利用がされているが、国連憲章はそのような協定を結ぶ根拠規定を置いていない。また国連は、平和維持活動を実施するために受け入れ国との間で駐留協定などを結んでいるが、国連憲章には、国連がこのような協定を締結することができると定めた条文はない。

　なお、第5章で触れたように、国際組織が締結する条約に関する一般原則を規定した条約が1986年に採択されている（未発効）。

5）外交使節権

　国際組織は国家や他の国際組織との間で外交使節を派遣し受け入れる権利を持つか。これについては、国家が有する外交使節に関する権利とは異なり、その国際組織の目的にしたがった範囲内でのみ認められると考えられている。たとえば、国連は一時的に特定の紛争地域などへ外交使節を派遣し、調停や仲介活動をおこなってきた。

6　国際組織の構成と意思決定手続

　国際組織は、総会、理事会、事務局の3つの機関で構成されていることが多い。国連の場合、総会、安全保障理事会、経済社会理事会、信託統治理事会、国際司法裁判所、事務局の6つの機関から成っている。

　国際組織は加盟国から独立して意思決定をおこなう。意思決定は、伝統的に、多数決方式か全会一致方式のうちどちらかの表決方法が採用されてきた。たとえば国連総会では、1国1票による投票権が加盟国に与えられている。この例外が安全保障理事会である。ここでは、いわゆる拒否権が認められている（憲章27条3項）。表決をおこなわずに、**コンセンサス方式**（合意方式）を採用する国際組織もある。これは、非公式会議において利害対立を調整・妥結しておき、正式な意思決定の場では投票をおこなわずに決定するやり方である。WTOは、その設立協定中にこのコンセンサス方式を明文化し、国益の対立が先鋭化しな

いよう柔軟な制度が採用されている（マラケッシュ協定9条1項）。

【考えてみよう】
①国際組織が歴史上どのような過程を経て登場したのだろうか。
②国際組織の法主体性について、国際司法裁判所はどのように考えただろうか。
③国際組織が有している権利と義務には何があるだろうか。

【調べてみよう】
①佐藤哲夫『国際組織法』有斐閣、2005年。
②栗林忠男『現代国際法』慶應義塾大学出版会、1999年。
③藤田久一『国際法講義Ⅰ』第2版、東京大学出版会、2010年。
④植木俊哉「第7章　国際組織法」小寺彰・岩沢雄司・森田章夫（編）『講義国際法』第2版、有斐閣、2018年。
⑤吉井淳「第9章　国際機構」杉原高嶺・水上千之・臼杵知史・吉井淳・加藤信行・高田映『現代国際法講義』第5版、有斐閣、2015年。
⑥岩沢雄司『国際法』第2版、東京大学出版会、2023年。
⑦東泰介「国際組織の国際法人格の理論と実際（一）・（二）」『法学研究』（大阪学院大学）、42巻2号、pp. 29-57、43巻1・2号、pp. 1-48。
⑧黒神直純「国際組織の法人格　国連損害賠償事件」『国際法判例百選』第3版、有斐閣、2021年。
⑨香西茂・酒井啓亘「国連の職務中に被った損害の賠償事件（ベルナドッテ伯殺害事件）」薬師寺公夫・坂元茂樹・浅田正彦・酒井啓亘（編集代表）『判例国際法』第3版、東信堂、2019年。

第12章
国際経済と法

> **Keywords** ブレトンウッズ協定、GATT、WTO、ネガティブ・コンセンサス方式、パネル

　国際経済と法については、さまざまな法分野からのアプローチが可能である。これは、近年の国際経済活動の地球規模での拡大に伴い、国際経済に関する法分野が急速かつ複雑に発展しているからである。したがって、国際経済法は、国際経済活動に関する多岐にわたる法分野を包含しているといえる。国際経済システム一般の知識はもとより、南北問題、人権問題、環境問題などの知識も必要とする。ここでは、国際経済法について概括したあと、国際経済活動、特に国際貿易に大きく関わっている世界貿易機構（WTO）について理解していくことにしよう。

1　国際経済法の概念

1）国際経済法とは何か
　国際経済法とは、国際経済活動に関する国家によるすべての法的規制というのが最広義の定義である。このような国家による規制は、公法的な規制と私法的な規制の2側面から説明できる。つまり、公法上で規制するあらゆる法分野が国際経済法であって、これは広義の国際経済法といえる。中でも国際法による規制が狭義の国際経済法と捉えることができよう。一方、国際経済活動の私法的規制は、国際取引法が扱う分野とされる。もっとも、今日の国際経済活動は複雑性を増しているため、これらの分類方法は論者によってさまざまであるといえる。

2) 国際経済法の目的・機能・対象

　国際経済法は、世界経済の担い手が公正な条件の下で自由に活動するために存在する。自国の経済的利益を増すために、国際経済活動に対する各国の規制権限を調整していくことが、国際経済法の役割である。国際経済法が規律する対象は、国際貿易、国際投資、国際技術移転、国際金融、国際競争、国際経済犯罪、国際租税など幅広い。

2　WTO 設立までの歴史

　国際経済法を理解するための入口として、WTO について理解しよう。まず、WTO が設置されるまでの歴史をふりかえる。

　1944 年 7 月、アメリカのニューハンプシャー州ブレトンウッズに連合国44 カ国が集まった。彼らは、1930 年代の大恐慌によって世界経済がブロック化し、各国が保護主義的貿易政策を採ったことが、第二次大戦の要因の 1つになったと考えた。そして、そのようなことが再び起きないよう、国際通貨基金（IMF）、国際復興開発銀行（IBRD）の設置、さらに関税および貿易に関する一般協定（GATT）を締結することを決めた。これが、**ブレトンウッズ協定**である。

　GATT は、1947 年に開かれたジュネーブ貿易会議において 23 カ国が調印して成立した。最初の構想では国際貿易機構（ITO）が設立されることになっていた。しかし、世界の貿易体制に影響する新組織の統制力を弱める意図をもっていた当時のアメリカ議会は、これに反対した。そこで、国際組織の形態ではなく協定という形が選択され、新組織が誕生した。日本は国連加盟よりも早く、1955 年にこれに加入した。GATT は一般協定という形態であり、この協定を実施するための常設事務局がスイスのジュネーブに置かれた。

　GATT は差別がなく自由に貿易がおこなわれることを目的に、関税や輸出入制限などの貿易障壁の撤廃を目指して締結された。加盟国は、これらの目標を達成するための交渉を数年かけておこなった。GATT が現在の WTO に発展するまで、GATT での交渉は 8 回実施された。特に、第 5 回からの交渉の場はラウンドと呼ばれるようになった。

第1回の交渉会議は、23カ国・地域によって1947年に、第2回は、13カ国・地域によって1949年に、第3回は、38カ国・地域によって1951年に、第4回は、26カ国・地域によって1956年にそれぞれ開催された。第5回は、1960年から61年にかけて26カ国・地域が集まり、アメリカのディロン米国務長官が提唱したのでディロン・ラウンドと呼ばれる。第6回は、1964年から67年に62カ国・地域が集まり、ケネディ米大統領が提唱したのでケネディ・ラウンドと呼ばれる。第7回は、102カ国・地域が集まった1973年から79年の東京ラウンド、そして、最後となった第8回は、1986年から94年にかけてウルグアイでおこなわれたのでウルグアイ・ラウンドと呼ばれ、123カ国・地域が集まった。この最後のラウンドで、WTOの設立が決まった。

　貿易交渉の諸項目は、大きく分けて、市場アクセスと規則の2分野になる。市場アクセス分野の交渉では、鉱工業品の関税引下げと非関税措置の低減ないし撤廃が目的とされた。一方、規則分野の交渉の目的は、アンチダンピング協定、貿易の技術的障壁に関する協定、補助金及び対抗措置に関する協定などの規則を策定することであった。

　第5回までの交渉では、鉱工業品の関税引下げに重点が置かれた。第6回交渉以降は、主に関税引下げ以外の貿易関連ルールの策定・整備がおこなわれた。東京ラウンドは、補助金・対抗措置協定、政府調達協定といった国内措置に関して交渉がおこなわれ、10の非関税措置に関する協定が締結された。ウルグアイ・ラウンドでは、物品貿易に加えて、サービス貿易、貿易関連投資措置、知的財産権に関する新協定が締結された。また、紛争解決手続が大幅に整備された。

3　WTO体制

　WTOは、1994年採択のマラケッシュ協定によって設立された。同条約は1995年1月1日に効力が発生した。日本は原加盟国である。WTOは、世界164カ国の加盟国・地域から構成されている（2024年現在）。また、バチカン市国を含む25カ国および国連、IMF、世界銀行、世界保健機構、世界知的

財産機構その他多くの国際組織がオブザーバーの地位を与えられている。国連に加盟する開発途上国のうち特に45カ国が後発開発途上国と位置づけられているが、WTO加盟国中117カ国は開発途上国であり、そのうち35カ国が後発開発途上国である。

　WTOでは、多くの協定が締結されているが、これらに共通する基本的な方針は次の通りである。①差別のない貿易、②公開性のある貿易、③予見可能性と透明性のある貿易、④公平な貿易、⑤後発開発途上国への支援、⑥環境保護、⑦世界貿易への女性と小規模事業の包摂、⑧社会との協力、⑨デジタル貿易。

1）WTO協定

　WTO協定とは、設立条約であるマラケッシュ協定と4つの附属書のことである。附属書1から附属書3までは、マラケッシュ協定と不可分をなしているとされ、加盟希望国はこれらを一括受諾しなければならない。附属書4については、一括受諾の対象にはなっていないので、受諾国間でのみ効力を発する。

　附属書1は3つに分かれる。附属書1Aは、物品の貿易に関する多角的協定である。附属書1Bはサービスの貿易に関する一般協定（GATS協定）である。附属書1Cは、知的所有権の貿易関連の側面に関する協定（TRIPs協定）である。附属書2は、紛争解決に係る規則および手続に関する了解である。附属書3は、貿易政策検討制度が規定されている。附属書4は、複数国間貿易協定（民間航空機貿易に関する協定と政府調達に関する協定）に関するものである。

2）WTOの機能

　WTOの機能としては、次の6つが挙げられている。①貿易に関するWTO諸協定の実施を運営統括すること、②貿易交渉の場となること、③貿易紛争を処理すること、④各国内の貿易政策を監視すること、⑤開発途上国に対して技術的支援と訓練をおこなうこと、⑥他の国際組織と協力すること。

　GATTとWTOを比べると次のような相違点がある。まず、GATTは協定上の組織だったが、WTOは国際組織なので、より強力な統制力を有して

第12章　国際経済と法　　123

いる。規制対象に関しては、GATT は物品に関する貿易だけが対象であったが、WTO は知的財産権やサービスに関する貿易も対象となった。違反国に対する懲罰決定について、GATT は全加盟国が賛成することにより実施できるとするコンセンサス方式を用いるが、WTO は全加盟国が反対しないかぎり実施できる**ネガティブ**（リバース）**・コンセンサス方式**が採用されている。

　さらに、GATT と比べて WTO は次の点が特徴である。①農業、繊維などの特定物品貿易に関する協定を作成する。②アンチダンピングやセーフガードなどの国際貿易に関する既存の協定内容を拡充する。③サービスの貿易や知的財産権などの新分野のルールを策定する。④貿易紛争解決の手続を強化し、統一的な紛争解決手続を規定している。⑤ WTO の紛争解決手続にしたがわず、一方的措置を行使することを禁止している。⑥迅速かつ円滑に紛争解決手続がおこなわれるようになっている。

4　WTO の組織

　WTO の本部事務局はジュネーブに置かれ、職員数は約 700 人である（2024年）。事務局長の任期は 4 年で、年間の予算額は、約 2 億 US ドルである（2024年）。WTO の公用語は、英語、フランス語、スペイン語である。WTO の組織に関しては、これまでに委員会などの廃止や新設が時折おこなわれている。現在の組織構造については以下のとおりである。

1) 閣僚会議

　WTO 組織の最頂点に位置するのが、最高意思決定機関である閣僚会議である。これは、加盟国政府の代表で構成されている。閣僚会議は、少なくとも 2 年に 1 回会議を開き、WTO の政治的方向性を決定している。閣僚会議は、これまでに、第 1 回（1996 年）シンガポール、第 2 回（1998 年）ジュネーブ、第 3 回（1999 年）シアトル、第 4 回（2001 年）ドーハ、第 5 回（2003 年）カンクン、第 6 回（2005 年）香港、第 7 回（2009 年）ジュネーブ、第 8 回（2011 年）ジュネーブ、第 9 回（2013 年）バリ、第 10 回（2015 年）ナイロビ、第 11 回（2017 年）ブエノスアイレス、第 12 回（2022 年）ジュネーブ、第 13 回（2024

年）アブダビでそれぞれ開催された。

　特に、第3回では、先進国の交渉内容に対する開発途上国の反発などから会議は決裂し、新ラウンドを立ち上げることはできなかった。第4回では、中国と台湾の加盟が承認された。また、新多角的貿易交渉（新ラウンド）を開始することが決まった。第5回では、新ラウンドについての進展はなかった。また、ネパールとカンボジアの加盟が承認された。第6回では、2013年までにすべての形態の農産物に対する輸出補助金を廃止することが合意された。第8回では、ロシア、サモア、モンテネグロが加盟した。第9回では、イエメンが加盟したほか、「バリ合意」が採択され、貿易、農業、開発の各分野において進展が見られた。第10回では、201品目の関税が撤廃される情報技術協定（ITA）が加盟国54カ国間で合意された。またアフガニスタンとリベリアが加盟した。第11回では、漁業補助金と電子商取引に関する義務について検討された。第12回では、新型コロナやロシア・ウクライナ紛争による食料問題に対するWTOの役割が議題になった。WTO設立30周年となる第13回では、コモロ連合と東チモールが加盟した。

2）一般理事会

　閣僚会議は2年に一度開かれるので、日常的な業務をおこなう機関が必要となる。これが、閣僚会議の次に位置する一般理事会である。一般理事会は、閣僚会議を代表する機関であり、かつ、紛争解決機関と貿易政策検討機関の2つの任務も負う。つまり、一般理事会は、同時に3つの役目を持つ。構成員は全加盟国の代表、特に大使級である。

　①紛争解決機関には上級委員会が1995年に設置された。裁判所でいうところの控訴審である。これには、7人の常任委員が4年任期で就任している。常任委員は、法学と国際貿易に通暁した個人資格の委員である。上級委員会は、通常のWTO紛争解決手続にしたがって設置されるパネルと呼ばれる小委員会の下した法的事実や結論を支持または修正し、あるいはそれに反対することができる。

　②貿易政策検討機関は、附属書3にしたがい、加盟国の貿易政策および貿易慣行が多角的貿易体制におよぼす影響について評価をする組織である。

第12章　国際経済と法　　125

3) 一般理事会委員会

一般理事会には、各種委員会と作業部会が設置されている。委員会には、①貿易と環境委員会、②貿易と発展委員会、③後発途上国小委員会、④地域貿易協定委員会、⑤国際収支制限委員会、⑥予算・財務・運営委員会がある。

作業部会には次の分野がある。①貿易・債務・金融、②貿易と技術移転、③貿易と投資、④貿易と競争の相互作用。これら以外に、WTO 加入に関する作業部会があり、そこでは、加入希望の国の代表が加わって作業がおこなわれている。

4) 3 理事会

上記一般理事会の下部に位置するのが、次の部門別の 3 理事会である。①物品貿易理事会、②サービス貿易理事会、③貿易関連知的財産権理事会。これらの理事会は、大使級ではなく下位ポストの政府代表で構成される。

物品貿易理事会には次の 13 の領域に関する委員会と 1 つの作業部会がおかれている。①農業、②アンチダンピング、③関税評価、④輸入許可、⑤市場アクセス、⑥原産地規則、⑦セーフガード、⑧衛生および植物検疫措置、⑨補助金および対抗措置、⑩貿易の技術的障壁、⑪貿易ファシリテーション、⑫貿易関連投資措置、⑬情報技術製品貿易の拡大。作業部会には国家貿易企業作業部会がある。

サービス貿易理事会には、金融サービスに関する貿易委員会と特定約定委員会が設置され、作業部会として、国内規制作業部会とサービス貿易協定（GATS）作業部会がある。なお、貿易関連知的財産権理事会の下部には、委員会と作業部会は設置されていない。

これらの他に、複数国間委員会と呼ばれている 3 委員会がある。①民間航空機貿易委員会、②政府調達委員会、③情報技術協定委員会。この 3 つは、各種協定の下に組織された委員会であるので、WTO 全加盟国ではなく協定加盟国だけで構成されている。

5) 貿易交渉委員会の設置

2001 年の閣僚会議では、ドーハ閣僚宣言が採択され、これにより新多角的

貿易交渉である新ラウンドのための貿易交渉委員会（TNC）が設置された。同委員会は、2002年2月1日に第1回会議を開いた。一般理事会に直接報告書を提出することから、この委員会の重要性がわかる。TNCは、合計8つに分類される。これらは次の6つの特別会合と2つの交渉グループである。①サービス貿易理事会の特別会合、②貿易関連知的財産権理事会の特別会合、③紛争解決機関の特別会合、④農業委員会の特別会合、⑤貿易と発展委員会の特別会合、⑥貿易と環境委員会の特別会合、⑦WTOルール交渉グループ、⑧市場アクセスに関する交渉グループ。

6）WTOにおける非公式協議の重要性

　WTOの決定は投票ではなく交渉による合意方式を基本としている。これは、各国代表団の間での非公式協議が重要であるとの意味でもある。つまり、WTOの各組織はそれぞれ重要な役割を担っているが、中でも、WTO事務局長や閣僚会議の議長が取り持つ非公式協議の方式は、英国劇場の楽屋にちなみ、通称「Green Room」と呼ばれ、これが、特に重要な事項や難航する議題を扱う場合に非常に重要な機能を果たしている。また、各委員会レベルにおいても、各委員長が主導して開かれる非公式協議が重要な機能を有していることに変わりはない。

5　WTOの紛争解決手続

　WTOでは、国際貿易紛争は次のような手順で解決が図られる。まず、被害を主張する加盟国は相手国に協議開始の要請をおこなう。相手国から回答がないとか、協議により解決できなかった場合、申立国は**パネル**（小委員会）の設置を要請することができる。パネルで審理がおこなわれ、報告書が当事国および全加盟国へ送付される。報告書に不服がある場合は、上級委員会に申し立てることができる。上級委員会で審理がおこなわれ、報告書が当事国および加盟国へ送付される（**Case Note** 参照）。パネルや上級委員会の報告書が、紛争解決機関で採択された後、当事国がその内容を実施しなければ、相手国の対抗措置が承認されることも可能となる。WTO発足1995年から2024年までに、

第12章　国際経済と法　　127

624 件が申し立てられ、350 件以上が解決に至っている。

Case Note：米国―メキシコ　鉄鋼およびステンレス製品事件

2018 年 6 月 5 日協議要請、2018 年 10 月 18 日パネル要請、2018 年 11 月 21 日パネル設置決定、2019 年 1 月 25 日パネル構成、2019 年 5 月 28 日解決合意書通知、2019 年 5 月 28 日相互合意、2019 年 7 月 11 日パネル報告回覧。

〈事実の概要〉　紛争当事国の協議による解決は、WTO が望んでいる解決方法である。本件は、紛争当事国が協議することにより比較的短期で解決に至ったひとつの例である。2018 年 6 月 1 日以降、米国がメキシコからの特定の鉄鋼製品の輸入に対して 25％、アルミニウム製品に対して 10％の追加関税を課し、同時にアルゼンチン、オーストラリア、ブラジル、韓国からの輸入品に対しては免除または割り当てを設けている、とメキシコは主張した。そして、2018 年 6 月 5 日、メキシコは、1979 年の貿易協定第 22 条第 1 項にしたがい、米国に対する鉄鋼とアルミニウムの輸入調整に関連する措置に関して WTO と協議し、同年 10 月 18 日、パネルの設立を要請した。2018 年 11 月 21 日の会合で、紛争解決機関（DSB）は、DSU 第 6 条にしたがい、メキシコの要請に基づいてパネルを設立した。2019 年 1 月 25 日、事務局長はパネルを構成するメンバーを発表した。2019 年 5 月 28 日付の書簡により、DSU 第 3.6 条に基づき、当事者は DSB に対して相互に合意した解決策に達したことを通知した。2019 年 6 月 3 日、当事者は、パネルに共同で書簡を送り、相互に合意した解決策に達したことを伝え、「DSU 第 12.7 条は『紛争当事者間で解決が見つかった場合、パネル報告書は事案の簡単な説明にとどめ、解決が達成されたことを報告するものとする』と規定していることを想起する」と述べた。

〈報告要旨〉　パネルは、紛争当事者間の相互に合意された解決策および DSU 第 3.7 条を考慮する。同条は「紛争解決メカニズムの目的は、紛争に対する前向きな解決策を確保することである。紛争当事者にとって相互に受け入れ可能で、かつ対象協定に一致する解決策が最も望ましい」と定めている。また、パネルは DSU 第 12.7 条を鑑みる。すなわち同条は「紛争当事者間で解決が見つかった場合、パネル報告書は事案の簡単な説明にとどめ、解決が達成されたことを報告するものとする」と規定している。したがって、当パネルは、この紛争に対して相互に合意した解決策が当事者間で達成されたことを報告し本件を終了するものである。

【考えてみよう】

① WTO が成立する歴史的背景をまとめてみよう。

② WTO の議決方法はほかの国際組織と比べて何が違うだろうか。

③ WTO の紛争解決手続の大きな特徴は何だろうか。

【調べてみよう】

①中川淳司・清水章雄・平覚・間宮勇『国際経済法』第 3 版、有斐閣、2019 年。

②柳赫秀（編著）『講義 国際経済法』東信堂、2018 年。

③松下満雄・米谷三以『国際経済法』東京大学出版会、2015 年。

④小寺彰「WTO 体制の本質——国際法秩序へのインパクト」『法学教室』281 号、2004 年、pp. 38-42。

⑤柳赫秀「第 15 章　国際経済法」小寺彰・岩沢雄司・森田章夫（編）『講義国際法』第 2 版、有斐閣、2018 年。

⑥岩沢雄司『国際法』第 2 版、東京大学出版会、2023 年。

⑦「The WTO」(https://www.wto.org/english/thewto_e/thewto_e.htm)
(2025/1/20)。

⑧ United States– Certain Measures on Steel and Aluminium Products, Report of the Panel (WT/DS551/R)。

⑨ Mexico—Additional Duties on Certain Products from the United States, Report of the Panel (WT/DS560/R)。

第13章

国家の領域

Keywords 領域的権限、領域の性格、領域主権、民族自決権、無主地、先占、併合、割譲、時効、添付

1 国家の領域と権限

　国際法は国家という領域的実体の存在を前提とする。国家の領域は、一定の範囲の地域と、その周辺の一定の範囲に及ぶ海帯を含んだ水域およびこれらの上空から構成される。すなわち、領土、領水、領空という3次元的な構成から成り立つ。国家領域の各構成部分の中で、領海のみが他の構成部分と異なる性格をもち、海洋法のところで説明されるように、外国の船舶に無害通航権が認められている。

　領域をもつゆえに、国家は古くから自らの領域内において排他的に自由な統治をおこなう権限を有する。このことが国際法上当然のものとして認められる。国家の統治権に基づく権力作用は、一般に立法管轄権、司法管轄権および執行管轄権の形でなされるが、領域は国際法上、国家管轄権の配分の根拠として重要な役割を果たしている。国家は領域をもち、そこにおいて統治権を行使しているゆえに、国際法上本源的主体としての地位をもつ。他方、国家の権限の範囲は国際法によって決められる。

　もちろん、国家の権限は単に領域内にとどまるものではない。領域を越える広い範囲においても、人、ものおよびできごとに対して国家の権限が主張・行使される。これには、主に2つの形態で展開される。1つは、国家が、国際的な性格をもつ領域的空間で国際法上許容される基準に基づき、管轄権を行使す

130

ることである。たとえば、排他的経済水域の場合、国家は、主に1982年国連海洋法条約上の明確な基準に基づいて権限を行使できる。国際区域として存在する領域的空間、たとえば公海や深海底に関しても、国家による一定の管轄権の行使が認められる。海洋法以外の面でも、科学技術の進歩に伴い、国家による領有が基本的に禁じられている南極地域や宇宙空間にも、国家の活動が及ぶようになっており、そうした場所においても、国際法上許容される国家管轄権の行使が可能となっている。

　そして、もう1つは、いわゆる域外管轄である。これは、主に国内法規制の実行性を確保し、ときには国際社会の共通利益を実現する必要性から、国家の領域外でなされた外国人の行為について、国家の管轄権を及ぼしそれを規制することである。そうした権限の行使は、領域内の法秩序の維持という国家の現実的使命による一方、国際社会の共通利益のために領域による権限の分断から生ずる空白を国際協力で補う、という国家の国際的機能にも由来する。前者に関して、国家の独禁法の域外適用が典型的な問題である。後者に関しては、古くから、海賊行為に対する取締りがそうした管轄権の実例として理解されている。今日では、航空機の不法奪取の防止、人質行為の防止、テロリズムの防止などに関して条約が締結され、それに基づいて、国家は、処罰の権限を行使できると同時に、多くの場合、それらに対する処罰義務をも負っている。

　領域外で展開される国家の権限は実質のところ**領域的権限**に由来する側面をも有する。つまり、国家こそ、その域外の空間における権力の欠くことのできない担い手である。その意味で、領域は国家にとって権限の本源的基礎である。

　他方、領域的権限は国家のために行使されるいわば積極的側面だけをもつわけではない。領域主権に基づき、国家は自国領域に関して排他的権限をもち、他のいかなる国家をも排除する権利をもつ。しかし、他国の権限行使を排除したゆえ、領域内で、他国の権利や国際的利益を保護する義務をも負うこととなる。これはいわゆる領域主権の消極的側面である。外国人の財産、人権の保護に関して、この原理がよく援用される。

2　国家の領域の性質

　国家の領域は単なる地理的概念ではなく、法的概念である。地理的に固定性および相対的安定性をもつと同時に、性格上領域に対する統治権と所有権の双方を持ち合わせている。これまで、国際法上、国家と領域の関係の性質に関しては、さまざまな学説が展開されてきた。国家領域を一種の私的土地所有権とみなし、それを君主・領主に属するものとする世襲理論、物権論的発想で国家領域を国家という法主体の所有物とする客体説ないし国際法的所有権説、国家領域を国家自身の人格そのものとして捉える主体説あるいは空間説、そして国家領域を国家管轄権の区域または国家がその管轄権を行使する空間とみなす客観説または権限説などがある。これらの学説は、異なる側面から領域の性格を捉え、歴史上多様な形で存在する国家と領域の関係を焙り出す。ただ、通説として、国家領域を国家がその権限を行使する空間として捉えることが妥当であるとされる。

　具体的には、国家**領域の性格**を以下の側面から捉えることが可能であろう。第1に、領域は国家性の基本要件の1つである。国家といえるためには、一般に住民、政府および外交のほか、領域が必要不可欠の要件として挙げられる。確定した領域をもたない国家は考えられない。第2に、領域は、国家の主権的権利が行使される対象と空間である。国家は、領域に対する支配権および管轄権を享有し、外国による侵略または占領を禁止し排除する当然の権利を有する。そして、この空間に入っているすべての人、ものおよびできごとがすべて国家管轄権の及ぶ対象となる。第3に、領域は国家主権の物的存在を示すものである。**領域主権**は国家主権の最も重要な一構成部分であり、それとの間に不可分な関係をもつ。国連憲章第2条4項において、いかなる国の領土保全または政治的独立に対する武力による威嚇または武力の行使も禁じられている。国家の領土保全は、国際法の重要原則である。これによって、武力の行使または威嚇による領土保全の破壊のほか、国境侵犯、領域に対する軍事占領が国際法上禁じられ、そして違法な武力行使による領域の取得に対する不承認がすべての国の義務とされている。

なお、国家実行上、領土を国際的な管理下に置くことは可能であるが、それはその領土に対する主権の変更を伴うものではない。安保理決議 1244 号（1999 年）に基づき、コソボが国連の管理下に置かれたのはその一例である。この決議では、ユーゴスラビア連邦の領土保全が明示的に維持された。

3　領域の取得と喪失

　領域が国家にとってきわめて重要であるため、国際法上当然、そのような国家の領域がどのような形で構成され、どの範囲に及ぶかを決定することが常に重要な課題となる。もともと国家の興亡が国際社会の歴史の重要な一幕をなす。それに伴う重要な現象の 1 つは国家の領域範囲の拡大または縮小・喪失である。今日でもこれが依然続いている。領域の変更は決して単なる歴史・政治的事象にとどまらず、国家主権ひいては国際秩序に大きな影響を及ぼす法的事象として捉えられなければならない。

1) 領域取得の原理
　領域の取得は、領域の変更に伴って領域に対する国家権限の確立を意味する。領域の変更とは、法律行為またはできごとによって領域の帰属が変化したことをいう。その変更の形式には、領土合併、領土分裂・分離、領土の割譲があり、変更の原因に関しては、自然原因に伴う変更（たとえば添付）と人的原因による変更（たとえば割譲）が挙げられる。

　そうした変更の形態に応じて、領域取得には**無主地**（*terra nullius*）を対象とするものもあれば、それまで国家に属していた領域を対象とするものもある。ここで特に留意すべきことは、無主地という法的擬制の意味である。歴史上、無主地は、ヨーロッパ以外の、まだ「文明国」を形成していなかったアジア、アフリカの地域を指す概念として使われていた。無主地の取得に関わる法理は実質的に、ヨーロッパの既存の文明国がそうした領域を取得するための権原を示すものとして使われていた。

　権原の概念は重要であり、領土に対する事実上の支配とは対照的に、あるいはそれとは関係なく、領土に対する法的権利を意味する。法律学で強調されて

第 13 章　国家の領域　　*133*

いるように、「権原の概念は、権利の存在を立証しうるあらゆる証拠と、その権利の実際の出所の両方を包含することができる」。しかし全体として権原は、事実的な意味合いとは対照的に法的な意味合いを持つ。

領域取得すなわち国家権限確立の方法としては、伝統的国際法の下で5種類が挙げられていた。つまり、無主地の先占、時効、割譲、添付、征服である。これらは、無主地に対する領域権限の確立を意味する原始的取得方法と、他国の領域に対する権限の確立を意味する派生的取得方法に分けられる。前者には先占と添付、後者には承継、時効、征服、割譲などがあてはまる。

第二次大戦後、領域の変化に関して、植民地の独立が最も重要なできごととして捉えられるべきであろう。伝統的領域取得の方法から見れば、これらは分離独立の形態にあたるが、しかし植民地の独立に伴う領域の変化は、**民族自決権**の原則を中心として確立されている国際法規範および国際社会の制度的な関与の下で実現されたものであり、伝統的な分離独立では捉えきれない新たな特徴をもつ。植民地支配の正統性を法的に否定することにより、植民地支配下に置かれた領域は、もはや植民地支配国のものではなくなり、国連を中心とした国際的関与の下で行使される植民地人民の自決によって、その帰属が最終的に決められるものとなった。自決権が行使された結果、独立国の領域となることがあれば、他の独立国の領域の一部となることもある。

これに関連して、領域の取得に関するもう一つの重要な規制原則は、現状承認の原則（*uti possidetis juris*）である。この原則は、すでに確立された境界線の継続性に焦点を当てたもので、既存の国家が解体した結果生まれた主体に、関連する領土に対する法的権利を与えるものである。国際裁判所が領土・島・海洋境界紛争事件（1992年）の中で述べているように、「現状承認の原則は、境界線の位置と同様に領土の所有権にも関係している」。

また、領域取得に関する法的判断において、決定的期日の考えは重要である。決定的期日とは、二国間の紛争が、関連する領土の所有権に関する国家の立場の対立、または主張の相違を露呈させるような何らかの展開によって生じたと、国際法廷が認定する日を指す。決定的期日の概念の本質は、紛争が発生した後の国家の主張、およびその活動の証拠は、主権の決定にはカウントされないということである。このアプローチは信義誠実の原則に基づくものであり、日和

134

見主義的な領有権の主張ではなく、建設的な主張のみを有効とする必要がある。換言すれば、領土の取得の有効性は、その取得が主張された時点で有効な法律によるというものである。

　そして、法的側面から領域取得を捉える際、2つの点が重要となってくる。1つは、取得を法的に指し示す指標であり、これは伝統的に実効的支配の原則を中心に構成されている。もう1つはかかる実効的支配の合法性または正当性を法的に評価することである。これは、国家の力、特に武力の行使に対する法的規制の発達に伴って次第に明確に確立されるようになっている。

　伝統的に領域の取得に関して、「事実から法（権利）が生じる（*Ex factis ius oritur*）」という発想が支配的な役割を演じていた。実効的支配の原則は、領域に対する政治的組織、支配および管轄を中心に構成されている。しかも、これは、無主地とされる領域に対するだけでなく、他国の領域に対する取得権原にもつながる。実際、パルマス島事件（**Case Note** 参照）において、政治的組織、支配および管轄といった主権的権限の長期にわたる行使は、発見により確立された国家の領域主権に取って代わる新たな領域主権の確立をもたらすと判断された。

　他方、法は現実の力を基礎とする一方、規範として現実の力に対抗する側面をも有する。力はそれ自体権原の源ではないので、法において許容される実効的支配は、必ずしも単なる力（force）による占有を意味するものではない。「不正から法（権利）は生じない（*Ex injuria ius non oritur*）」といわれるように、国際法に反する力の行使は、合法性または正当性のある領域的権原をもたらさないのである。その意味で、領域の取得は国際法上合法性および正当性を有しなければならない。ただ、国際法上、問題となるのは、客観的に見ても国際法に違反したと受けとられるような力による領域の取得をどのように公式的かつ法的に否定し、そしてそれを救済し是正していくかということである。1990年イラクによるクウェートへの侵攻およびそれに伴う国際社会の対応は、考察されるべき1つの事例である。また、領域権原をめぐる争い事例の中には、実効的支配と合法性または正当性の対立が数十年間にわたって存在し、最終的な決着が見られたときに、いずれの立場が妥当であるかが非常にぼやけてしまうものがある。ソ連からのバルト三国の分離独立がその典型的な事例といえよ

第13章　国家の領域　　135

う。2014 年、ウクライナの領域であったクリミアのロシアへの編入に対して、国連や欧米諸国は、違法な武力行使がなされたとして、その法的効果を認めない立場を明確にした。

Case Note：パルマス島事件
常設仲裁裁判所　オランダ対アメリカ
2 RIAA（1928）829

〈事実〉　1906 年、パルマス島の領有主権をめぐる争いがアメリカとオランダの間に生じた。この島について、アメリカは、1898 年パリ条約によりスペインから承継を受けたフィリピン群島に属するものと信じていたが、オランダは、オランダ領東インド諸島の一部であると主張した。紛争は特別協定を通して常設仲裁裁判所に付託された。

〈判決要旨〉　領域の一部に対する主権をめぐる紛争が生じた場合、通常、主権を主張する国家は、他の国が対抗的に持ち出しうる権原根拠に優越するもの——割譲、征服および先占などを有するかどうかを検証することとなる。領域主権の生成にとって、根本的な 1 つの要素は主権の継続が途絶えてはならないことである。国家実行および学説が認めるように、領域主権の継続的かつ平和的な行使は権原として十分に有効である。また、国際法は、超国家的な組織に基礎を置くものでないゆえ、具体的な表示方法を伴うことなく領域主権のような権利を抽象的な権利に変えてしまうようなものではない。

　パルマス島の発見から生じる原始的権原は、スペインに帰属したと認めることができる。法律的事実はそれと同時代の法にしたがって評価されなければならない。この点について両当事国の意見が一致する。それゆえ、発見の効果は 16 世紀前半に有効であった国際法規則によって決定されなければならない。ただ、権利を創設する行為をその時点で有効だった法にしたがわせるのと同じ原則が、権利の存続は法の発展が要求する条件にしたがうべきことを要求する。19 世紀の国際法では、先占は領域主権の基礎となるためには実効的でなければならない。そのため、発見だけではパルマス島に対する主権を証明するには十分ではない。結局、発見は、未成熟の権原のみを創設するもので、合理的な期間内に実効的支配によって補完されなければならず、他国による継続的かつ平和的な権限の行使に優越することはできない。

　スペインがこれまで条約を通して同島に対する主権の権原を取得したことの証明は存在しない。またパルマス島に対してスペインが実効的支配をおこなったことの証明もない。

　他方、オランダは、植民地を取得し統治する公権力を行使するオランダ東インド会社を通して、同島に対する主権の行使を示していた。そのような表示が

1898 年に存在し、かつそれ以前に他国がそれを確認することができるほどの
期間に継続的かつ平和的に存続していた。1906 年にアメリカによって抗議さ
れるまでに、オランダによる領域主権の行使に対する抗議がおこなわれた記録は
ない。そのため、オランダによる主権の表示は平和的な性格を有するものとして
認めなければならない。しかも、そうした表示は、公然で公開のものであり、そ
れゆえ植民地に対する主権の行使に関わる慣行に合致するものである。
　すなわち、パルマス島全体はオランダ領域の一部を構成するものである。

2) 領域取得の方法

　以下、すでに触れた伝統的国際法上の領域取得の方法を簡潔に解説する。

　①**先占**（occupation）　　領域に対する長期にわたる排他的支配は、その領域
に対する主権を確立するための一般的方法である。このような取得は、無主地
ないし帰属未定の地域を対象とするもので、原始的取得とされる。

　もともと、中世のヨーロッパでは、領域権原を確立する方法として「発見」
が適用されていた。実際の占有がなくても、発見だけで領域権原が確立されう
るのであった。しかし、19 世紀後半からこうした認識が次第に後退し、発見
を伴う一定程度の占有が条件として要求されるようになった。植民地の再配分
に適した理論が求められたことがその背景にあった。

　実際、1885 年のベルリン一般議定書を通して、ヨーロッパ諸国は、アフリ
カ大陸の沿岸に対して、「無主地」の取得に適用される先占の方法の適用を確
認するとともに、実効的支配を中心とした先占の 2 つの基本的要件を規定した。
1 つは実質的要件としての実効性、すなわち、先占しようとする国が公序と通
商自由を確保するため十分な権力を現地に確立する、といった実質的植民の必
要性であった。もう 1 つは、形式的要件、すなわち外交ルートによっておこ
なわれる第三国への通告であった。この形式的要件は、まさにこれまで認めら
れていた発見による領域請求を保護するための措置である。実行において、上
記パルマス島事件判決が先占に関わる実効性の要件を明らかにした。

　今日では、先占の理論は、主に領域紛争や国境紛争における領有主張の妥当
性を支える論点として用いられる。たとえば、竹島の帰属をめぐる日本と韓国、
尖閣諸島の帰属をめぐる日本と中国の争いにおいて、先占の理論は日本にとっ

第 13 章　国家の領域　　137

て1つの重要な法的論点となる。尖閣諸島に関しては、先占を意識した1895年1月の日本領域への編入が、その領有権取得の根拠とされている。竹島に関しては、1905年1月の無主地に対する日本領域への編入が、その領有権取得の根拠となっている。こうした主張に対して、中国や韓国は、これらの編入手続は国際法上一定の瑕疵を指摘する一方、そうした編入の歴史的妥当性について強く反論した。特に、韓国は、竹島に対する日本の編入がその韓国に対する植民地支配の一環であり、その領有権取得の法的根拠を正面から否定する。

また、シンガポールとマレーシアとの間で争われたペドラ・ブランカ島事件（2008年ICJ判決）において、先占とりわけ実効的支配の認定が大きな焦点となった。判決において、私人の活動は、「公的な規則や政府の権限に基づいていない場合、実効的支配とはみなされない」とされた。

②**併合**（annexation, incorporation）　これもまた領域権原を確立するためによく使われてきた伝統的な領域取得の方法である。歴史上、国家はしばしば力をもって他国の領域を獲得してきた。実際、ベルギーが1908年コンゴを併合し、日本が1910年に朝鮮を併合し、ドイツが1939年オーストリアを併合した。伝統的国際法の下で、戦争により戦勝国が戦敗国の領土の全部または一部を一方的に併合する征服の権利は、公然と認められていた。

しかし、第一次大戦後、連盟規約（10条）やいわゆる不承認政策の影響の下で、併合は違法な行為の性格を浴びるようになった。今日では、武力行使禁止原則の確立により、武力による他国の併合は、国際法違反とされ、国連を中心とした国際制裁の対象となる。イラクによるクウェートへの侵攻・占領・併合を背景とした湾岸戦争がその典型的事例である。また、国家責任条文では、武力で他国の領土保全を侵害するような国際法の重大な違反に関して、すべての国家は、そうした重大な違反によって作り出された状況を合法的なものとして承認してはならず、ならびに、その状態の維持を支援または援助してはならない、と規定されている（国家責任条文41条）。

③領域の**割譲**（cession）　条約に基づき、国家がその領域の一部に有する権利および権原を他国のために譲渡することである。形式的に交渉の結果として現れることもあれば、戦争や武力威嚇の結果である場合もある。贈与による無償の領域移転や売買による移転も見られる。1867年3月30日の条約で、

ロシアがアラスカを720万ドルでアメリカに割譲した事例が有名である。なお、今日の国際法において、強制による領域の割譲は禁じられている。

④**時効**による取得（prescription）　これは、国家が他国の領域に対して相当の長期間にわたり平穏にかつ継続的に国家権力を行使して、これを取得するということである。おそらく伝統的国際法上、この取得方法は最も多くの不確実性をもつものであった。

実際、時効の完成に必要な時間の長さについて、国際法上定まったものはない。また、平穏かつ継続的な国家権力の行使がどのように立証されるべきかに関しても、対立が見られる。一般に領域の実効的支配に対する関係国の黙認が時効成立の要件とされ、抗議や抵抗運動の存在が、時効による領土の取得を阻止する効果をもつ。今日では、時効による領域取得の発想というよりも、たとえば海洋法条約のように、歴史的権原という用語を用いて、長期にわたる平穏かつ持続的支配による領域的権原の確立を認めることが多くなっている。

ポルトガル対インドの通行権事件（1964年、本案）において、インドのマラーター王国はポルトガルに村を割譲したとはみなされず、代わりにイギリスはポルトガルの占領と実効的な統治を事実上黙認したとされた。マラーター王国の領土は無主地ではなく、ポルトガルは占領だけでは領土を獲得できなかったからである。つまり、マラーター族による事実上の容認であり、ポルトガルの占領という事実がなければイギリスの所有権下にあったであろう領土を、ポルトガルが維持することをイギリスが容認したことによって補完されたのである。

⑤**添付**（accretion）　これは、国家領域内において新しい土地が形成されることによって、そこに領域主権が自動的に取得され、国家領域が増加することを意味する。添付には自然による添付と人工による添付という2種類の形式が存在する。領海内の海底の隆起による島の出現、河口の土砂の堆積といった自然現象で領域を取得することは、自然による添付である。日本の西之島の出現（1973年）、特に2014年噴火による面積の大幅な拡大は、添付による領域取得のわかりやすい一例といえる。そして、海岸の埋め立て地や島の造成などにも領域の形成が認められる。ただ、排他的経済水域（EEZ）や大陸棚での人工島、施設などの建設では、添付は認められない。実際、海洋法条約第60条8項は、「人工島、設備および構築物は、島の地位を有しない。これらのも

のは、それ自体の領海を有せず、また、その存在は、領海、排他的経済水域または大陸棚の境界画定に影響を及ぼすものではない」とした。

【考えてみよう】
①国家にとって、領域はどのような意義・機能をもつのだろうか。
②国家による領土の取得において、国際法はどのような役割を演じているのだろうか。
③先占による領土取得について、国際法はどのような要件を求めているのだろうか。

【調べてみよう】
①島村智子「国際法における領域の『実効支配』」『レファレンス』72巻6号、2022年、pp. 77-98。
②深町朋子「領域に関する原始権原——領域権原論は何をどこまで扱うのか」『法学セミナー』63巻10号、2018年、pp. 24-30。
③酒井啓亘「国際裁判による領域紛争の解決——最近の国際司法裁判所の判例の動向」『国際問題』624号、2013年、pp. 5-19。
④許淑娟『領域権原論——領域支配の実効性と正当性』東京大学出版会、2012年。
⑤国際法学会編『日本と国際法の100年　第2巻　陸・空・宇宙』三省堂、2001年。

第14章

海　洋　法

> **Keywords**　国連海洋法条約、海洋基本法、直線基線、無害通航権、通過通航権、衡平原則、公海自由の原則

1　海洋法の概観

海洋の面積は、地球の地表総面積の70.78％にあたる約3.61億平方キロメートルである。人類と海洋は、切り離せない密接で悠久の関係をもつ。巨大な宝庫として、海洋は人類の活動および交流に豊かな空間を提供している。そこには、18万種類の動物と2万種類の植物を含む20万種類を超える生物がいる。また、海底の鉱物資源も非常に豊かである。石油資源の埋蔵量は、750～1350億トンといわれている。航海と漁業活動は、人類に巨大な富とともに数えきれないほどのロマンをもたらす。

陸地が国境によって分断される現実と同様、海洋もその豊かな資源のゆえに、15世紀から次第に国家の分割および独占の対象とされてきた。これに伴って、海洋の領域的および資源的分割・分配に関わる法規範が次第にととのえられてきた。海洋法は、さまざまな海域の法的地位、そうした海域に展開される航行や資源の開発・利用などの活動、海洋環境保護に関わる原則、規則および制度の総体を指すものである。

国際連合が誕生する以前に、海洋法は、わずかな二国間条約を除き基本的に慣習法の形で存在していた。1930年、海洋法の法典化を試みたハーグ会議が開催されたが、合意の達成はできなかった。国連の下で3回にわたる海洋法の法典化会議が開催された。1958年2月から4月にわたっておこなわれたそ

の第 1 次海洋法会議において、海洋法関連の 4 つの条約が採択された。領海および接続水域に関する条約、公海に関する条約、漁獲および生物資源保護に関する条約、大陸棚に関する条約である。第 2 回会議は領海の幅が中心的なテーマとなったが、合意を得ずに終了した。そして、1973 年 12 月から始まった第 3 次海洋法会議を通して、1982 年の国連海洋法条約の成立という大きな成果が得られた。

国連海洋法条約は、1994 年 11 月に発効し、領海、国際海峡、排他的経済水域、大陸棚、公海および深海底といった海洋法のあらゆる側面に関する基本原則、規則および制度を定め、海洋の憲法となっている。また、海洋法条約に関連して、1994 年に深海底制度実施協定が採択され、深海底の開発に関する制度をより具体的に規定した。1995 年には、分布範囲が排他的経済水域の内外に存在する魚類及び高度回遊性魚類資源の保存及び管理に関する海洋法条約の規定の実施協定（国連公海漁業実施協定）が採択された。そのほか、1988 年に海上航行不法行為防止条約、2009 年に違法漁業防止寄港国措置協定が制定された。これらの条約を通して、海洋における人類の活動に対する法的規制は一層整備されるようになった。

そして、海洋法条約において、国際裁判を含む強制的紛争解決手続の整備が大きな意義をもつ。国際海洋法裁判所を設定する一方、仲裁裁判の導入や義務的に国際調停も設けられた。多くの海洋法に関する紛争について、義務的な紛争解決手続を利用できる仕組みが国際法の発展にとって大きな意義をもつ。多くの海洋法裁判所と仲裁の判例がみられ、その中、フィリピン対中国仲裁裁判（2016 年）が大きな反響を呼んだ。また、チモール海事件（2018 年）について、海洋法条約に基づく最初の義務的調停は、東チモールとオーストラリアとの間で行われ、長期にわたる紛争をおおむね解決に導いた。

日本は、国連海洋法条約の批准に伴って、海洋に関連する一連の国内法を改正・制定してきている。1977 年領海及び接続水域に関する法律の改正（1996年）に加え、1996 年に排他的経済水域及び大陸棚に関する法律、2007 年に海洋構築物等に係る安全水域の設定等に関する法律、2008 年に領海等における外国船舶の航行に関する法律、2009 年に海賊行為の処罰及び海賊行為への対処に関する法律、2013 年に海賊多発海域における日本船舶の警備に関する

特別措置法が制定された。特に、2008年に制定された**海洋基本法**は、国連海洋法条約やその他の国際約束に基づき、海洋の平和的かつ積極的な開発および利用と海洋環境の保全との調和を図る新たな海洋立国の重要性を強調し、海洋に関する総合的な対応に必要な規範と制度の構築を進めていく方針を明確にした。

2 島、岩

海域に対する権利を発生させることができる陸地領域は、本土のほか、島、低潮高地、および岩で構成される。これら3つの概念には、それぞれ独自の性質と根拠がある。国際司法裁判所が明記しているように、海洋法条約第121条に規定されている島嶼の法的制度は海洋法の不可分の制度を形成しており、そのすべてが国際慣習法の地位を有している。これは、島や岩のような地形の地位は、自然の特性ではなく、法的要件のみに依存することを意味する。

島が堅固な領土を構成し、領土取得の規則と原則にしたがうことは、これまで議論の余地がなかった。低潮高地は、島と同じ意味での領土ではない。それらは水没した地塊の特徴であり、領土として計上することはできないが、沿岸国は領海内に位置する低潮高地に対する主権を有する。

島と岩石は、海洋法において異なる権利を有するため、両者の峻別は国家実行上、紛争の対象となっている。第121条3項に基づく人間の居住を維持できない岩石は、大陸棚および排他的経済水域の権利を有さず、領海の権利のみを有する。第121条3項は、「人の居住または経済生活を維持することができない岩石」を指す。島として認定されるには、人間が居住するか、経済的生活を営むかのどちらかのテストを満たさなければならない。国際裁判所は、インドネシア対マレーシアにおいて、「リギタンは低地の植生と数本の樹木がある島である。永続的に人が居住しているわけではない」。

他方、これとは対照的に、海洋法条約に基づいて設立された仲裁裁判所は、南シナ海の海洋空間に対する中国の九段線領有権主張をめぐるフィリピン対中国事件で、「ある地形に少数の人が存在するだけでは、永続的または常習的な居住とはならず、居住とはならない」と示唆した。島の判断をめぐる論争が一

第14章 海洋法 143

層激しくなった。

沖ノ鳥島に関して、日本は、それは第121条1項にいう島であるから、EEZ・大陸棚をもつとしている。そして、大陸棚の200海里以遠への延長との関係で、日本政府は2008年に同島を基点とする大陸棚の延長を大陸棚限界委員会に申請した。これに対して中国と韓国は、沖ノ鳥島がEEZや大陸棚を有するか否かについては争いがあるとしたため、委員会は2012年の勧告において、当該部分については問題が解決するまで勧告できないとした。

3 領海制度

1) 領海の画定

領海は、国家の領域の一部であり、一国の陸地および内水に隣接し、その領域主権に属する一定幅の帯状の海域である。この海域の画定に関して、幅と基線という2つの要素がきわめて重要である。

ここでいう幅は、帯状の海域の外側と沿岸との間の一定の距離を意味し、海洋法条約において12海里（1海里=1852メートル）以内と定められている。海洋法条約の成立にいたるまで、領海の幅は学説および実行上議論の多い問題であった。各国は学説や他国の実行を見ながら主に軍事的および経済的見地から自らの領海の幅を主張した。3海里、4海里、6海里、そして12海里といったさまざまな数字が出されてきた。1960年の第2次海洋法会議においても、12海里までを許容する意見が多数の賛成を得ることはできなかった。

そして、基線とは、領海の外側の限界を画定するための起算ラインのことである。沿岸の実際状況に応じて、通常基線と直線基線が適用される。事情に応じて通常基線のみ採用する国もあれば、両方を適用する国もある。日本の領海および接続水域に関する法律（1977年）では、通常基線および直線基線の利用が定められている。

通常基線は、低潮線とも称され、海水が退潮時に到達する沿岸からの、最も長い距離地点の線を意味する。この方法は、海岸が平坦またはまっすぐの沿岸国によって多く採用される。他方、**直線基線**は、大陸の沿岸上と海岸外側にある一連の島の上に選定される点を直線で連結しそれを基線とする方法である。

ノルウェー漁業事件（1951年）では、直線基線の適用が認められたと同時に、一定の適用要件も示された。海洋法条約は、直線基線に関するこれらの要件をほぼ踏襲した。つまり、第1に、海岸線が著しく曲がり、または沿岸線に沿って至近距離に一連の島があること、第2に、海岸の全般的な方向から著しくそれていないこと、第3に、内側の水域は内水としての規制を受けるために陸地と十分に密接な関連を有すること、である（7条）。

2）領海における無害通航権

　領海と内水は、ともに国家の領域である。内水と違って、領海においては外国船舶にいわゆる**無害通航権**（right of innocent passage）が認められる。領海は海の一部で、国際交通の要路になっている公海に直接接続していることが多い。そのため、海上通航の便宜をはかるためには、沿岸国の許可なしに外国船舶の通航が認められ、沿岸国は、自国に害を及ぼさないかぎり、外国船舶が領海を自由に航行することを認めなければならない。沿岸国の領域的権限が一定の制約を受けることとなる。

　無害通航の「無害」について、1958年の領海条約は、沿岸国の平和、秩序または安全を害さないかぎり外国船舶の通航は無害とされる（14条）という一般的基準を設けた。これに対して、海洋法条約は、沿岸国の平和、秩序または安全を害する活動を具体的に規定している（19条）。それは、武力による威嚇または武力の行使、軍事演習または訓練、沿岸国の防衛または安全を害する情報の収集や宣伝活動、航空機の発着または積み込み、軍事機器の発着または積み込み、沿岸国の関連法令の違反、故意のかつ重大な汚染行為、漁業活動、調査活動または測量活動の実施、沿岸国の通信系または他の施設もしくは設備の妨害を目的とする行為、通航に直接の関係がない他の活動、である。つまり、沿岸国の領域的・経済的利益および安全保障上の利益は確実に保障されなければならない。

　また、沿岸国は、航行の安全から必要と認める場合には、一定の航路帯を指定し、または分離航行方式を設定することができる（22条1項）。特にタンカーや原子力推進船、核物質または他の本質的に危険もしくは有害な物質もしくは原料を運搬する船舶に対し、指定した航路帯のみに通航を限ることを要求しう

第14章 海 洋 法　145

る。

　そして、無害通航権は、海上における国際交通の必要に基づいて認められた
ものであるから、領海上空の航行や領海水面下の潜行はここにいう無害通航権
の中には含まれない。潜水船および他の潜水機器は、海面上を航行し、かつそ
の旗を掲げることを要求されている（20条）。

　無害通航権を認められるのは、普通には商船であるが、商船以外の商業的目
的および非商業的目的の政府船舶にも適用がある。軍艦への適用は議論のある
ところである。実際、多くの国は、外国の軍艦の通航に対して無害通航権の適
用を認めず、事前の許可を国内法で定めている。また、原子力推進船や核物質
または核廃棄物を積んだ船舶の領海通航について領海内の通航を認めない国家
実行も見られる。

4　国 際 海 峡

　海峡は、国際航行に使用されている水路のことであるが、領域的に国家の領
海に関わっている場合が多い。ここでも、領域的権限と海上航行の利便性との
均衡をはかる必要がある。これについて設けられているのは、国際海峡制度で
ある。この制度は、外国船舶の航行に関して、公海または排他的経済水域と国
の領海とを結ぶ海峡に適用され、通過通航権をその主たる内容としている。航
行の便宜をはかるための制度であるゆえに、そうした海峡部分に航行上水路上
の特性に関して等しく便利な航路が島の外側に存在する場合、通過通航権は認
められない。

　通過通航権（right of transit passage）とは、国際海峡において外国の船舶お
よび航空機が、妨げられることなく通過通航できる権利をいう。経済的かつ迅
速な通過の目的のためにのみ、航行および上空飛行が許容されるものである。
法的に見れば、上空飛行の許容や戦時における封鎖の問題性などが、無害通航
制度と明らかに異なる点である。

　通過通航に際しては、一定の事項を遵守しなければならない。海峡の通過を
遅滞なくおこなうこと、武力による威嚇または武力行使を慎むこと、継続的か
つ迅速な通過の通常の形態に付随する活動以外の活動を慎むことなどが求めら

れる。そして、航行や飛行の際は、関連する国際的規制、手続、慣行をも遵守しなければならない。また、海峡沿岸国は、航路帯での汚染や漁獲の防止、通関や衛生などに関して、法令を制定して、通過通航の外国船舶に遵守させることができる（38条、39条）。

5　排他的経済水域

1）排他的経済水域の概念と法的地位

　排他的経済水域（exclusive economic zone, EEZ）は、領海の外側にあってかつそれに接続し、領域基線から200海里を超えない水域である。これは、国連海洋法条約によって新たに創設された制度である。今日では、100以上の国々が、排他的経済水域を宣告している。

　この制度は、沿岸国の隣接する水域における漁業利益の独占を念頭に展開されたものであった。1960年代までは、多くの国が、排他的漁業水域の概念をもち、領海とは異なる水域における排他的権利を主張していた。実際、慣習法上許容される領海の幅を超えた、国家による独占的な漁業水域の一方的な設定が、国際法上認められるかどうかが大きく争われた。その代表的な事例は、アイスランド漁業管轄権事件である（**Case Note**参照）。また、1972年のアフリカ諸国の海洋法会議で、排他的経済水域の概念が使われ、次第に定着するようになった。これにより、領海と公海の海の伝統的な二元的構造に新しい概念がもちこまれただけでなく、領海と公海のそれぞれの特徴も部分的に取り入れられることとなった。こうして排他的経済水域という独自の新しい制度が誕生した。

　海洋法条約によれば、排他的経済水域において、沿岸国の権利、管轄権および義務と他のすべての国の権利義務は、次のようになっている。

　沿岸国はまず、排他的経済水域において海底の上部水域と海底、その下の天然資源の探査、開発、保存および管理のための主権的権利、ならびにこの水域の経済的な探査、開発のための他の活動に関する主権的権利、そして人工島、施設および構築物の設置と利用、海洋の科学的調査、海洋環境の保護および保全に関する管轄権、さらに海洋法条約の定める他の権利および義務を有する。

第14章　海　洋　法　147

Case Note：アイスランド漁業管轄権事件

ICJ　イギリス対アイスランド（本案、1974年7月25日）

ICJ Report 1974, 3

〈事実〉　領海幅につき国際的合意が見られないことを背景に、1958年6月、アイスランドは、国内法を通して、12海里の漁業境界を布告した。この新規則の効力を認めないイギリスとの間に、対立が生じた。交渉の末、交換文書により、12海里の漁業水域を容認する方向で事態の沈静化がはかられた。同時に、将来の漁業管轄権拡大に関する紛争が生じた場合、ICJで解決されることが合意された。そして、1971年8月、アイスランドによる漁業境界のさらなる拡大を認めないイギリスは、上記交換文書に基づいてICJに提訴した。実際、アイスランドは1972年7月、自らの漁業境界を50海里とする新しい国内法規則を制定した。

〈判決要旨〉　（1）アイスランドの排他的漁業権の50海里への一方的拡大は、イギリスに対抗することができない。したがって、アイスランドにはイギリス漁船を一方的に排除する権利はない。

　（2）両国政府には紛争の衡平な解決のため、誠実に交渉をおこなう相互的義務があり、交渉にあたり、いくつかの要素が考慮されるべきである。たとえば、アイスランドの優先的割り当てを受ける権利、当該水域の漁業資源に対するイギリスの確立した権利、これらの資源の保存と衡平な開発についての他国の利益への正当な考慮などである。

　つまり、裁判所にとって、紛争はすべての側面から検討されなければならない。両当事国間の紛争は明らかに、漁業資源に関する互いの利益の程度と範囲および資源保存措置の当否についての意見対立を含んでいる。1960年の海洋法会議の後、同会議における討論と合意形成を基礎に、国家慣行から、漁業水域概念が次第に発達してきた。この区域において、国家は領海とは別に排他的漁業管轄権を主張できる。

　他方、優先的漁業権の概念は、広く支持されている。そして、アイスランドの漁業依存度が非常に大きくて、イギリスにも認められるものである。ただし、アイスランドの新しい漁業規則は、排他的権利の要求であり、優先的権利を超えている。優先的漁業権の概念は、他国のすべての漁業活動を排除するものとは相容れない。そのため、アイスランドの一方的行動は、イギリスの漁業権を無視しており、他国の利益に対する合理的な考慮を求める公海条約第2条に具体化された原則の侵害となる。

沿岸国は、この水域における自国の権利義務の行使に当たって、他の国の権利および義務に妥当な考慮を払う必要がある（56条）。

　他方、すべての国は、排他的経済水域において、海洋法条約の関連規定にしたがうことを条件として、航行と上空飛行の自由、海底電線、海底パイプラインの敷設の自由、ならびに他の国際的に適法な海洋の利用の自由を有する。さらに、公海に関する諸規定および国際法の他の関連規則は、排他的経済水域について適用される（58条）。実行上、排他的経済水域において沿岸国の権利を侵害する外国船は、沿岸国によって逮捕されることがある。

　沿岸国はまた、排他的経済水域における生物資源の漁獲可能量を決定し、またはその最適利用を促進しなければならない。そのために沿岸国は、自国にとって入手可能な最良の科学的証拠を考慮して、この水域における生物資源の維持が過度の漁獲によって危険にさらされないことを、適当な保存措置および管理措置を通じて確保しなければならない。また沿岸国は、この水域における生物資源に対する自国の漁業能力を決定し、自国が漁獲可能量のすべてを漁獲する能力を有しない場合には、協定などの取り極めにより、漁獲量の余剰分の漁獲を他の国に認めなければならない（62条）。

2）排他的経済水域の境界画定

　排他的経済水域制度の確立に伴って、その境界画定は大きな関心事となった。この制度の下で、135にのぼる沿岸国は、少なくとも1つの隣国との間に排他的経済水域の重複をもつこととなる。境界画定は、避けて通れない現実的課題である。海洋法条約の成立過程において、境界画定に適用される基準については、大きな議論がなされていた。中間線原則を主張する国々と衡平原則を主張する国々との間に、大きな対立が生じていた。妥協の結果として、海洋法条約第74条がまとめられた。そこでは、具体的な画定基準を設定したというよりも、紛争解決の手続を整備したにすぎない。今日に至っても、多くの国が依然境界画定をめぐる紛争を抱えている。

第14章　海　洋　法　　149

6 大 陸 棚

1) 大陸棚の法制度

　地質学上、海底の沿岸から沖に向けての緩やかな傾斜部分は、大陸棚（conti-nental shelf）と呼ばれる。海底の鉱物資源の採取に関わる技術革新により、沿岸国は、次第に大陸棚に埋蔵される天然資源に注目するようになった。領有主張は、そうした背景の下でなされた。1945年9月、アメリカのトルーマン大統領は、「大陸棚の地下および海底の天然資源に関するアメリカ合衆国宣言」を発表し、アメリカの沿岸に接続する大陸棚の地下と海底の天然資源を、アメリカに属しかつその管轄と管理に服するものとした。その後、多くの国は、宣言や国内立法により、自国沖合の大陸棚の資源に対する管轄権や主権的権利を主張した。

　こうした情勢の下で、1958年第1次海洋法会議は、「大陸棚に関する条約」を採択し、これをもって大陸棚に関する新しい制度を創設した。海洋法条約は、この概念を受け継ぐとともに、海底開発技術の進展や海洋全体の法整備の視点から、新たな大陸棚制度を構築した。この制度は海洋法条約第6部に規定されている。

　大陸棚条約では、大陸棚は、水深200メートルと開発可能性という2つの基準に適合する、海岸に隣接しているが領海の外にある海底区域の海底を指すものである（1条）。これは、明らかに地質学上の大陸棚の定義から離れ、諸国の利益調整を任務とする国際法上のものとなっている。

　海洋法条約では、海底開発技術の進歩を勘案し、新たな基準で大陸棚を定義した。つまり、沿岸国の領海を越えてその領土の自然の延長をたどって大陸縁辺部の外縁まで伸びている海面下の区域の海底およびその下、または大陸縁辺部の外縁が領海の幅を測定するための基線から200海里の距離まで延びていない場合には、その基線から200海里までの区域の海底およびその下、を大陸棚とする（76条1項）。こうして、沿岸国は、少なくとも沿岸から200海里までの海底区域を大陸棚とする法的権利を得ることとなる。また、大陸棚の地質的状況によって、200海里を超え350海里までの大陸棚を得る権利も認め

られる。

　このように、大陸棚は、そこに埋蔵される天然資源に対する沿岸国の独占願望から生まれたものであるといえる。それゆえ、大陸棚の法制度も沿岸国の資源開発の主権的権利を中心に構成されている。

　具体的には、沿岸国は、大陸棚を探査し、その天然資源を開発する主権的権利を有する。この権利は排他的なものである。海底およびその下の鉱物その他の非生物資源のみならず、定着種類に属する生物（貝類）も沿岸国の主権的権利に含まれる（77 条）。

　そのほか、沿岸国は、大陸棚の探査およびその天然資源の開発のために適当な措置をとる権利を有し、必要な設備その他の装置を建設しおよび維持しまたは運営し、それらの設備および装置の周囲に安全地帯を設定し、ならびにその安全地帯においてそれらの設備および装置の保護のために必要な措置をとる権利を有する。ただ、こうした権利を行使するにあたって、生物資源の保護、国際航行および海底電線や海底パイプラインの敷設・維持を妨げてはならない（79 条）。

2）境界画定

　大陸棚の法制度が誕生してから、その境界画定の基準と方法をめぐる対立が次第に顕在化するようになった。資源の配分という敏感な問題が絡んでいるため、議論はしばしば激しくなる。1969 年北海大陸棚事件（ICJ 判決）を皮切りに、1977 年英仏大陸棚事件（仲裁判決）、1982 年チュニジア＝リビア大陸棚事件（ICJ 判決）、1984 年カナダ＝アメリカ間のメイン湾海域境界画定事件、1985 年リビア＝マルタ大陸棚事件（ICJ 判決）、1991 年カタールとバーレーンの海洋境界画定および領土問題（ICJ 判決）、1993 年デンマークとノルウェーのヤン・マイエン境界画定事件（ICJ 判決）、2007 年ニカラグア・ホンジュラス間の領土・海洋紛争事件（ICJ 判決）、2009 年黒海境界画定事件（ICJ 判決）など、多くの事件で大陸棚の境界画定が紛争事項となった。

　条約の規定および国際裁判の判例法から見れば、境界画定の原則・規則に関して、主に以下のような主張が存在する。

　第 1 に、等距離中間線原則である。大陸棚条約（6 条）によれば、合意で解

第 14 章 海洋法　151

決できない場合、まず相対する海岸を有する2以上の国の領域に同一の大陸棚が隣接している場合には、大陸棚の境界は、特別の事情により他の境界線が正当と認められないかぎり、いずれの点をとってもそれぞれの国の領海の基線上の最も近い点から等しい距離にある中間線とし、次に2つの隣接する国の領域に同一の大陸棚が隣接している場合には、その大陸棚の境界は、特別の事情により他の境界線が正当と認められないかぎり、それぞれの国の領海の基線上の最も近い点から等しい距離にある等距離線という原則を適用して決定される。

　実行において、この原則の地位および適用をめぐる議論が生じた。一部の国は海域を衡平に画定できることから、それを慣習国際法の一部であるとみなした。これに対して一部の国は、そもそも大陸棚条約の規定は、境界画定の唯一の方法を定めたものではないから、等距離中間線の原則に確固たる法的地位を与えたわけではないと主張した。この議論にとって重要な意味を有したのは、1969年北海大陸棚事件判決である。この判決において、等距離線による境界画定方式は、慣習法規則とはみなされていなかったからである。

　その後、リビア・マルタ大陸棚事件判決は、まず暫定的に等距離線を引き、次に関連事情を考慮し等距離線の調整・修正の必要性を検討する、いわゆる二段階方式の方法を採用した。これは、その後の事件においても、利用されている。このように、地理的特徴、とりわけ関連海岸・区域の特徴が衡平性を最終的に実現できるように考慮されるべきである。

　第2に、**衡平原則**である。実際、北海大陸棚事件の判決で、大陸棚の境界は、等距離線の原則ではなく、衡平原則にしたがい、各当事国の領土の海中へ向かう自然延長を構成する大陸棚の部分をできるだけ残すような形で、すべての関連ある事情を考慮に入れて、関係国間の合意により画定されるべきとされた。つまり、等距離線原則と特別の事情とは一体化したものであり、関係国間に合意がなされない場合、衡平の原則に基づき大陸棚の境界を画定すべきであるとされたのである。

　このように、国家実行および判例において、衡平原則が大陸棚の境界画定に関連して主張され、適用されている。ただ、海洋法条約は、衡平な解決を強調しながらも、衡平原則の適用を明確に定めたわけではない（83条1項）。判例

の展開から見れば、衡平性を追求するために、海岸の長さや形状、島の存在などの関連事情が調整される必要がある。

第3に、自然延長の原則である。これは、大陸棚の概念に内包される要素を根拠に主張されたものである。地質学上の概念でも、条約上の概念でも、大陸棚は陸地との密接な関連性をもつものとして理解されている。特に、大陸棚条約や海洋法条約は、沿岸国の領土の自然延長として大陸棚を捉え、それを根拠に、沿岸国の主権的権利を認めたわけである。そのため、他国の陸地の自然延長を害さないかぎり、沿岸国は自らの陸地の自然延長までに大陸棚を得る権利を有するべきである、というわけである。

海洋法条約においては、上記いずれの主張も明確に境界画定の基準として認められているわけではない。排他的経済水域の境界画定と同様、実体規則ではなく、紛争解決の手続きを定めたにすぎない（83条）。

日本は、海洋法条約に基づいて国土面積の10倍以上となる大陸棚を法的に享有することとなる一方、周辺諸国、とりわけ中国との間には大陸棚境界画定の対立を抱えている。日中間の大陸棚について、中国は、沖縄トラフの存在を念頭に、大陸棚の自然延長の原則の適用を強く主張しているのに対して、日本は中間線原則の適用を主張している。中間線の中国側よりの地点で、中国による海底ガスの探査・開発が進められていることもあって、この対立は次第に日中間のホットな外交問題となっている。

7 公　　　海

海洋は、古くから国家の領有争いの場であったが、国家にすべてを分割領有されることにはならなかった。かつて公海は、何人にも属さない無主地 (*terra nullius*)、あるいはすべての者の利用に供せられる共有物 (*res communis*) とされ、国家による領有を拒絶してきた。現在でも、面積こそ大きく縮小されたが、公海は依然国際区域として存在する。この国際区域においては、公海制度とされる国際法の規制が適用される。

公海制度は、かつて主に慣習法に依存したが、現在では、1958年の「公海に関する条約」（公海条約）および1982年の国連海洋法条約によって定められ

ている。まず、概念として、公海条約では、公海とは、いずれの国の領海または内水にも含まれない海洋のすべての部分であるが、海洋法条約ではさらに排他的経済水域と群島水域を公海の範囲から除いている。ただ、排他的経済水域には、この水域の制度に反しないかぎり、公海に関する規定が適用される（58条2項）。

　そして、国家の領有を排した公海には、**公海自由の原則**が制度の軸として展開されている。つまり、「いかなる国も公海のいずれかの部分をその主権の下におくことを有効に主張することができない」（公海条約2条、海洋法条約89条）から、公海はすべての国に開放され、自由に利用される。公海の利用は、航行、漁獲、海底電線および海底パイプラインの敷設、公海の上空の飛行、人工島その他の設備の建設、科学的調査などの形でなされる。

　また、公海において、利用に関する許容的権利の存在のみならず、法による規制も存在する。南極海捕鯨事件（2014年ICJ判決）において、日本の調査捕鯨が1946年の国際捕鯨取締条約に合致するかどうかが争われた。なお、この判決の影響で日本政府は2018年12月この条約から脱退を宣告した。そして、許容的権利については、まず、自由な利用は、公海の自由を行使する他国の利益に合理的な考慮を払い、行使されなければならない。これに関連して、公海上の大規模軍事演習、核実験などの合法性が問われる。1954年の第五福竜丸事件は、この規範に関わる問題であった。また、公海における国家管轄権も条約上で詳細に規定されている。旗国主義に基づき自国の船舶に対する管轄権、また公海の秩序を維持するために海上警察権が認められている。

　つまり、公海上で特定の違法行為をおこなった船舶に対し、旗国以外の国が取り締まりの権利（臨検の権利）を有する。これは旗国主義、すなわち旗国の排他的管轄権の原則に対する例外を構成し、厳格な条件に従わなければならない。条約上、海賊行為、奴隷取引、旗国の偽り、無許可放送、無国籍船などが海上警察権の行使の正当事由にあたる（110条）。

【考えてみよう】

①領海における無害通航権は、どのような制度であろうか。

②国家間の大陸棚の境界画定にどのような原則・基準が適用されるべきであろうか。

③公海自由の原則は、どのような内実をもつ原則であろうか。

【調べてみよう】

①浅田正彦「海面上昇と国際法の対応――海洋法の問題を中心に」『国際法外交雑誌』122 巻 4 号、2024 年、pp. 507-534。

②和仁健太郎「領海沿岸国の保護権と外国軍艦の免除」『阪大法学』73 巻 5 号、2024 年、pp. 15-51。

③佐々木浩子「大陸棚における海洋環境の保護及び保全――沿岸国の権利の観点から」『法政研究』90 巻 3 号、2023 年、pp. 203-226。

④西本健太郎「延長大陸棚の境界画定」『東北ローレビュー』5 号、2018 年、pp. 1-20。

⑤坂元茂樹編著『国際海峡』東信堂、2015 年。

第 15 章

国際化区域

Keywords　委任統治地域、神聖なる使命、信託統治地域、セクター理論、領有権の凍結、客観的レジーム

　人間は、政治的生物として分割された領域内に生きる。事実、国家による領域の分割は一般的現象である。しかし、分割されていない区域も存在する。地球上では、南極や北極について国家による領有が法によって封じられている。すでに述べたように、公海に対する国家の領有主張も認められない。宇宙空間では、国家による実際の領有が実現されていないし、法的にも領有は禁じられている。国家の領有を排したこれらの区域は、国際法の規制の下、国家活動が許容されているため、国際区域の性格をもつ。他方、国家領域の特定の一部も、条約によって領域国以外の諸国や国際社会全体に開かれ、国際化されうる。国際河川、国際運河、また**信託統治地域**や非自治地域がこれにあたる。国際的要素をもつ国家の領域を準国際区域と称するのが妥当であろう。

　国家の領域的拡張および権限を留意しながら、国際区域および準国際区域（まとめて「国際化区域」と称される）に関わる法制度の実態を理解することが大切である。

1　国家領域の国際的管理

　植民地問題は、近代国際社会の歴史において重要な 1 ページをなすものであった。植民地の確立および崩壊は、領域制度の形成と変化だけでなく、国際法そのものにも大きな影響を及ぼしてきた。第二次大戦後、数多くの新国家の誕生は、植民地問題の処理に密接に関連する。

1）委任統治地域

　植民地の奪い合いは戦争につながる、という認識は、第一次大戦の教訓の1つとして得られた。植民地に対する無制限な搾取や領域的支配は、規制されなければならなくなった。そのため、植民地や従属地域に関わる権限の制約は、国際連盟の発足とともに設けられた委任統治制度の下ではじめて進められることとなった。

　委任統治制度において、近代世界の激しい生存競争状態の下にいまだ自立しえない人民の居住する領域に関しては、その人民の福祉および発達をはかることが文明の**神聖なる使命**であるとされていた。そのため、第一次大戦の結果、従来支配国であったドイツやトルコから離れた植民地および領土については、その人民に対する後見の任務を、大国たる戦勝国（イギリス、フランス、日本など）が連盟に代わり受任国として引き受けることとなった。

　委任の性質については、人民の発達の程度、領土の地理的地位、経済状態などに応じて差異を設け、A、B、Cの3方式に分けられた。受任国はその委託地域に関する年報を連盟理事会に提出しなければならない。年報を受理審査し、委任の実行に関する一切の事項につき連盟理事会に意見を提出させるため、常設の委任統治委員会が設置された。ただ、この制度は、領域的帰属について明確な規定を設けておらず、人民の福祉について強調することにとどまった。その結果、年報審査といった温厚的な国際監督がなされていたものの、戦勝国による植民地の再分割を完全に食い止める意図があったとはいいきれない。

2）信託統治地域

　第二次大戦後、国連の下では、植民地問題の処理がより徹底した形で進められた。まず、国連憲章上、国際信託統治および非自治地域の制度が設けられている。信託統治制度の下に置かれる地域は、まさに植民地を念頭においたものである。具体的には、第1、現に委任統治の下にある地域、第2、第二次大戦の結果として敵国から分離される地域、第3、施政について責任を負う国によって自発的にこの制度の下に置かれる地域である（77条）。

　信託統治の目的には、いくつかの側面がある。まず国際の平和と安全を増進すること。次に信託統治地域住民の政治的、経済的、社会的および教育的進歩

の促進、ならびに自治または独立に向かっての住民の漸進的発達を促進すること。さらに人種、性、言語または宗教による差別なく、すべての者のために人権および基本的自由を尊重するよう奨励し、かつ、世界の人民の相互依存の認識を助長すること。そして最後にすべての国連加盟国およびその国民のために社会的、経済的および商業的事項について平等の待遇を確保し、また司法上の平等待遇を確保すること、である。

かかる目的は、憲章第1条に掲げる国連の目的に照らしてみれば、人民の同権および自決の原則を示唆するものであると解される。特に国連の実行を通して、領域に居住する人民の福祉だけでなく、領域そのものの運命に関して、次第に明確な方向性が示された。領域の人民による自決である。

実行上、領域の人民の自決権に反した国家の創設や領域の併合の試みは、国連の強い反対と拒絶にあい、まったく成功しなかった。南アフリカによる南西アフリカの併合の失敗は、非常に象徴的な事例である。南アフリカの併合の試みについて、国連は、安保理、総会そして国際司法裁判所をフルに生かして、非難決議、制裁措置、法的不承認、裁判所によるその違法性の確認などを通し、それを徹底的に否定し排除する措置を講じた（**Case Note** 参照）。その意味で、委任統治制度の場合とは異なり、すべての信託統治地域について、自治に加えて独立の促進が掲げられたことが大きな特徴となる。

今日では、植民地独立付与宣言などの国連実行を通して、すべての信託統治地域は、自決権の原則にしたがい、自らの政治的運命を決定することができる。その結果、独立国として確立したものもあれば、他国の領域の一部となったものもある。

3）非自治地域

国連の下で、敗戦国の海外領域だけでなく、すべての加盟国の海外領域に対しても一定の制約が課された。非自治地域に関する憲章第11章の規定は、旧来から存在する植民地問題、すなわち異民族支配を背景にした国家の海外領域を意識したものである。この制度の下で、施政国は、その住民の福祉を増進させる義務をもち、一定の国際的監視を受ける。国連は、施政国から定期的な報告を受け、改善を求める勧告をおこなうことができる。

特に、実行上、国連は、海外領域を支配していた国の意に反して自ら非自治地域についての認定を積極的におこなった。また、国連による監視は強められ、最終的に民族自決権の適用をそうした領域にも認めるようになった。その結果、こうした領域は、実質的に信託統治地域と同様な処遇を受けることとなった。実際、イギリスの反対にもかかわらず、国連総会は、南ローデシアを非自治地域として確認した。特に、1965年11月、南ローデシアの少数白人政権は、かかる領域の大多数の人民の自決権に反して、イギリスから独立すると宣言した。これに対して、国連は、非難、不承認そして経済制裁の措置を講じ、そうした形での国家形成を阻止した。

　このように、いわゆる「塩水の基準」で判断された海外領域の問題は、国連の非植民地過程において、自決の原則を適用させる形で積極的に処理された。こうした方法が一般に異民族支配の問題の処理に適用されるかどうかは、大いに議論を呼ぶところである。コソボの独立に関連した国連を中心とする国際社会の対応は、大変興味深い事例といえよう。

Case Note：南西アフリカの国際的地位
国際司法裁判所、勧告的意見（国連総会による諮問）
1950年7月11日　ICJ Report 1950, 128
〈事実〉　南西アフリカは、第一次大戦後、国際連盟が設けた委任統治制度の下に置かれ、南アフリカを受任国とする**委任統治地域**となった。第二次大戦後、南アフリカ政府は、南西アフリカを国連の信託統治地域に切り替えることを拒否した。国連は、委任統治地域の法的地位は、受任国の一方的意識で変更できないとした。南アフリカは、委任統治制度に基づく義務は連盟の解散とともに消滅しており、南西アフリカの地位について自ら決定の権限を有すると主張し、1949年にそれに対する併合措置を講じた。

　こうした併合の合法性の問題をめぐって、国連総会は、いくつかの法律問題について国際司法裁判所に勧告的意見を求めた。ここでは、1950年7月に出された意見を紹介する。

〈意見要旨〉　（1）南西アフリカの国際的地位、それに基づく南アフリカの国際的義務はいかなるものであるか、という諮問について、裁判所は次のように回答した。委任統治制度の下での委任状には、2種類の義務がある。第1は、当該地域の施政に直接関わり、連盟規約第22条にいう「文明の神聖な信託」に該当するものである。この義務の存在理由は連盟の解散にかかわらず消滅していない。

第15章　国際化区域　　159

第2は、実施機関に関連し、規約の「信託遂行の保障」に該当するものである。連盟のこのような監督機能は、明示の移管がなくても国連に引き継がれる。

（2）国連憲章第12章の規定は、委任統治地域を信託統治の下に置く手段を定めているという意味で、南西アフリカに適用される。

（3）南西アフリカの国際的地位は、規約第22条および委任状によって決定されており、南アフリカがそれを一方的に変更する権限を有しない。その地位の変更は連盟の同意を必要とするものであったが、現在では、その監督機能は国連総会に移っている。そのため、現在、この地域の国際的地位を決定し変更する権限は、国連の同意を得て行動する南アフリカにある。

2　国際河川と国際運河

国際河川とは、2つ以上の国を貫流し、かつ航行可能である場合、国際交通の便宜のために、関係諸国の合意により他国の船舶の自由航行や水利用などを認めているものをいう。

国際河川の制度は、国家の領域に対する制約をなす一面をもつが、経済的利益や利便性の考慮から、沿岸国の賛成の下で積極的に推進されたものである。1815年ウィーン会議最終決定書とその附属書で、ヨーロッパのすべての国際河川の航行可能な部分における航行の自由を認める一般原則が宣言された。この一般原則を踏まえて、ダニューブ（ドナウ）河の自由航行に関する1856年のパリ条約、ライン河に関する1868年のマンハイム条約などが締結された。1948年ダニューブ河の航行制度に関する条約では、ダニューブ河の航行は、自由であり、平等の基礎においてあらゆる国の国民、商船および貨物のために開放されると定められている。

国際河川に関する一般条約として、1921年「国際的利害関係を有する可航水路に関する条約」（バルセロナ条約または国際河川条約）とその附属書としての規程（国際河川規程）が国際連盟の下で締結された。条約は、自然に航行可能なものをすべて国際可航水路とし、すべての条約締約国の船舶に航行の自由を認めた。ただし、この制度は、条約締約国間にのみ適用されるものであり、しかもこれに加わる国が少ないため、実際には一般的適用は実現していない。

国際河川制度とともに、各沿岸国の河川行政を統一し、勧告する国際河川委

員会が多く設けられている。パリ条約に基づいたダニューブ河ヨーロッパ委員会がその1つの例である。この委員会の管轄は、河川に関連する立法、行政、司法上の事項にも及ぶ。これは、国際組織の創設や発展につながった。

　近年では、水資源や環境保護などの視点から、河川の国際化ないし国際協力の問題は、航行の自由に限らず、水資源の農工業利用や河川の汚染防止の問題に及ぶようになっている。水利用の効率化、利用や汚染をめぐる紛争を解決しまたは防止するために、二国間の条約締結が有効な手段として使われる。

　そして、国際運河に関しては、スエズ運河、パナマ運河およびキール運河がある。これらの運河は、一国の領域内に設けられた、海を連絡する人工的水路であるが、関連する条約によって規制されている。運河に関わる条約上の規制は、主にすべての国に開放されるその自由・平和的な航行を確保することに主眼を置いている。たとえば、1888年スエズ運河条約の第1条は、「スエズ海水運河は、平時においても戦時においても、国旗の区別なく、すべての商船および軍艦に対して、常に自由であり、かつ、開放される」と定めた。

3　極地の法的地位

1）極地と領有

　極地は、その厳しい気候条件のゆえに、人類の安定的居住を拒み、国家による領有を免れた地球上のわずかな陸地である。ただ、国家による領有の主張は、20世紀に入ってから次第に鮮明となり、今日では、実効的支配を伴う領有が技術的には可能であると思われ、国際法の規制がなければ、領域権の実際の争いも顕在化するに違いない。

　従来から、極地は、無主地とされながらも、伝統的な領域取得の方法、特に先占などの方法は適用できないとみなされてきた。実効的支配の確立は、一定の困難を伴うからであった。そのため、隣接性の原則や**セクター理論**（sector principle）が領有の根拠として唱えられていた。セクターとは、極を頂点とし2つの子午線と1つの緯度線で囲まれた球面三角形の区域をいう。通常、2つの子午線に達する領有主張国の領域幅でセクターが設定され、それを設定する国がその極地の部分に対する領有を主張するのである。

第15章　国際化区域　　*161*

ただ、地質上、北極地域には南極のような大陸はなく、氷海の中に島が点在する。1500 平方キロメートルに及ぶ面積があるが、その 70％が永久凍結の氷である。北極点から北緯 70 度あたりまでの北極圏をロシア、ノルウェー、アメリカ、カナダが取り囲む形になっている。北極に関して、カナダ（1907 年）、ソ連（1926 年）がセクター理論をもって領有を主張したことがある。これに対して、アメリカは領有を主張せず、他国の領有主張に対しても反対の立場を示した。それ以外の国には、北極に対する積極的な領有主張はあまり見当たらない。

　いまのところ、南極に関する条約体制が存在する状況と異なり、北極に関して体系的に整備された法的規制は存在しないし、その法的地位を定める条約もない。法的関心は、主に北極の環境保護に向けられている。1973 年、ソ連、米国、カナダ、デンマーク、ノルウェーが北極熊の生息環境の保護を目的とした「北極熊の保護に関する協定」を締結した。1991 年、北極関係国の首脳会議が開催され、「北極環境保護に関する宣言」を出し、北極の環境保護戦略をまとめた。1996 年、カナダ、ロシア、米国など北極圏の 8 カ国は、北極評議会宣言を採択し、先住民社会の関与を得ながら、北極圏に関わる持続可能な開発や環境保護について、協力、調整および交流を進めていく方針を打ち出した。2011 年北極捜索救助協力協定、2013 年北極海油濁対応協定に続き、2017 年、北極科学協力協定が交わされ、北極に対する秩序のある科学調査活動を進めるための法的制度が整備された。

　近年、地球温暖化の進行に伴って、北極海の海面を一年中覆っている厚い氷が減り、通航可能な時期があると認められるようになった。その関係で、これまでのように北極への関心が主に北極圏の国々に限定されてきた状況が変わり、北極海航路に海上輸送の大きな利益を見込んでいる多くの国も、北極海に対する関心を高めている。事実として、2006 年から、フランス、イギリス、オランダ、日本、中国、インド、韓国などが相次いで北極評議会のオブザーバーとして参加するようになった。規範・制度の整備が進められるとともに、北極海航路を利用する海上輸送事業の展開も多くの国において着々と進められている。他方、南極制度の現状から見れば、法的に北極は、将来でも国家領有の争いの場所となることはないであろう。

北極と違って、南極地域は南極大陸および隣接する諸島からなる。南極大陸に対する探検活動の展開に伴い、領有主張が次第に加熱するようになった。1908年のイギリスをはじめ、オーストラリア、ニュージーランド、フランス、ノルウェー、遅れてアルゼンチンとチリがセクターを設定してきた。日本政府も、1911年から翌年にかけてなされた日本人白瀬中尉の探検活動を根拠に、1938年、南極の一部に対する自国の権利を保留する意思を明らかにした（ただ、1951年の平和条約第2条（e）により領有主張は放棄された）。このように、大陸の沿岸地域の発見や探検を根拠にした領有主張もあれば、セクター理論を根拠にした領有主張もある。調整されないこともあって、各国の領有主張が一部重なっている場合がある。

　それまでの南極に対する領有主張は、実効的支配を伴っていないがゆえに、撤回または凍結させる余地が大きく残されている。特に南極への関心は、領有のほかに、それを積極的に利用することに向けられている。そのため、南極が領有の対象とされるべきではなく、それに関わる国際的制度の構築が重要であるとする主張が現れるようになった。こうした考えは、個別の国家によってもなされたが、南極の探検や探査に関わる各国の科学者たちからも強く支持された。実際、1957-58年の国際地球観測年は、南極の法的地位を検討する大きなきっかけとなった。66カ国が参加したこの活動が南極の領有主張と結びつくかどうかは、避けて通れない課題であった。こうした状況の下で、アメリカをはじめ、国際地球観測年に参加した国のうちの12カ国は、1959年南極条約を締結した。これにより、南極に関わる国際的制度の成立に向けて大きな一歩が踏み出された。

2) 南極の法制度

　南極条約は、南緯60度以南の地域に適用され、南極地域に関わる基本的法制度を定めている。これを中心に、以下の諸側面をもつ南極条約体制が形成されている。

　第1に、南極の平和的利用である。条約の前文では、南極は、全人類の利益のために、もっぱら平和的目的のため恒久的に利用され、国際紛争の場所と対象になってはならないとされている。第1条は、「南極地域は、平和的目的

のみに利用する」と規定する。そのため、南極において、軍事演習、軍事施設などが禁じられ、核実験または放射線物質の処理も禁じられている。

第2に、国際協力と科学研究の自由である。これについて、締約国は次のような原則に合意している。まず、南極地域における科学的計画の最も経済的かつ能率的な実施を可能にするため、科学的調査の計画に関する情報を交換する。次に、探検隊および基地の間で科学要員を交換する。さらに、南極地域から得られた科学的観測およびその結果を交換し、自由に利用することができるようにする（3条）。

第3に、領域主権要求の凍結である。条約第4条の規定によれば、いずれかの締約国が、（a）かつて主張したことがある南極地域における領土主権または領土についての請求権を放棄すること、（b）南極地域におけるその活動もしくはその国民の活動の結果またはその他の理由により有する南極地域における領土についての請求権の基礎の全部または一部を放棄すること、（c）他の国の南極地域における領土主権、領土についての請求権またはその請求権の基礎を承認し、または否認することについてのいずれかの締約国の地位を害すること、を意味するものと解してはならない。そして、南極条約の有効期間中におこなわれた行為または活動は、南極地域における領土についての請求権を主張し、支持し、もしくは否認するための基礎をなし、また南極地域における主権を設定するものではない。南極地域における領土についての新たな請求権または既存の請求権の拡大は、南極条約の有効期間中に主張してはならない。このように、領有主張は、条約の存続するかぎり、凍結されることとなっている。

理論上、領有権または請求権の凍結に関して、「権利の凍結」であるか、それとも「紛争の凍結」であるかという意見の対立が見られる。また、領有権や請求権の範囲が陸地部分に限定されるか、それとも海域部分にも及ぶかどうかについても、議論が見られる。さらに、南極における**領有権の凍結**は、あくまでも条約によるものであり、条約の非締約国に当然には適用されないものである。そのため、条約は第三者を拘束しないという一般原則との関係で、南極条約は、非締約国を拘束するとまではいえない。これについて、理論上、南極条約による**客観的レジーム**の確立の考え方や、条約上のルールが慣習法となって

いるという主張が見られるが、対立の見解もある。少なくとも、条約の存在を
飛び越えて南極に対する領有主張を展開することは、国際社会に生きる国家に
とって妥当な行動であるとはいえない。

　第4に、南極条約体制である。南極条約の発効により、南極を管理するた
めの南極条約体制が成立することとなった。たしかに、南極条約は厳格な意味
での国際組織を規定しているわけではない。しかし、その第9条は条約の展
開に関して制度的な側面を定めている。つまり、「南極条約協議国会議」と称
される条約の締約国の会合が、制度上整備されているのである。この会合は、
情報交換、利害関係事項に関する協議、条約目的の達成に関連する措置の立
案・審議・採択を任務としている（9条）。これによって、南極条約は、条約上
の権利義務関係を創設するものにとどまらず、南極をめぐるさまざまな問題に
対処する法的レジームを作り出す土台ともなっている。

　実際、南極条約体制の下で、南極の開発利用に関わるすべての問題、たとえ
ば南極の鉱物資源、生物資源および環境保護の課題が取り扱われることとなっ
ている。生物資源に関して、1964年の「南極動物相および植物相の保存のた
めの合意された措置」、1972年の「南極のアザラシの保存に関する条約」お
よび1980年の「南極の海洋生物資源の保存に関する条約」がある。また、鉱
物資源に関して、1988年、南極鉱物資源活動規制条約が採択された。しかし、
この条約はまだ発効していない。そして、1991年、締約国協議会議の特別会
合で採択された「環境保護に関する南極条約議定書」は、環境保全のため、南
極地域における鉱物資源の開発に関わる活動を50年にわたり全面的に禁止す
ることとなった。

【考えてみよう】
　①民族自決の原則は、植民地の独立にとってどのような意味をもつであろうか。
　②南極における領有権の凍結は、どのような内容をもつであろうか。
　③南極条約に加わっていない国も、南極に対する領有を有効に主張することができ
　　ないのであろうか。

第15章　国際化区域　　165

【調べてみよう】

①西本健太郎・稲垣治・柴田明穂（編著）『北極国際法秩序の展望——科学・環境・海洋』東信堂、2018 年。

②奥脇直也・城山英明（編著）『北極海のガバナンス』東信堂、2013 年。

③松井芳郎「試練に立つ自決権」桐山孝信他（編）『転換期国際法の構造と機能』国際書院、2000 年。

④池島大策『南極条約体制と国際法——領土、資源、環境をめぐる利害の調整』慶應義塾大学出版会、2000 年。

⑤林司宣「『南極条約体制』の課題とその将来」『国際問題』353 号、1989 年、pp. 34-47。

第 16 章

宇宙空間と法

Keywords　宇宙空間、領有権設定の禁止、国家への責任集中の原則、宇宙物体の登録、静止軌道、ボゴタ宣言、スペースデブリ

1　宇宙活動と法的規制

　人類にとって、宇宙は神秘の空間である。数千年にわたって観察し続けてきた宇宙にようやく活動の足跡をしるしたのは、20 世紀になってからであった。宇宙における人類の活動は多様な形で展開される。その中心は、人工衛星その他の宇宙物体の打ち上げによる、月その他の天体を含む宇宙空間の探査、利用である。1957 年 10 月、ソ連が最初に科学衛星スプートニク 1 号を打ち上げ、宇宙空間の時代の幕開けとなった。今は、世界の主要国がほぼ例外なく宇宙活動に加わり、人類のほとんどが宇宙活動の恩恵を受けるようになった。各種の宇宙物体が打ち上げられ、宇宙活動の目的も科学的研究調査から実用目的、軍事目的など多岐にわたる。

　これらの宇宙活動の展開に伴い、人類の社会活動が新しい空間に拡大されることとなる。それに伴って新たな法的規制が欠かせない。この斬新な空間がどのような法的地位をもち、諸国がそれをどのように利用すべきか、領域に関する既存の法制度は適用されるのか、などといった問題が生じる。宇宙の法的規制は当初、宇宙空間の法的地位の確立に重点を置いたが、次第に宇宙空間とその経済的価値の利用配分、さらには他国に与える宇宙活動の影響の規制を重視するようになっている。

　まず、宇宙空間の法的定義を見てみよう。自然科学において、宇宙空間は天文学や地球物理学などによく使われる概念である。これは、そのまま宇宙法に

167

使われる概念に当てはまるものではない。宇宙活動と宇宙法の展開に伴って、宇宙空間は従来の地表の上空と異なる法的地位をもつものと設定されるようになった。そのため、大気空間と**宇宙空間**の厳格な法的区分が必要となってくる。ただ、今のところ、これを定める条約上の規定は存在しない。

　区分の方法について、これまでさまざまな意見が見られる。空間的に区画すべきだという視点から、地表からの一定の具体的な高さ（およそ海抜 100 キロメートルから 110 キロメートル）をもって、2 つの空間を区分する考えもあれば、空間的な区分よりも飛行物体や活動の性質から区分することが大切だと主張し、飛行物体と活動の性質から宇宙空間を特定する考えもある。

　今日では、この区分問題は確立した慣行によってほぼ解消されたといえる。つまり、これまでの宇宙活動において、軌道に乗せられているすべての人工衛星は航空機と違った法的地位を有しており、しかもいかなる国からも明確な反対はなされていない。結果として、衛星を乗せる最低軌道以上の空間（天体を含む）は、宇宙空間として認識される。

　次に、宇宙活動の法的規制は主に条約を通して展開される。実際の国家実行の積み重ねではなく、活動の可能性およびそれに伴う利益展開への予想から、宇宙活動に対する法的規制が強く求められるようになった。そのため、慣習的法規範の形成を待つことなく、条約という立法活動を通して宇宙法が次第に確立されたのである。慣習法は限定的な機能しかもたない。

　1967 年、国連主催の下、宇宙条約（月その他の天体を含む宇宙空間の探査及び利用における国家活動を律する原則に関する条約）が締結された。これは宇宙活動の基本原則を定めたものであり、宇宙活動の憲法としての地位をもつ。この条約では、宇宙空間の法的地位（探査、利用の自由、領有権設定の禁止、平和利用など）と、宇宙活動に対する国家管轄権（救援返還、国家責任、管轄権、査察、協議など）などが定められている。

　そして、宇宙活動の進展とともに、宇宙条約の原則と方式をより具体的に補完する、一連の条約・協定が締結された。1967 年の宇宙救助返還協定（「宇宙飛行士の救助及び送還並びに宇宙空間に打ち上げられた物体の返還に関する協定」）、1972 年の宇宙損害賠償責任条約（「宇宙物体により引き起こされる損害についての国際的責任に関する条約」）、1975 年の宇宙物体登録条約（「宇宙空間に打ち上げられた物体の

登録に関する条約」）、さらに 1979 年の月協定（「月その他の天体における国家活動を
律する協定」）などがある。

2　宇宙空間の法的地位

1）領有権設定の禁止

　新しい領域的空間として、宇宙空間は果たして諸国の領有対象になりうるか。
これは宇宙法の形成初期において最大の関心事であった。領域所有の習性に染
みた国家が、宇宙空間にも領有の牙を向けることを想像するのは、それほど難
しくない。危機意識は宇宙法の誕生を促した。国連を舞台に、諸国は激しい議
論を交わし、次第に協力の精神に基づいて、宇宙空間を地球と同様な領域的空
間として取り扱わない原則を打ち立てた。すなわち、**領有権設定禁止**の原則で
ある。

　この原則により、宇宙空間と天体のいずれの部分に対しても、国家による領
域権限の取得が禁止され、どの国も宇宙活動の実施を通じて主権の主張、継続
的な使用・占有その他の手段により、排他的な領域主権を設定することができ
なくなる（宇宙条約 2 条）。この原則は、宇宙空間について、一般国際法上の無
主地とみなして先占に基づく領域権原の設定を禁止するものである。したがっ
て、たとえ静止軌道などの軌道上の固定地点に衛星を打ち上げ、長期にわたり
配置するなど、宇宙活動に伴う宇宙空間の継続的な使用・占有があっても、ま
た月その他の天体に機器、設備を設定し何らかの他の主権的象徴を残したとし
ても、この事実をもってこれらの区域に対する領域主権や属地的な国家管轄権
を主張することは、認められない。この原則は宇宙活動に伴う法的効果に明確
な制限を加え、宇宙空間利用の自由、平等を保障するための基礎を築いた。

　しかし、領有権設定禁止の原則は、枠組み的役割しかもたず、軌道使用にお
ける所有権・優先使用権の取得に関して、具体的な規制を設けたわけではない。
特に資金や技術力を必要とするため、宇宙開発においては、常に先行する国々
がある。後続の開発国との間に、軌道資源などの領域的権利をめぐって対立・
紛争が顕在化する可能性が高い。

第 16 章　宇宙空間と法　*169*

2) 宇宙空間利用の自由・平等

宇宙空間はすべての国の自由と平等な利用に開放される。そのため、その探査と利用は、平等の原則に基づきすべての国の権利として保障される。国は、他国の許可を得る必要もなくまた他国による何らの妨害も受けずに宇宙活動をおこなう権利をもつ。他方、実行上、国は、たとえ自国の領空を通るものであっても、実害がまったく生じないかぎり、他国の打ち上げる宇宙物体に対して、宇宙空間の利用を妨害したり否認したりするような方法で管轄権その他の実力措置を行使することはできない。

後に触れるように、宇宙物体を打ち上げ、それを登録した国は、その物体と乗員が宇宙空間・天体にある間は、これらに対し排他的な管轄権と管理権をもつ。この意味で、宇宙空間利用の自由は、領域主権に代わり属人的管轄権に基づく秩序維持を設定している。

また、この自由は実質上、各国の自主的な判断による宇宙物体打ち上げの自由を保障する。それゆえ、各国の衛星システムの多元化が考えられる。この現実は、場合によっては特別の合意などによる相互の調整を必要とする。その調整は一般に、国家間の直接交渉または関連の国際機関を通してなされる。

3) 宇宙空間の平和利用

宇宙条約では、平和利用の原則が規定されている。これは宇宙空間と天体とを区別し、軍事的利用について異なる具体的な禁止規定を設けている。

宇宙空間については、地球を周回する軌道に核兵器その他の大量破壊兵器を運ぶ宇宙物体を乗せたり、他のいかなる方法によってもこれらの兵器を宇宙空間に配置したりすることが禁止される。そして、月その他の天体については、宇宙空間と異なり、平和利用の原則がより徹底され、軍事利用が包括的に禁止される。天体では、核兵器その他の大量破壊兵器の設置だけでなく、軍事基地、軍事施設の設置、一切の兵器実験、軍事演習の実施が禁止される。

ただ、こうした法的規制があるものの、宇宙空間利用の実際は、平和利用の原則のもつ常識的印象とは大きく異なり、軍事的目的の利用が非常に盛んである。通常兵器の配置、使用、実験その他の軍事目的の利用は、そもそも条約によって明確に禁止されていない。実行上、軍事的情報を収集できるスパイ衛星

などがアメリカ、ロシアをはじめ、多くの国によって利用されている。近年、日本も明らかに軍事的な目的で情報収集衛星を打ち上げた。また、武器の電子化に伴って、弾道ミサイルや弾道ミサイルの迎撃システムは、宇宙空間の利用と決して無関係のことではない。こうした現実の前に、平和利用の原則が空洞化しているのではないかという懸念が自然に生じる。

　日本では、2008年、宇宙基本法が制定され、商業的利用を含む、平和的な宇宙開発利用を進めるための基本原則と機関設置の基本方針が定められている。また、この基本法に基づき、2016年、衛星リモートセンシング記録の適正な取り扱いの確保に関する法律が制定され、衛星リモートセンシングに対する許可・監督制度が設けられた。

3　宇宙活動に対する管轄権

1）宇宙物体の法的地位

　宇宙物体について、その登録国は管轄権をもつ。つまり、宇宙空間に打ち上げた物体と乗員に対して、登録国は管轄権と管理の権限を保持し、その行使を通じて宇宙空間の秩序を維持する。登録という行為を介して、宇宙物体と登録国の間に、一定の法的関係が構築されることとなる。これは登録国主義と呼ばれる。

　登録国に管轄権を認める宇宙条約の原則規定を具体化したのは、1975年の宇宙登録条約である。この条約は、**宇宙物体の登録**の手続、要件や宇宙物体の性状、活動に関する国際的な公示方法について明確な規定を設けた。

　登録国の指定に関して、条約は打ち上げ国の協議による決定を認める。実際、宇宙物体の打ち上げに関して、国家間協力の多様な実態もあって、宇宙物体を完全に自らの責任で発射する国があれば、他国に委託してこれを発射させる国もあり、そして宇宙物体がその管轄する領域や施設から発射される国もある。こうした打ち上げ国から指定された登録国は、打ち上げの後国連の関連部署に対して登録をおこなう。

　そして、登録国は宇宙物体の所定項目についての情報を打ち上げ後なるべく速やかに、国連事務総長に通報する義務を負う。登録項目としては、一般に国

第16章　宇宙空間と法　　171

名、標識、登録番号、発射の日、場所、基本的な軌道要素および一般的機能が含まれる。本来、打ち上げられた宇宙物体の情報は、登録および登録される事項を通して知らされることになるが、条約上、登録の時期に曖昧性が残り、登録を見るだけでは実情をつかめない場合がある。特に軍事的に使われる衛星の登録を意図的に遅らせる向きもしばしば見られる。

2) 宇宙活動に関わる国家の義務

　宇宙物体の管轄権を登録国に認めることによって、宇宙活動に伴う法的問題が安定した基礎をもって処理されることが可能となる。その上、宇宙条約は宇宙活動に伴う法的責任について独自の制度を定めている。

　まず、宇宙条約は、各当事国が宇宙空間と天体でおこなわれる自国の一切の活動について、直接に国際的責任を負うべきことを定めている（6条）。こうした国家責任の制度は、これまでの一般国際法上の国家責任の帰属要件を大きく変更するものであり、**国家への責任集中の原則**と呼ばれる。国家責任のところ（第10章）ですでに述べたように、本来国家責任の成立は国家への国際違法行為の帰属を前提とするものである。ここでは、この帰属性または主観的要件が大きく変更されることとなる。

　つまり、宇宙条約では、宇宙活動を実際におこなう主体が政府機関である場合はもちろん、国の管轄下にある私企業その他の非政府団体であっても、国内法上の地位、権能のいかんに関わりなく、すべて「国の活動」とみなし、その宇宙活動に伴う国際違法行為の責任はすべて直接国に帰属するとしている。国の授権または「相当の注意」の有無に関わりなく、宇宙活動が国の専属的な支配・管轄の下でその許可を得ておこなわれることを理由とするものである。それだけでなく、国家は、非政府団体による宇宙活動についても、宇宙条約の関係規定に適合した行動をするように、その履行を事前に確保する責任（保証責任、6条）を負う。そして、許可制度を通して、そうした活動に対する継続的監視をおこなう。これは、国内法上の具体的規定を通しておこなわれる。実際、民間企業による宇宙開発を認めている国においては、そうした保証、許可および監視などに関わる詳細な国内法が整備されている。

　次に、宇宙条約では、打ち上げた宇宙物体により他国またはその国の人、財

産に損害を与えた場合には、当該の打ち上げ国が直接に損害賠償責任を負う（7条）。この点について、宇宙損害賠償責任条約では、さらに実体法と手続法の両面からより詳細な条件を定めた。

条約上の賠償責任は損害発生の場所によって異なる。地球表面または飛行中の航空機など第三者に与えた死亡、身体の障害、財産損失などの有形的損害について、打ち上げ国は無過失責任を負う（2条）。他方、他国の宇宙物体またはその人員、財産に与えた損害で地球表面以外のいずれかの場所で生じたものについては、過失責任を負うこととなる。

ただし条約適用の対象となる損害の範囲が特定されていないので、被害者にとって十分な救済が得られない場合がある。国際的な損害賠償の事例が少ないこともあって、賠償責任に関する法制度の具体的適用事情がすべて明確となっているとはいえない。これについて、Case Note を参照されたい。

そのほか、打ち上げが数カ国によってなされる場合、これらの国は少なくとも被害国との関係では連帯責任を負う。また、政府間国際機関は、宇宙物体を打ち上げる際、同条約の権利義務の受諾宣言をおこない、その加盟国の過半数がこの条約と宇宙条約の当事国である場合には、その打ち上げた宇宙物体による損害について、第1次の損害賠償責任を負うこととなる。

Case Note：コスモス954号事件
ILM Vol. 18, 1979

〈事実〉　1977年9月に打ち上げられたソ連の人工衛星は、濃縮ウラン235を燃料とする原子炉を搭載していた。1978年1月、故障により地球に落下することとなった。落下する情報をいち早く摑んだアメリカは、カナダの領域内に落下する危険性があるとみて、カナダ政府に通報した。これを受けてカナダ政府は、ソ連に対してこの衛星とりわけ原子炉関連の情報を提供するよう求めた。これに対して、ソ連政府は衛星破片がカナダ領域内に落下する可能性があること、そして、原子炉は大気圏内で完全に燃え尽きるように設計されていることを通報した。また、破片の回収についても協力する意向を示した。衛星の侵入と放射能のある破片の落下に備え、カナダは、さまざまな予防的措置を講じた。

〈当事国の主張〉　カナダ政府は、国際条約および国際法の一般原則に基づき、ソ連に対して600万カナダドルの賠償を求めた。その主張は主に次のようなものである。まず、1972年の「宇宙物体により引き起こされる損害についての国

際責任に関する条約」の第2条により、今回の事態に対して、ソ連は無過失責任を負う。放射能のある破片の落下やそれに伴う領域機能の制約は、条約にいう財産の侵害に当たる。次に、カナダ政府が、損害の発生を防止し、損害の拡大を防ぐために講じた措置は、条約第6条の定める合理的な注意を払う義務にしたがったものである。そして、請求に含まれた費用は、国際法の一般原則に基づく基準を適用し合理的なものに限定した。さらに、国際法の一般原則により、カナダ空域への人工衛星の侵入や放射能のある破片のカナダ領域への落下は、カナダの主権侵害を構成する。これには賠償の支払いの義務が発生する。

これに対して、ソ連政府は、上記条約第2条にいう損害が生じていないゆえ、この事件に条約は適用されないとして、条約に基づく賠償責任を否定した。ただ、一切の国際法上の賠償責任を否定した上、カナダ政府が実際に展開した活動を勘案し、好意による補償を支払う意思を示した。結局、1981年4月の両国間の議定書により、ソ連が300万カナダドルを支払うことで最終的に結着することとなった。

3）宇宙空間の開発・利用に関わる法的問題

宇宙空間の探査、利用が実用化され、またはその経済的価値の潜在性が注目されるにつれて、その開発、利用の方式についても宇宙条約の前提ないし範囲を越えて、新たな法的問題が浮上している。

第1に、静止軌道の使用である。実用的な通信衛星、放送衛星、気象衛星をはじめ常時監視のための軍事衛星などは、地上約3万6000キロメートルにある静止軌道に打ち上げるのが最も効率的である。静止軌道上の衛星は、地球の自転と同じ方向に一定速度で回るので、地上から見ると衛星が上空の一定の場所に静止しているように見える。この軌道に3個の衛星を適切に配置すれば全世界の地域をカバーすることができるといわれる。1963年、アメリカがはじめて静止軌道に衛星を乗せてから、多くの国が相次いで静止軌道を利用するようになっている。軌道に乗せる衛星の数も多くなり、増加の傾向が続いている。日本も数多くの人工衛星を静止軌道に乗せている。

静止軌道は赤道の真上にあるという空間的な特殊所在もあって、赤道軌道直下の国（ブラジル、コロンビア、エクアドル、インドネシア、コンゴ、ケニア、ウガンダ、ザイールなど）は、早い段階から、静止軌道のうち自国領域の上空にある部分に対して、領土との連接一体性を理由に領域主権、主権的権利または優先的権利

174

を主張し、そこに衛星を打ち上げ、利用権を取得するにはその同意を要すると、主張していた。これは1967年12月の**ボゴタ宣言**で明らかにされた。しかし、このような主張は、科学的な根拠を欠くばかりか、宇宙空間に対する領域権原設定の禁止の原則とも抵触し、宇宙空間利用の自由・平等の原則とも適合しない。人工衛星の打ち上げ国を中心に強い反対意見が存在する。実行上、そうした主張は大きな法的効果を伴ったわけではない。実際、1980年代の後半から、多くの赤道直下の国々は、静止軌道の主権または特別な権利の主張を改め、柔軟な姿勢で軌道の利用における配分の公平さを求めるようになっている。

他方、**静止軌道**は有限資源として認識される。宇宙開発の進展に伴って、すべての国が静止軌道を自由で満足に使えるわけではないという事態が生じうる。優先権をめぐる争いも発生しうる。それに伴って、宇宙空間の領有禁止と優先権との関係をどう捉えるべきかの問題も提起される。そのため、静止軌道の利用をめぐる利益の調整が必要となる。今のところ、調整の原理原則を定める具体的な法規範は存在しない。そして、こうした問題はその他の軌道に関しても発生しうる。

第2に、遠隔センシングの問題である。遠隔センシングは20世紀初期から測量や地図の作成に使われる技術である。宇宙活動の展開によって、遠隔センシングは、衛星などに取り付けているセンシング機材からおこなうことが可能となる。実際、今日では、アメリカ、ロシア、フランス、日本、中国、カナダ、ブラジルおよび欧州宇宙開発局などがそうした技術を利用している。

遠隔センシングは、資源探査、農業、環境、国防など多くの分野に使われ、特に国境の制約もなく、他国の領域内の情報を収集することを可能にするものである。場合によって、これは、遠隔センシングを受けた国が経済的・軍事的に大変不利な立場に追い込まれることにもなる。これまで、多くの国は、国家の領域的管轄権に対する侵害に当たるとして遠隔センシングへの許可制の適用を求めた。10年あまりの大論争の末、遠隔センシングは管轄権に関わる領域原則の例外として法的に許容されるようになっている。それでも、関係国の国際法上の権利とりわけ天然資源の永久主権に対する侵害が依然大きく懸念されている。

第3に、宇宙ゴミ（**スペースデブリ**）問題である。半世紀以上にわたる人類の

宇宙開発・利用の過程で、宇宙物体の打ち上げは数千回もおこなわれ、衛星やロケットが宇宙空間に投入された。役割を終えたり故障したりした宇宙機や運用上放出された部品など多数のゴミが発生し、また、アメリカや旧ソ連、中国、インドなどによる人工衛星破壊兵器の開発に伴う破壊実験が多くの宇宙ゴミを作り出すものとされている。宇宙ゴミは宇宙空間の特性により、その多くは現在でも地球周回軌道を回っている。これらのスペースデブリは、人工衛星や宇宙ステーションに衝突すると大変な被害をもたらすリスクをもっている。現在、数百万個の数にまで増加しており、スペースデブリによる衝突の危険性が大きくなっている。今日では、そうしたリスクはすでに無視できないほど高くなっていることが広く認識されている。そのため、宇宙開発に携わる諸国は、宇宙ゴミの発生防止・除去技術やスペースデブリ衝突防御の研究を進める一方、国際協力を通して、スペースデブリの減少に努めている。2007 年、国連宇宙利用平和委員会において「スペースデブリ低減ガイドライン」が合意され、ロケット、人工衛星などはデブリの発生を防止するよう設計すること、またそれらの意図的破壊をおこなわないことなどが求められている。

　第 4 に、宇宙利用の軍事化が次第に深刻となった。2024 年 4 月国連安保理における決議採択の拒否権の応酬が宇宙での軍拡競争の深刻化を物語った。米国と日本が提唱した決議案は、すべての国に対し、核兵器やその他の大量破壊兵器を宇宙で開発・配備しないよう求め、すべての国に対し、その遵守を検証する必要性に同意するよう要求した。本来、宇宙への核兵器配備の禁止は、1967 年の宇宙条約ですでに明確に規定されており、日米はロシアの行動を懸念し、検証による条約義務の遵守を確保しようとした。ロシアの拒否権もあって決議案は採択されなかった。そして、これに対して、ロシアは対抗の決議案を出し、宇宙空間への兵器配備を防ぐ努力だけでなく、「宇宙空間での武力による威嚇や行使」を「永久に」防ぐことも求めた。この決議案も成立しなかった。

　そうした応酬の裏に、政治的思惑があることは否定しないが、地上に対する核攻撃が宇宙からおこなわれるような、条約で示された懸念とは異なり、宇宙空間で人工衛星に対する攻撃の懸念が高まった。人工衛星の軍事的利用の重要性が確認されるにつれ、人工衛星への攻撃や妨害に対する懸念が表面化される

ようになったのである。これについての法的規律も難問となった。アメリカが特に懸念しているのは、ロシアによる核動力の反衛星武器の宇宙軌道への配備である。そうした反衛星武器は常に移動でき、いざというとき、目標に接近し攻撃や妨害を仕掛けることが可能である。

【考えてみよう】

①宇宙空間の法的地位をどのように捉えるべきなのであろうか。

②人工衛星を打ち上げる過程で、A 国の民間企業が事故を起こし、B 国に大きな損害をもたらしたとする。この場合、B 国はどのように損害賠償の責任を追及することになるのであろう。

③静止軌道の利用は、なぜ諸国にとって大きな関心を呼ぶ課題となっているのであろうか。

【調べてみよう】

①中村仁威『宇宙法の形成』信山社、2023 年。

②石井由梨佳「宇宙デブリ除去に関する国際法上の評価」『空法』62 号、2022 年、pp. 6891-6910。

③青木節子「宇宙物体の『国籍』」『国際法研究』9 号、2021 年、pp. 1-21。

④青木節子『日本の宇宙戦略』慶應義塾大学出版会、2000 年。

⑤筒井若水「国際領域──『国際化』の諸側面」『法学教室』71 号、1985 年。

第 17 章

国際法上の個人

> **Keywords** 帰化、血統主義、出生地主義、国籍唯一原則、内国民待遇、最恵国待遇、国内標準主義、国際標準主義、外交的保護権、国籍継続原則、国内救済完了原則、ハル 3 原則、庇護権、政治犯不引渡し原則、ノン・ルフールマン原則

1　法主体性

　国家領域に存在する個人（自然人と法人）は、国際法上の権利と義務を有するのであろうか。いいかえると、個人は国際法上の法主体性をもつのだろうか。これについて伝統的な国際法理論では、法主体を有するのは国家のみであると考えられてきたが、第 11 章でみたとおり、国際組織に対しても一定の法主体性が認められるという考え方が提起された。一方、個人については、第二次大戦後、特に国際的な人権保護制度の発展にともなって、個人の国際法上の法主体性を限定的に認める学説が主張されてきた。

2　国　　　籍

　国籍とは、人がどの国に属するかをみきわめる制度である。人がある国の国民となるためには国籍をもつ必要がある。法人・船舶・航空機も国籍をもつ。国籍を付与する権限は国家にある。国籍の付与は国内管轄事項であり、諸国は国籍法を制定している。その国籍法に基づいて、どのような個人に国籍を与えるかを自由に決めることができるのは国家だけである。

1）国籍の取得と喪失
　国籍の取得の方法は、①先天的取得と②後天的取得の 2 種類がある。①は

出生による取得で、②は広義の**帰化**である婚姻・養子縁組などの身分関係の変動と、狭義の**帰化**である本人の申請に基づく帰化および結婚の解消などによる復籍による取得である。

国籍は、外国籍の取得（広義の離脱）、本人の申請に基づく離脱（狭義の離脱）および刑罰としての剥奪によって喪失する。さらに、割譲、併合など国際法上の原因によっても人の国籍に変動が生じる。

出生による国籍の取得では、血統主義と出生地主義の2つの考え方がある。**血統主義**では、子の国籍は親と同じ国籍となる。これには、父の国籍を基準にする父系血統主義と、父母いずれかの国籍を基準にする父母両系血統主義とがある。一方、**出生地主義**では、親の国籍に関係なく、子が生まれた国の国籍を与えられる。通常は、どちらか一方の主義を原則とし、例外的に、他方の原則を適用する。たとえば、日本の国籍法は、父母両系血統主義を原則とし、例外として、出生地主義を採用している。つまり、子が日本で生まれたが父母が明らかでない場合、または、父母が国籍を有しない場合に日本国籍を与えることにしている（国籍法2条3号）。

いわゆる「アンデレ国籍訴訟」では、日本に滞在していたフィリピン人の母親から出生したとみられるアンデレちゃんが、わが国在住のアメリカ人牧師に引き取られた。アンデレちゃんは、父母ともに所在が不明のため無国籍となったので、国籍法第2条3号を根拠に日本国籍が主張された。東京地裁では原告勝訴であったが東京高裁では逆の判断であった。最高裁は高裁判決を破棄しアンデレちゃんの日本国籍を認めた（最判・平7・1・27）。

2）国籍の抵触

出生地主義の国民が血統主義の国で出産すると、その子はいずれの国籍も取得することができなくなり無国籍者となる。一方、血統主義の国民が出生地主義の国で出産した場合、その子は親の国籍を取得すると同時に出生地国の国籍も取得し、二重に国籍を取得する。二重国籍者は2国で兵役や納税の義務を課せられ、無国籍者は国家の保護を受けられなくなり、いずれの場合も不都合が生じる。これを国籍抵触の問題という。

これを解消するために国際社会では、1930年「国籍法の抵触についてのあ

る種の問題に関する条約」、1954年「無国籍者の地位に関する条約」、1961年「無国籍者の削減に関する条約」が締結された。だが、諸国が条約当事国にならないかぎりこれらの条約は適用されないので、国籍抵触の問題が根本的に解消されるにはいたっていない。

3）国籍唯一原則

　国籍の抵触は、**国籍唯一原則**が採用されているために生じる問題である。わが国では、2022年以降は、重国籍をもつ日本国民は、重国籍となった年齢が18歳未満のときは20歳に達するまでに、18歳以降に重国籍となった場合は、2年以内に、日本国籍をもとうとする場合は、当該外国籍を離脱するか、外国籍放棄の国籍選択届を提出しなければならない。定められた期間内にこれを提出しなければ日本国籍を失う（国籍法14条・15条）。

　しかし、国家間で人の移動の機会が増したので、国籍唯一の原則は現実に合っていないとの主張が提起されてきた。1997年の欧州国籍条約（2000年発効）が重国籍を積極的に認める立場をとったこともあって、現在では重国籍を認める国が世界の多数となっている。

　このような背景から、日本においても多様な文化的背景を身につけた人々は日本社会にとって豊かさを与え日本の国際化に貢献できる人材であるのだから、国籍の選択制度のために日本国籍を失うのは、日本にとって大きな損失であるとの主張が登場している。政治の場では、民間団体の意見に賛成する国会議員によって重国籍を維持することを認める「国籍選択制度の廃止に関する請願」と海外に暮らす成人の重国籍を認める「もともと日本国籍を持っている人が日本国籍を自動的に喪失しないよう求めることに関する請願」が、2001年以降、国会で提起されている。

3　外国人の法的地位

1）外国人の入国と出国

　国家には外国人の入国を認める義務はなく、外国人の入国について自由に決定することができると考えられている。一般的に国家は、条約上の入国許可義

務がなくとも、入国拒否事由がない外国人に対しては入国を認めるのが通常である。

日本では、「出入国管理及び難民認定法」(以下、入管法)第5条で、上陸が拒否される者の態様を詳細に規定している。

外国人が他国に入国するためには、査証(ビザ)を取ることが必要である。査証は外国人が持つ旅券(パスポート)に記入される。査証について相互の免除協定がある場合は、査証の取得は必要ない。外国人が入国すると、出入国審査官がその外国人の在留資格と在留期間を旅券に記入する。

一方、外国人の出国については、慣習国際法上、国家はこれを禁止することはできない。ただし、租税が未納であるとか犯罪行為がある場合は、出国は禁止される。逆に、退去強制事由が存するとか犯罪人を引き渡す場合は、強制的に出国させることができる。日本の入管法第24条では、退去強制事由として、不法入国、不法残留、資格外活動などが規定されている。

2) 国内における外国人の権利義務

①内国民待遇と最恵国待遇　　外国人は、滞在国においてその国の管轄権に服さなければならない。外国人の権利について、国家は自由に定めることができるが、基本的人権は認めなければならない。

一方、参政権などの公法上の権利や不動産などの所有権については、国民の利益や国家の安全に関わることがあるので、外国人のこれらの権利は制限されることが多い。国家は通常、通商航海条約を締結することにより、互いに相手国の国民を自国民と同等に扱い、また、第三国と同等の待遇を外国人に与える場合がある。前者を**内国民待遇**といい、後者を**最恵国待遇**と呼ぶ。

②国内標準主義と国際標準主義　　国内にいる外国人を保護する場合、伝統的な考え方として、**国内標準主義**と**国際標準主義**がある。前者は、自国民と同じ扱い方で外国人を保護すればよいという考え方であり、後者は、先進国の国民が受ける保護を外国人にも与えようとする考え方である。この考え方の違いは、開発途上国と先進諸国との経済力から生まれている。開発途上国にとっては、先進諸国と同程度に外国人を保護することはすぐにはできない場合がある。どちらが有力な考え方か。今の所、定説はないといえる。

第17章　国際法上の個人　　181

Case Note：ノッテボーム事件
国際司法裁判所、1955年4月6日判決

〈事実〉　ノッテボームはハンブルクで生まれたドイツ人であり、1939年10月にリヒテンシュタインで帰化申請をしたときもドイツ国籍を持っていた。1905年に彼はグアテマラに移住し、そこを拠点に商業、銀行業、農園経営などの事業活動で成功した。1905年以降、彼は時折ドイツに出張し、ビジネスの繋がりをもった。彼は1943年までグアテマラに定住していたが、第二次大戦時ドイツがポーランドに侵攻した後に、ノッテボームは、リヒテンシュタインへの帰化申請を提出しこれが認められた。リヒテンシュタインのパスポートを取得したノッテボームは、1940年初めにグアテマラに戻り、以前の事業活動を再開した。しかし、1943年にグアテマラの戦時措置の結果として彼は追放され、1949年に彼は全財産を没収された。これに対してノッテボームは財産返還を求めて、リヒテンシュタイン政府に外交的保護権を行使するよう要請し、同政府が国際司法裁判所に提訴した事件が本件である。

〈判決要旨〉　国籍が国家による保護の行使や国際的な司法手続を開始する権利を与えるために必要な性質をもつものであるかどうかを評価するため、裁判所はノッテボームに帰化によって与えられた国籍がその性質をもつか、つまり、ノッテボームとリヒテンシュタインの間に帰化前後の時期に十分に強い事実上のつながりが存在していたかどうかを確認しなければならない。そのつながりが、他のいかなる国家とのつながりよりも優勢であるかどうかを確認することで、彼に与えられた国籍が「真実で効果的な」ものであり、それが以前に存在した、または後に生じたつながりの法的な表現であるとみなすことができるかどうかを判断する。帰化は軽んじられるべきものではなく、一人の人間の人生で頻繁に起こることではない。

　ノッテボームが帰化を申請した時点で、彼はドイツ国籍をもっており、ドイツに家族とのつながりを保ち、ビジネスの関係も維持していた。彼はグアテマラに34年間住んでおり、彼の主要な利害関係はそこにあった。彼は帰化後すぐにグアテマラに戻り、そこが彼の利害関係とビジネス活動の中心地であり続けた。一方、リヒテンシュタインとの実際のつながりはきわめて薄く、定住したこともなく、長期に滞在したこともなかった。

　これらの事実から、ノッテボームとリヒテンシュタインの間の関係が欠けていたこと、そしてノッテボームとグアテマラの間に長年にわたる密接な関係が存在していたことが明らかである。この帰化は、リヒテンシュタインとの実際の関係に基づいたものではないから真実性を欠いている。したがって、リヒテンシュタインはグアテマラに対するノッテボームを保護する権利を有していないので、当裁判所はリヒテンシュタイン政府の請求を受理することはできない。

③**外交的保護権**　ある国家が国内にいる外国人の保護を怠ると、その外国人の本国政府が自国民を保護するためさまざまに動くことがあるが、国際法では、このような行為を国家の権利として捉え、この権利を外交的保護権と呼できた（**Case Note** 参照）。**外交的保護権**とは、自国民が、外国政府によって保護を受けることができないとき、その国民の本国の政府が、当該外国政府に対して自国民を保護するよう要求する国家の権利のことをいう。

外交的保護権は2つの要件がそろったときに、行使することができる。それらは、①国籍継続原則と、②国内救済完了原則である。

国籍継続原則とは次のことを意味する。外国政府からの保護を受けることができなかった自国民がいる場合、その者の本国政府が外交的保護権を行使してその者を保護しようとする際は、その者がその本国の国籍を取得していて、その者が当該外国で権利の侵害を受けたときから外交的保護権が行使されるまでの間、その国の国籍を継続して有していなければならない。また、単に国籍を有しているだけではなく、その国との実質的関係がある国籍でなければならない。これを真正結合理論と呼ぶ。

国内救済完了原則とは、外交的保護を受ける者は、被害を受けた外国において、被害の賠償や権利の回復のために、その外国で利用できるすべての手段、たとえば裁判などをすべて尽くした後でなければ、その者の本国政府は外交的保護権を行使できないということである。

ここで注意すべき点は、外交的保護権は個人の権利ではないということである。被害者を救済するために外交的保護権を行使するか否かは、その国家が自国の利益を考慮して判断することになる。

この外交的保護権を放棄する契約を国家と外国系会社とが結ぶことはできるだろうか。つまり、当事者の紛争については、その会社の本国は外交的保護権を発動しないことを約する旨の規定を置くことは許されるかという問いである。アルゼンチンのカルボーが主張したこの考え方は、カルボー条項（Calvo clause）と呼ばれる。通説はカルボー条項の効力を否定している。

3）外国人資産の収用

外国人の権利保護はさらに、国家による外国人財産の収用問題につながる。

第17章　国際法上の個人　　183

収用は個別的収容と一般的収容に区別できる。前者は、特定の外国人の財産を特定の目的のために収用することで、公用収用とも呼ばれる。後者は、国家政策上、外国人財産を含む私有財産を大規模かつ一般的に収用することであり、国有化とも呼ばれる。国際法では、国家が外国人財産を収用する権利を認めているが、その際、次の3原則が満たされなければ国際法上、違法な収用となる。

　①公益原則　　収用は公共の目的でなされるものでなければならない。

　②無差別原則　　その国の国民と差別し、あるいは、その国の他の外国人と差別して特定の外国人の財産だけを収用してはならない。

　③補償原則　　財産所有者に補償がなされなければならない。

4）ハル三原則

　上記収用時の補償に関して、従来から、先進諸国と開発途上国で意見が対立してきた。アメリカは、「十分、実効的かつ迅速な補償」でなければ正当な補償ではないと主張した。これは、米国務長官ハルが1938年に表明したので、**ハル3原則**と呼ばれる。十分な補償とは、市場価格と同等の補償ということである。実効的な補償とは、流通性の高い通貨、たとえば米ドルなどによって補償がなされるということである。迅速な補償とは、文字通り、補償が速やかにおこなわれることをいう。

　これに対して開発途上国は、個別的収用についてはこの補償3原則を認めるものの、国有化についてはこれを否定し、国有化をおこなう国が、国内法に基づいて、決定することができなければ、国有化が達成できなくなると主張した。

　国連では、国有化に当たっては国有化を実施する国の国内法および国際法にしたがって「適当な補償」が支払われなければならないと主張された。これは、1962年に「天然の資源に対する永久的主権」に関する国連総会決議のことである。また、国有化に当たっては、その国の関連法規とその国が適当と認めるすべての事情を考慮して、適当な補償が支払われなければならない。補償に関する紛争が起きたときは、国有化する国の裁判所が国内法に基づいて解決する。このことは、1974年の「国家の経済的権利義務憲章」で規定された。

4　犯罪人引渡し

　ある者が外国で犯罪行為をおこなって本国に逃げ帰り、犯罪行為がおこなわれた外国政府がその者を自国で裁くために引渡しを求めてきた場合に、それに応じて、その者の本国政府が自国民を外国政府に引き渡すことを犯罪人引渡しという。国際法では、国家は犯罪人引渡しの義務を当然に負うわけではないと考えられている。反対に、国家はその者を引き渡すことを拒否し保護する権利も有する。他国からの亡命者を保護する場合もある。この保護する国家の権利を**庇護権**という。

　国家には犯罪人を引き渡す義務はないという前提で、犯罪人の引渡しを互いに認める条約を締結することがある。たとえば、日本とアメリカの間の「日米犯罪人引渡条約」などがその例である。

　日本は「逃亡犯罪人引渡法」を制定しており、この国内法に準拠して引渡しがおこなわれることがある。また国際礼譲として犯罪人を引き渡す場合もある。ただし、この犯罪人引渡しの例外として次の2つの考え方がある。

1）自国民の不引渡し

　これは、自国民が外国で犯罪行為をおこない自国に逃亡してきたときは、その者の本国の法律で処罰すればよいのであって、引渡しを請求する国に自国民を引き渡す必要はないというものである。しかし、犯罪の実行地で裁判する方が、事実認定や証拠調べ等において都合がよいので、自国民の引渡しをおこなっている国もある。

2）政治犯不引渡し原則

　これは、文字通り政治犯については引き渡さないという考え方である。政治犯罪とは、国内法上での犯罪行為であって、革命などの政治体制の変革や分離独立を目的とするものをいう。この政治犯罪には、相対的政治犯罪と絶対的政治犯罪がある。前者は通常の犯罪行為、たとえば殺人罪などの要素を含むものであり、後者はそれを含まないものである。相対的政治犯罪に政治犯不引渡し

原則が適用されるか否かについて学説は一致しておらず、絶対的政治犯罪には
政治犯不引渡し原則が適用されるとする。

日本では、尹秀吉（ユン・スーギル）事件において、絶対的政治犯罪に対して
政治犯不引渡し原則を適用する慣習国際法は確立していないという少数説が最
高裁で採用された。

歴史的にみると、18世紀以前は、普通犯罪人の引渡しはほとんどなく、政
治犯罪人の引渡しがおこなわれていた。科学が発達し、移動手段が多様になる
につれて、犯罪人が簡単に逃亡することができるようになり、普通犯罪につい
ても引渡しがおこなわれるようになった。フランス革命以降は、個人の政治的
自由意志が尊重され、政治犯罪人を引き渡すことは避けられるようになった。

3) 政治犯不引渡しの例外

外国の王族や外国元首に対する加害行為を政治犯と認めないという犯罪人引
渡条約がある。ベルギー政府がこれを最初に規定したので、ベルギー加害条項
と呼ばれる。1948年のジェノサイド条約や1970年の航空機不法奪取に関す
るハーグ条約では、政治的目的の行為でジェノサイドやハイジャックがおこな
われた場合には政治犯罪とは認めないとする規定が置かれている。

5 難 民

1) 難 民 条 約

「難民の地位に関する条約」（難民条約）が1951年7月に国連で採択された。
その第1条で定義されている難民のことを条約難民という。これには政治犯
罪人も含むので政治難民とも呼ばれる。これは狭義の難民の定義である。広義
の難民は、戦争や自然災害または貧困などを理由として本国を離れる人々のこ
とである。これらの人々は流民と呼ばれ、政治難民とは区別される。1967年
には、「難民の地位に関する議定書」が締結され、難民が保護されやすくなっ
た。

国家は難民を受け入れるかどうか決定できると考えられているので、国家に
難民を受け入れる義務はない。だが、一旦難民を受け入れたならば、国家は難

民に適切な保護を与えなければならない。

2）難民の諸権利

難民条約は、難民が享受できる権利を次の４つに分けた。①内国民待遇で保護する権利、②最恵国待遇で保護する権利、③一般の外国人に対して与える待遇よりも不利でない待遇として与えられる権利、④一般の外国人に適用される規制にしたがう権利。

①の権利には、宗教の実践および宗教教育についての自由（難民条約４条）、裁判を受ける権利（16条）、初等教育を受ける権利（22条）、労働法制および社会保障に関する権利（24条）がある。

②の権利には、非政治的かつ非営利的な団体および労働組合に係わる結社の権利（15条）、賃金が支払われる職業に従事する権利（17条）がある。

③の権利には、動産および不動産に関する権利（13条）、自営業に従事する権利（18条）、自由業に従事する権利（19条）、初等教育以外の教育を受ける権利（22条）がある。

④の権利には、居住地選択の権利と国内移動自由の権利（26条）がある。

3）ノン・ルフールマン原則

難民の生命または自由が脅威にさらされるおそれのある領域の国境へ追放または送還してはならない（33条）。これを追放・送還禁止の原則または**ノン・ルフールマン**（non-refoulement：追い返さないという意味の仏語）**原則**と呼び、慣習国際法上、確立した原則であるという説が有力である。

このほか、難民の出入国に関して次のような規定がある。不法入国しても遅滞なく当局に出頭し不法入国の理由を示す難民には、不法入国・滞在を理由として刑罰を科してはならない（31条）。国の安全または公の秩序を理由とする場合を除き、合法的に領域内に滞在する難民を追放してはならない（32条）。

4）世界の難民

国連の統計（2024年現在）では、世界には約１億2000万人の難民や避難民がいる。これは世界人口の約１％に当たる。特に2011年以降、その数が急速

第17章　国際法上の個人　　187

に増えている。難民問題を解決するために、国連は 1950 年の総会で、難民高等弁務官（UNHCR）の設置を採択した。UNHCR の本部事務所はスイスのジュネーブにあり、地域事務所は 136 カ国に設けられている。職員数は約 2 万人で（2024 年現在）、その多くが危険地を含む現場で働いている。毎年 6 月 20 日を「世界難民の日」とすることが、2000 年 12 月 4 日の国連総会で決議された。

5）難民と日本

日本は 1981 年に難民条約に加入し、以前からあった「出入国管理令」を同じ年に改正して「出入国管理及び難民認定法」を制定した。この法律はこれまで数次改正され、難民認定制度の見直しが図られている。これまでに難民認定を申請した外国人は約 1 万 3800 人であり、難民と認定された者は 289 人であった（2023 年現在）。

難民認定制度と並列的に、日本は 2023 年から補完的保護対象者認定制度を設けた。これは、条約上の難民の要件から、迫害を受けるおそれがあるという理由を除いた他の難民要件を充足している者を「定住者」とし、難民に準じて保護する制度である。申請者数は、約 1000 人余りで、認定者数は 647 人、その内、ウクライナ避難民は 644 人であった（2024 年現在）。

【考えてみよう】
①出生地主義と血統主義とが併存するとどのような問題が生じるだろか。
②外交的保護権の行使における 2 要件とは何だろうか。
③ノン・ルフールマン原則が登場した理由を考えてみよう。

【調べてみよう】
①杉原高嶺「第 1 章　国際法の基本構造」杉原高嶺・水上千之・臼杵知史・吉井淳・加藤信行・高田映『現代国際法講義』第 5 版、有斐閣、2015 年。
②村瀬信也「第 18 章　個人」波多野里望・小川芳彦（編）『国際法講義』（新版増補）有斐閣、1998 年。
③岩沢雄司『国際法』第 2 版、東京大学出版会、2023 年。
④河野真理子「第 12 章　個人の管轄」第 2 版　小寺彰・岩沢雄司・森田章夫『講

義国際法』有斐閣、2018 年。

⑤森下忠『犯罪人引渡法の研究』成文堂、2004 年。

⑥加藤信行「第 8 章　国際法における個人」杉原高嶺・水上千之・臼杵知史・吉井淳・加藤信行・高田映『現代国際法講義』第 5 版、有斐閣、2015 年。

⑦松田幹夫「自国民不引渡し原則についての疑問──リーディング・ケースを中心に」『獨協法学』89 号、2012 年、pp. 1-24。

⑧本間浩『国際難民法の理論とその国内的適用』現代人文社、2005 年。

⑨山下朋子「外交的保護請求における国籍　ノッテボーム事件」『国際法判例百選』第 3 版、有斐閣、2021 年。

⑩徳川信治「ノッテボーム事件」薬師寺公夫・坂元茂樹・浅田正彦・酒井啓亘（編集代表）『判例国際法』第 3 版、東信堂、2019 年。

⑪ Nottebohm Case（second phase), Judgment of April 6th, 1955：I.C.J. Reports 1955.

第18章
国際人権法の成立

> **Keywords** 国際人権章典、世界人権宣言、社会権規約、自由権規約、選択議定書

国際人権法は新しい法分野である。伝統的な国際法の考え方では、「人権の国際的保護」などの名称で人権を扱ってきたが、現代の人権問題はさまざまな要素が複雑に絡み合っている。そこで、人権分野を法的側面だけでなく、政策面、実践面を含め総合的に研究する新たな学問分野が発展してきた。理論が発展しても実際に人権が守られなければ意味がない。国際人権法は学際的要素を持ちながらも実践的な姿勢で発達してきた学問分野である。

1　国連憲章と人権

人権の保護を目的とした条約は第二次大戦前からあった。たとえば、奴隷売買の禁止に関する条約、少数民族の国際的保護に関する条約、労働者の保護に関する条約がその例である。これらの条約は特定の対象者を保護する目的でつくられたものであり、国際的に人権を保障する包括的で普遍的な条約ではなかった。それが、1945年に国連が設立されて一変した。そして、人権問題が国際社会で広く議論され始めたのである。

その背景には、ナチス・ドイツが600万人ものユダヤ人の命を奪ったホロコーストが欧州で起きたという事実があった。当時文明国と自負していた欧州各国の人々は、欧州でこのような出来事が起きたことに言葉を失ったであろう。ナチズムとファシズムの再来を許してはならないとの感情が、戦後の欧州社会の底流に渦巻いた。人権保護を条約にすべきであるという行動の背景にはこの

ような事情があったのである。

　国際連合が設立される際、人権擁護は大きな柱であった。国連憲章の前文には、「基本的人権と人間の尊厳及び価値と男女及び大小各国の同権とに関する信念をあらためて確認」すると書かれている。また国連は、「人種、性、言語又は宗教による差別なく、すべての者のために人権及び基本的自由を尊重するように助長奨励することについて、国際協力を達成すること（憲章1条3項）」が目的の1つとして掲げられている。この目的のために、国連総会は研究を発議し勧告をおこなうと規定される（同13条b）。また、人権と基本的自由の尊重と遵守を促進することが強調されている（同55条c）。さらに、経済社会理事会は、これらの目的のために勧告をすることができると規定されている（同62条2項）。このように、国連憲章上では人権保護が強調された。

　これらの規定は、一般的かつ抽象的に国連の行動目標を設定しているにすぎないとも理解されている。一方で、すべての加盟国は人権の尊重の目的のために国連と協力して共同および個別の行動をとることを誓約していると憲章に規定されている（同56条）。したがって、憲章は加盟国に人権尊重の義務を課したものであるという主張もある。国際司法裁判所はナミビア事件の勧告的意見で、憲章上、加盟国には人権尊重義務があると結論した。一方で、人権や基本的自由を著しく侵害するような国連加盟国が存在するとき、憲章の趣旨に反するとして非難されることはあるが、憲章が人権尊重の法的な義務を加盟国に課しているとまではいえないという主張もある。

　今日では、ある国内の人権侵害が継続的で重大な場合は、人権問題は国際的な関心事項となり、不干渉義務の例外になるのではないかと考えられるようになったと理解されている。

2　世界人権宣言

　法的拘束力のある国際規範を定立する意欲をもって国連人権委員会は、1947年に人権を保護する基本的な法的文書である**国際人権章典**の起草を開始した。しかし、各国からさまざまな意見が提案されたため、まずは、法的拘束力を目的としないものを作成することが先決であると考えられた。こうして作

られたのが 1948 年第 3 回国連総会で採択された「人権に関する普遍的宣言」である。わが国では、世界人権宣言と訳されている。そしてさらに、法的拘束力のある 2 つの国際人権規約と 2 つの議定書が完成した。これらと世界人権宣言とを合わせたものを国際人権章典と呼ぶ。

いわゆる**世界人権宣言**は、前文と全 30 条から構成されている。第 1 条では「すべての人間は、生まれながらにして自由であり、かつ、尊厳と権利とについて平等である」と謳われた。第 2 条から第 21 条までは、自由権的基本権が、また、第 22 条から第 27 条までは、生存権的基本権が規定されている。

世界人権宣言では、当時考えられた人権の具体的内容が明らかにされているが、国連加盟国を法的に拘束するものではなく、すべての人民とすべての国とが達成すべき共通の基準となるものであると理解された。

今日では、各国の憲法や条約に世界人権宣言の影響を受けて成立したものが多くある。また、国際裁判所や国内裁判所で世界人権宣言に言及している判決も数多い。したがって、世界人権宣言はもはや慣習国際法としての法的地位が確立しているとの主張がある。

3 国際人権規約

国連憲章は人権保護を抽象的に規定しているだけで具体的内容を明らかにしていない。一方、世界人権宣言には法的拘束力がない。そこで、1948 年に国連人権委員会は拘束力のある法的文書の作成に取り掛かった。

国際人権委員会が最初に直面したのが、自由権的な人権と社会権的な人権をひとつの規約にまとめるかどうかであった。これらの権利の性質が異なることから、その達成度も異なるとする考えが採用され、結局、分離した形で規定されることになった。

自由権は、国家からの自由を中心とした人権である。表現の自由や信教の自由あるいは参政権などである。社会権は、教育を受ける権利や労働権などのように、社会活動をおこなう上での諸権利である。規約草案の審議は、国連人権委員会、経済社会理事会および総会でおこなわれ、起草開始から 18 年後の1966 年 12 月、国連第 21 回総会で最終的に採択された。こうして誕生した

のが「経済的、社会的及び文化的権利に関する国際規約」（**社会権規約**）と「市民的及び政治的権利に関する国際規約」（**自由権規約**）の２つの規約である。日本は、両規約を1979年に批准した。

①社会権規約　　労働の権利、社会保障を受ける権利、教育を受ける権利、文化的な生活に参加する権利などを社会権という。社会権は別名、第２世代の人権と呼ぶこともある。社会権的な人権の実現は、各国の事情に合わせて漸進的に実施するものと理解されている。

社会権規約第16条では、国家報告制度（203ページ参照）が規定されている。これは、締約国がこの規約で規定される権利をどのように自国で実現したかについて報告する制度のことである。この報告書は、社会権規約委員会で審議・検討され、最終意見書として世界に公表される。

②自由権規約　　生命に対する権利、表現の自由、結社の自由、法の前の平等などを自由権と呼ぶ。この国家からの自由を規定した人権は、第１世代の人権と呼ばれている。この自由権的な人権は、即時の実施の義務が締約国に課せられている。

これら２つの規約は権利の性質が異なるため、それらの権利が保障されるための実施措置も異なっている。ただし今日では、そのような区別をすべきではないとの批判も出ている。

Case Note：在日コリアン年金差別訴訟
損害賠償請求事件、大阪地方裁判所、2003年（ワ）11990号、
2005年5月25日判決、棄却

〈事実〉　わが国の旧国民年金法には国籍要件が規定されており、大韓民国籍の原告らは被保険者から除外されていた。同法は後に国籍要件が削除されたが、旧法において国籍要件が設けられていたことと改正法において原告らに対しては何ら救済措置が講じられなかったことは、憲法14条1項および国際人権規約（自由権規約2条2項、26条、社会権規約2条2項、9条）違反であるとして、国家賠償法1条1項に基づき慰謝料を請求したのが本件である。なお、本件は、大阪高裁に控訴されたが、2006年に棄却された。

〈判決要旨〉　憲法に関しては、日本の歴史的・社会的・経済的諸事情に照らすと、旧法が施行された時点では、国籍条項を設けて、日本に在留する外国人に被保険者資格を認めないとしたことが、直ちに著しく合理性を欠いて明らかに裁量を逸

第18章　国際人権法の成立　　**193**

脱・濫用した立法措置であるとまではいえない。国際人権規約に関しては、旧法下の国籍条項が国際人権規約の平等原則に違反する状態となりうるような事態が生じても、合理的な期間が経過してもなお必要な改廃措置がとられない場合に、同規約上の平等原則違反になるのであって、本件では同規約が発効してから約2年後に国籍条項が撤廃されたことは、合理的な期間内の措置である。

4 国際人権規約に関する選択議定書

自由権規約の採択と同じ年に「市民的及び政治的権利に関する国際規約の選択議定書」（第1選択議定書）が採択された。これは、規約人権委員会に人権侵害を受けた被害者個人が通報する制度を規定した条約である。規約人権委員会にこのような請願をおこなう個人は、利用できるすべての国内救済措置を尽くしていなければならない。

個人通報制度（203ページ参照）については、**選択議定書を批准している締約国のみに適用される**ので、批准していない国家の個人はこの制度を利用することができない。わが国は選択議定書に署名していない。

一方、第2選択議定書は、死刑制度の廃止を目的として1989年に採択された。別名、死刑廃止議定書といわれる。わが国は、この選択議定書にも署名していない。

社会権規約にも個人通報制度の選択議定書がある。これは2008年12月10日の第63回国際連合総会で採択された。

5 個別人権条約

国連が中心となって作成した個別の人権条約にはさまざまなものがあるが、代表的な人権条約について見てみよう。

1）ジェノサイド条約

この条約の正式名称は、「集団殺害罪の防止および処罰に関する条約」であ

る。第二次大戦終結から3年、まだナチスによるユダヤ人大虐殺の記憶が生々しく残っていたころに採択された条約である。この条約において初めて、国際法上、ジェノサイドが定義された。2024年現在の当事国数は153である。日本はまだ加入していない。その理由は、第3条で、「集団殺害を犯すための共同謀議」と「集団殺害を犯すことの直接且つ公然の扇動」が規定されており、日本刑法では共同謀議と扇動の規定がないためと言われている。ただ、2022年から始まったロシア・ウクライナ戦争や2023年のハマスのイスラエル攻撃とその後のイスラエルによるパレスチナ・ガザ地区への反撃が契機となって、日本もこの条約に加入すべきとの意見が各方面から出された。

2) 人種差別撤廃条約

人種差別撤廃条約第1条で、人種差別とは、人が、政治的、経済的、社会的、文化的またはその他すべての公的生活分野で、人権と基本的自由の平等な立場にあるにもかかわらず、人種、皮膚の色、門地または民族的もしくは種族的出身に基づいて、区別、除外、制限され、または逆に特恵を与えられたりすることであると規定された。

第2条で、当事国は、人種差別を作り出し、人種差別が永続化するような効果を有するすべての法律・規則を改正・廃止または無効にするために実効的な措置をとらなければならないとされた。

第8条では、18名の委員で構成される人種差別撤廃委員会が規定されている。第9条では、この条約の国内実施措置についての国家報告を人種差別撤廃委員会が検討し勧告する権限が与えられた。第14条では、個人通報を人種差別撤廃委員会が受理し審理する権限が規定されている。ただし、受諾宣言をおこなっていない当事国に関する通報は受理されない。日本は受諾宣言をおこなっていない。

3) 女性差別撤廃条約

女性差別撤廃条約の前文では、「社会及び家庭における男子の伝統的役割を女子の役割とともに変更することが男女の完全な平等の達成に必要である」ことが謳われている。第5条では、当事国のとるべき措置として、男女のいず

第18章 国際人権法の成立　195

れかが劣っているとか、あるいは優れているといった優越性の観念や、男女の定型化された役割に基づく偏見とか慣習を撤廃するために、これまでの男女の社会的および文化的な行動様式を修正することが求められている。このように女性差別撤廃条約では、男女の性の違いによる役割分担の思想が否定されている点が特徴である。

　第17条によって女子差別撤廃委員会が設置され、締約国から提出された国内的な実施措置についての報告書を検討することが規定された。個人通報制度に関しては、1999年に選択議定書が採択された。

　わが国はこの条約に1980年に署名し1985年に批准した。条約の批准に際し、国内実施措置として男女雇用機会均等法が制定された。また同年、男女共同参画社会基本法も制定された。なお、日本は、選択議定書には加入していない。

4）拷問等禁止条約

　各国の軍事独裁政権は拷問的行為を繰り返した。これに対する国際的非難を背景にして、1975年の第30回国連総会において、拷問の禁止に関する宣言が採択された。そして、1978年にこの草案の検討が開始され、1984年の国連総会において拷問等禁止条約が採択された。発効は1987年である。

　その前文では、何人も拷問または残虐な、非人道的もしくは品位を傷つける取扱いもしくは刑罰を受けないことを定めている世界人権宣言第5条および自由権規約第7条の規定に留意することが謳われている。そして、第2条で、締約国は、自国の管轄の下にある領域内において拷問に当たる行為がおこなわれることを防止するため、立法上、行政上、司法上その他の効果的な措置をとることが規定されている。第4条では、締約国が拷問に当たるすべての行為とその未遂および共謀・加担行為を自国の刑法上の犯罪とするよう求めている。第17条で10名の個人資格の委員で構成される拷問禁止委員会の設置が規定された。

　日本は1999年に拷問等禁止条約に加入した。国内法整備として監獄法が数度改正されている。なお、この条約の選択議定書は、2002年12月に採択され2006年6月に発効した。日本はこれに加入していない。これを受け入れ

ると、締約国はいつでも、自国の刑務所などの各施設への拷問禁止委員会からの視察を認めなければならない。

5）子どもの権利条約

　子どもの権利を保護しようという国際的な動きは、1924年の子どもの権利に関する5カ条のジュネーブ宣言にまでさかのぼる。1959年には、10カ条の子どもの権利に関する宣言が国連総会で採択された。1978年には、ポーランドが子どもの権利に関する条約の草案を国連人権委員会に提出した。国連は1979年を国際子ども年とした。ポーランド案を検討する作業部会も設置された。こうして10年間の審議を経た1989年に、子どもの権利に関する条約が採択された。同条約は、1990年に発効し、日本は同年に署名、1994年に批准した。

　第1条は、子どもを18歳未満の者と定義している。第16条では、いかなる子どもも、私生活や通信などに対して干渉されないと規定されている。第34条は、あらゆる形態の性的搾取や性的虐待から子どもを保護することを締約国に求めている。第43条では、子どもの権利に関する委員会の設置が規定されている。同委員会は、条約義務の履行の達成に関する締約国の進捗の状況を審査する任務を負い、4年任期の10人の専門家で構成される。第44条において、5年ごとに、各締約国は委員会に報告書を提出することが義務付けられた。

6）子どもの権利条約に関する選択議定書

　子どもの権利条約に関する選択議定書として次の2つがある。どちらも2000年の第54回国連総会において採択され、2002年に発効した。

　①「武力紛争における子どもの関与に関する子どもの権利に関する条約の選択議定書」　これは、武力紛争において子どもを保護するため、軍隊において18歳未満の者を敵対行為に直接に参加させないことおよび軍隊志願者の最低年齢を引き上げることなどを定めている。日本は2004年にこれを批准した。

　②「子どもの売買、子ども売春及び子どものポルノに関する子どもの権利に関する条約の選択議定書」　これは、子どもを性的な搾取から保護するため

第18章　国際人権法の成立　　197

に、子どもの売買、子ども買春、子どものポルノに関する一定の行為を犯罪とすることが規定され、そのような犯罪者の引渡しや国際協力などについて定められている。

日本は、まず 1999 年に「児童買春、児童ポルノに係る行為等の規制及び処罰並びに児童の保護等に関する法律」を制定し、2004 年にこれを改正することによって国内法を整備した後、2005 年にこれを批准した。

7) 障がい者権利条約

この条約ができるまでは長い道のりであった。それを振り返ると、「身体障害者の社会リハビリテーション決議」(1950 年)、「知的障害者の権利宣言」(1971 年)、「国際障害者年行動計画」(1979 年)、「国際障害者年」(1981 年)、「障害者に関する世界行動計画」(1982 年)、「国連・障害者の 10 年」(1983 年から)、「障害者の機会均等化に関する標準規則」(1993 年) がそれぞれ採択された。

その後しばらく障がい者に関する国際的な動きは目立ったものがなかったが、21 世紀にはいると、2001 年 9 月の国連総会でメキシコが提案した「障害者の人権及び尊厳を保護・促進するための包括的・総合的な国際条約」決議が採択され、具体的に審議をおこなう「障害者権利条約アドホック委員会」が設置された。こうして、障害者権利保護の国際条約の締結への動きが本格的に開始された。2002 年 7 月に第 1 回のアドホック委員会がニューヨークで開催され、2 年後の 2004 年 1 月には、条約文作成のための作業部会が設けられた。そしてついに、障がい者に関する初の世界的な条約が、2006 年 12 月 13 日に国連総会で採択された。日本は 2007 年 9 月 28 日に署名している。

この条約の特徴は、自由権と社会権を分離せず両権利を同一条約の中で規定していることである。

8) 強制失踪条約

1980 年に強制失踪に関する作業部会が、国連人権委員会に設置された。その後、1992 年に国連総会において、強制失踪からすべての人を保護するための宣言が採択され、同宣言を法的拘束力のある条約にするために、作業部会が

条約案を検討してきた。そして、2005年9月に全45条の条文草案が完成し、2006年12月20日国連総会で採択された。

9) 国連専門機関が採択した人権条約

①「子ども労働の最悪の形態を除去するための禁止および即時行動に関する規約」(1999年採択)　これは、国際労働機関 (ILO) が採択した規約であり、18歳以下の子どもが、強制労働や強制的徴兵などのような奴隷的形態の労働、ポルノに関わる労働、薬物関連の労働、健康・安全・道徳を損ねるような労働に従事しないよう、締約国に即時かつ効果的な措置をとることを求めている。

②国際連合教育科学文化機関 (UNESCO) の採択した「文化的表現の多様性の促進および保護に関する国際規約」(2005年10月20日採択)　2001年にUNESCOの総会で「文化的多様性に関する普遍的宣言」が採択されたが、さらに、法的拘束力のある国際文書として採択されたのがこの規約である。この背景には、今日グローバリゼーションが進む中で、アメリカ文化の世界への浸透に懸念を抱く、特にフランス語圏の国々、中でもフランスが音頭を取って審議が進められてきたという事情がある。

【考えてみよう】
①国連憲章における人権保護に関する条文について、その内容を挙げてみよう。
②世界人権宣言には、慣習国際法的性格が付与されているといえるだろうか。
③国際人権規約は、なぜ2つの規約に分けて作成されたのだろうか。

【調べてみよう】
①斎藤惠彦『世界人権宣言と現代』有信堂高文社、1984年。
②阿部浩己・今井直・藤本俊明『テキストブック　国際人権法』第3版、日本評論社、2009年。
③藤田久一『国際法講義Ⅱ』東京大学出版会、1994年。
④岩沢雄司『国際法』第2版、東京大学出版会、2023年。
⑤北村泰三「国連強制失踪条約の意義及び問題点」『法学新報』(中央大学法学会) 116巻3-4号、2009年、pp. 157-220。
⑥薬師寺公夫「強制失踪条約における『強制失踪』の定義とその国内犯罪化義務」

『研究紀要』（世界人権問題研究センター）第 24 号、2019 年、pp. 1-45。

⑦ The Office of the High Commissioner for Human Rights（https://www. ohchr.org/en/ohchr_homepage）（2024/9/15）。

⑧「在日コリアン年金差別訴訟」『判例タイムズ』有斐閣、1188 号、2005 年、p. 254。

第19章

国際人権法の展開

> **Keywords** 人権高等弁務官、人権理事会、国家報告制度、国家通報制度、個人通報制度、普遍的・定期的レビュー制度

1 国連の人権保護機関

国連が主導して、これまで世界人権宣言や国際人権規約が採択され、多くの個別の人権条約も締結された。また、国連の人権保障システムにおける重要な組織として、国連人権高等弁務官と国連人権理事会が設置された。

1）人権理事会諮問委員会

人権理事会諮問委員会は、かつて国連人権委員会の下部に位置した人権小委員会（人権の促進と保護に関する小委員会）を改組した組織のことである。人権小委員会は1947年の発足時には、「差別防止および少数者の保護に関する小委員会」と呼ばれていたが、1990年に名称が変更された。人権小委員会は、12名の個人資格の委員で構成された。その後、委員数が26人に増やされたが、現在の人権理事会諮問委員の数は18人になっている。委員会は、アフリカ5、アジア5、東欧2、中南米3、西欧その他3の合計18名の委員から構成される。委員の任期は3年で、再選は1回までである。この委員会は、国連人権委員会の「シンク・タンク」ともいわれている。

2）国連人権会議

1993年に世界180カ国の代表が集まり、第1回のテヘラン会議以来25年ぶりに国連世界人権会議がウィーンで開かれた。この会議では、人権の普遍性

201

を主張する先進諸国と、経済発展の違いや地域の特殊性を考慮すべきであると主張する発展途上国とが対立したが、最終的に「ウィーン宣言」が採択された。

その第1章では、人権の促進とその保護は国際社会の優先課題であり、すべての国家は人権と基本的自由の尊重を促進する責務があるとする。第2章では、先進諸国と発展途上国との妥協がはかられ、すべての人権は普遍的なものでありながら、国家や地域の特殊性、歴史的・文化的・宗教的背景は留意されなければならないとされた。また、人権と基本的自由を守り促進していくのは国家の義務であることが強調された。さらに、発展の権利は、基本的人権の基盤であり普遍的で譲ることのできない権利であることが確認された。第3章では、国連人権高等弁務官の設置の検討を国連総会に勧告している。また、国際人権センターの強化、少数民族・移民労働者の人権保護、女性に対する暴力の根絶、子供の権利などが規定された。なお、先進諸国側の主張である国際人権裁判所の設置の検討は見送られた。

3) 国連人権高等弁務官の設置

国連**人権高等弁務官**は国連事務次長の地位に当たる身分を有する国連職員であり、1993年の国連総会決議によって新設された。その任務は、国連の人権諸活動を統括することである。任期は4年で再任は1期に限られる。なお、国連人権高等弁務官を補佐する事務局本部は、ジュネーブに置かれている。

4) 国連人権理事会の設置

2006年3月15日の国連総会決議を受けて、経済社会理事会は、同月22日、国連人権委員会を廃止することを決定した。

従来の国連人権委員会は、経済社会理事会の下部に位置したが、これに代わり新たに設置された**人権理事会**は、国連総会に直属する組織である。理事国はアジア13、アフリカ13、ラテンアメリカ8、東欧6、西欧7の地域的配分に基づき47カ国から構成されている。適切な人権政策が実施されていない構成国は資格停止となることがありうる。理事国の任期は3年で、連続して2期にわたって理事国となった国は再選されない。重大な人権侵害をおこなった国の理事国は、総会の3分の2の多数により資格が停止される。

2 国連による人権保護の実施措置

　前章で述べたそれぞれの人権条約には、人権を具体的に保障するための仕組み、すなわち実施措置が規定されており、それらは次の3つの手続に分類できる。

　①国家報告制度　　これは、締約国が提出した人権の国内的実施状況に関する報告書を検討する制度である。

　②国家通報制度　　これは、条約義務に違反している国家に関して他の締約国が通報した場合、それを受理し検討することである。

　③個人通報制度　　これは、人権被害を受けた個人からの通報を受理し検討することである。

　たとえば、自由権規約第28条では人権委員会の設置が規定されている。国連人権委員会と区別するために、人権専門委員会または自由権規約人権委員会と呼ばれる。この委員会は自由権規約で規定された上述の3つの制度を機能させる重要な役目を担っている。これ以外にも、それぞれ個別の人権条約あるいは議定書で人権を現実的に保護するための仕組みが規定されている。

　さらに国連は、以上の条約上の実施措置以外に独自の人権保障手続を築いてきた。それらは、国連人権理事会による特別報告制度と、不服申し立て制度および普遍的・定期的レビュー制度である。

1）国連理事会の特別報告制度

　第二次大戦直後に設置された国連人権委員会は当初、人権に関する個人からの申し立てについて消極的態度をとっていた。この背景には、人権委員会を支配していた欧米諸国が、当時、人権問題を抱えていたという事情がある。アメリカは人種問題を抱え、西欧諸国は植民地を支配し、旧ソ連はスターリン主義によって人権侵害をおこなっていた。これらの諸国は、国連が人権問題に取り組むことを歓迎しなかったのである。だが、1960年代に国連に加盟した多くの非西欧諸国が、南アフリカの人種隔離政策（アパルトヘイト）に対して何らかの措置を講ずるべきであると主張した。南アフリカに利権を有していた西欧諸

国は、人権問題を南アフリカだけに限ることを懸念した。そこで、すべての国の人権侵害を検討すべきであるとの提案をおこない、アパルトヘイト問題への矛先をかわそうとした。こうして、1967年に、すべての国における人権侵害問題を取り上げるための経済社会理事会決議1235が採択された。こうして、同委員会によって、各国の人権状況を毎年、公開で審議することができるようになった。これを1235手続と呼んだ。特に継続的で重大な人権侵害が存在する場合には、同委員会は、特別報告者を任命する手続を採り、国別あるいはテーマ別に調査し、その報告に基づいて人権侵害国を非難する措置をとってきた。この制度は、現在の国連人権理事会に受け継がれた。今日、特別報告の対象となっている国は14カ国で、テーマ別報告として46テーマが挙げられている（2024年現在）。

2）国連理事会の不服申し立て制度

　一方、非公開で審議する手続がある。これは、1970年に採択された経済社会理事会決議1503によって確立された。この決議は、国連人権委員会に対して、個人や民間人権団体などから通報される人権侵害に関する情報の中で、特に大規模で信頼しうる証拠のある継続的形態での人権と基本的自由に対する侵害について、非公開で検討し、必要な場合には調査および勧告をおこなう権限を付与した。これを1503手続と呼ぶ。

　1503手続は、人権侵害の被害者を直接に救済することを目的としているものではない。むしろ、国連人権委員会が人権侵害の実態についての情報を集めるための機能をもつ点が特徴である。信頼できる情報を有する者であれば、直接の人権被害者でなくても通報することができる。通報が受理される際には、国内救済措置が尽くされているかなどについて審査された。この1503手続は、国連理事会の2007年人権理事会決議5/1によって「不服申し立て制度」として引き継がれ、より効果的な制度を目指している。

3）普遍的・定期的レビュー制度（UPR）

　普遍的・定期的レビュー制度（UPR）は、人権理事会の創設に伴って作られた制度で、国連加盟国の人権状況を審査する制度である。作業部会として理事

国3カ国が1グループとなり、審査にあたってはすべての国連加盟国で議論される。NGOも傍聴することができる。

3　新しい実施機関

1）少数者問題に関するフォーラム（Forum on Minority Issues）
　これは、2007年の国連人権理事会決議6/15によって設置された民族・種族・宗教・言語に関する少数者問題について討議する組織である。毎年、テーマ別の討議が2日間開催され、少数者問題に関する専門家によって作業が進められる。採択された勧告は国連人権理事会に報告される。

2）先住民族の権利に関する専門家組織（Expert Mechanism on the rights of Indigenous Peoples）
　これは、2007年の国連人権理事会決議6/36によって設置された。この組織は7人の専門家で構成され、先住民族に関連する問題について人権理事会をサポートする役目を担っている。

3）ビジネスと人権フォーラム（Forum on Business and Human Rights）
　これは、2011年の国連人権理事会決議17/4によって設置された組織であり、同決議で採択された「ビジネスと人権に関係する指導原則」を具体的に実施することを目的としている。

4　地域別人権条約

1）欧州人権条約
　1950年に、「人権および基本的自由の保護のための議定書」が署名された（1953年発効）。現在まで16の議定書が締結され（2024年現在）、条約内容が漸進的に改正されている。
　欧州人権条約によって保障される権利は、生命に対する権利や公正な裁判を受ける権利などの自由権的基本権である。

第19章　国際人権法の展開　　205

欧州人権条約は、欧州人権委員会と欧州人権裁判所の設置を規定する。条約
当事国は、他の締約国による条約違反について欧州人権委員会に申し立てるこ
とができる。また、被害者個人（自然人・非政府団体・個人の集団）が欧州人権委
員会に対して申し立てる権利も認められており（34条）、さらに、1990年の
第9議定書および第11議定書の採択により、人権を侵害された個人も欧州人
権裁判所へ直接提訴することができるようになった（**Case Note** 参照）。また、
権利の保障制度として、判決の履行監視制度が規定されている（46条）。

2) 米州人権条約

1948年、米州地域の平和と安全や加盟国間の経済的、社会的、文化的発展
などを目的に、南北米大陸における国際機関である米州機構（Organization of
American States：OAS）憲章が署名された。人権に関して OAS は、同年に、
「人間の権利義務に関するアメリカ宣言」を採択した。OAS はまた、1959年
に米州人権委員会を設置した。さらに、欧州人権条約をモデルとした米州人権
条約が、1969年の米州機構特別会議で採択された。同条約は1978年に発効
し、翌年、米州人権裁判所が設置された。なお、米国は OAS 加盟国であり米
州人権条約に署名したが、批准していない。

以上のほかにも、米州間では次のような人権に関する条約が締結されている。
1985年「拷問を防止し罰するための米州規約」、1988年「経済・社会・文化
的権利の分野における米州人権条約の追加議定書」（サン・サルバドール議定書）、
1990年「死刑を廃止するための人権に関する米州規約」、1994年「人の強制
的失踪に関する米州規約」、1994年「女性に対する暴力の防止・処罰・撲滅
に関する米州規約」（ベレム・ド・バラ議定書）、1999年「障害を持つ者に対する
あらゆる形態の差別の除去に関する米州規約」、2013年「あらゆる形態の人
種差別および不寛容に関する米州規約」、2015年「高齢者の権利を守る米州
規約」。

3) バンジュール憲章

アフリカにおける人権保護制度の発展にとって、アフリカ統一機構（Organi-
zation of African Unity：OAU、2002年以降は The African Union：AU）が重要な

役割を果たした。1963 年の発足からほぼ 20 年間の OAU は、個人の人権保護よりも、政治的・経済的独立と植民地解放に政策の重点を置いていたため、人権保護を放棄しているとの厳しい批判にさらされた。同時に、アフリカの人権保護の国際文書を作成する運動が展開された。こうして、1979 年の OAU 首脳会議では、アフリカの人権憲章を起草するための委員会の設置が決定された。そして 1981 年に「人および人民の権利に関するアフリカ憲章」いわゆるバンジュール憲章が、OAU 第 18 回首脳会議において採択された（1986 年発効）。同憲章によって設置されたアフリカ人権委員会は 1987 年に発足し、その本部事務局は、ガンビアのバンジュールにある。

バンジュール憲章第 22 条は、「国家は、個別的にまたは集団的に発展の権利の行使を確保する義務がある」と規定する。これは、「発展の権利」と呼ばれる新しい権利概念である。

OAU はその後、1990 年に「子供の権利と福祉に関するアフリカ憲章」、2003 年に「アフリカにおける女性の権利に関する『人および人民の権利に関するアフリカ憲章』の議定書」を採択している。

なお、「発展の権利」に関しては、1986 年に、「発展の権利に関する宣言」が国連総会で採択された。また、国連人権委員会により、1998 年に作業部会が設置され、2004 年に同権利の実施に関するハイレベル・タスク・フォースが設けられた。発展の権利のほかにも、「平和に対する権利」や「環境権」なども唱えられている。このような権利は従来の自由権や社会権とは異なり、「第 3 世代の人権」と呼ばれている。

5　アジアの人権保障

1）アジア人権憲章

アジアには、欧州人権条約やバンジュール憲章のような地域的な人権機構あるいは人権条約はまだ存在しない。だが、その萌芽的なものとして、アジア人権憲章（Asian Human Rights Charter）がある。これは、人権 NGO である「アジア人権委員会（Asian Human Rights Commission）」が提唱し、200 以上の NGO と多くの人権専門家が議論を重ねて作った民間人による憲章である。世

界人権宣言採択 50 周年の 1998 年に韓国の光州で公表された。

　この憲章は、法的な基準を提示するものではなく、アジア諸国とその国民が人権の尊重を確保するために直面している課題を共有することを主たる目的としていると言われている。また、人権議論を深め、アジア地域における人権の確保に必要な政治的、社会的および立法的な改革を促進することが意図されている。

2）ASEAN 人権宣言

　これは、カンボジアで開催された第 21 回 ASEAN 首脳会議（2012 年 11 月）において採択された宣言である。この宣言を起草したのは、2009 年に設立された ASEAN 政府間人権委員会である。宣言は 40 条から成り、一般原則、市民的・政治的権利、経済的・社会的・文化的権利、開発の権利、平和への権利、人権の促進・保護における協力が規定されている。ただし、人権の行使が法律による制限に服するとする条項などを理由として、宣言採択後に、多くのNGO から批判的な共同声明が公表された。

Case Note：クリスティン・グッドウィン対英連合王国
　欧州人権裁判所大法廷、2002 年 7 月 11 日判決
〈事実〉　原告は 1937 年生まれのイギリス国籍の男性で女性と結婚し、4 人の子供をもうけたが、「脳の性別」が体に合っていないと感じていた。1985 年、原告は本格的な治療を開始し、1990 年に国民保健サービス病院で性別適合手術を受けた。原告は、1990 年から 1992 年の間に職場で同僚から性的嫌がらせを受けたので訴えを起こそうとしたが、法律上男性とみなされたため成功しなかった。その後原告は、健康に関する理由で解雇されたが、本当の理由は性に基づく理由だと主張した。1996 年に原告は新しい雇用者のもとで働き始めた。イギリスでは、年金受給資格は、国民保険料を支払う男性 65 歳以上、女性 60 歳以上とされていたので、原告は 44 年間働いてきたにもかかわらず、純粋な生物学的基準に基づいて受給資格を判断されたため、60 歳で国家年金を受け取る権利を拒否され、65 歳まで働かなければならなかった。原告は、イギリスの国内法が、性的適合手術を受けた後の女性としての法的地位を認めていないこと、特に、雇用、社会保障、年金および婚姻に関し、欧州人権条約第 8 条（個人および家族生活の尊重への権利）、第 12 条（婚姻および家族形成への権利）、第

208

13 条（効果的な救済への権利）、第 14 条（差別禁止）に違反しているとして提訴した。

〈判決要旨〉　性の変更がますます社会的に受け入れられてきているというだけではなく、性を変更した後の新たな性的アイデンティティを法的に認めることに賛同する継続的かつ国際的な傾向があるという明白で争うことのできない証拠が存在する。21 世紀は、個人の発展のための性の変更の権利は、もはや、時間の経過によって論争が終結するような問題として考えるべきものでは決してない。性的適合手術後に得た新たな性が生物学的因子と一致しないことが、新たな性に法的承認を与えないことの決定的理由ではもはやないのである。

　裁判所はこのように判示し、17 人の裁判官全員一致で原告勝訴の判決を言いわたした。イギリスでは、本判決の影響を受けて、2004 年 7 月 1 日にジェンダー承認法が成立した。

【考えてみよう】

①国連人権理事会の人権保障の実施措置にはどのようなものがあるだろうか。

②地域的国際機構による人権保障制度にはどのようなものがあるだろうか。

③第 3 世代の人権と呼ばれる権利にはどのようなものがあるだろうか。

【調べてみよう】

①阿部浩己・今井直・藤本俊明『テキストブック　国際人権法』第 3 版、日本評論社、2009 年。

②藤田久一『国際法講義Ⅱ』東京大学出版会、1994 年。

③岩沢雄司『国際法』第 2 版、東京大学出版会、2023 年。

④西井正弘「国連人権理事会普遍的定期審査（UPR）の実態：トルコの第 1 回審査を中心に」『大阪女学院大学紀要』11 号、2014 年、pp. 45-63。

⑤久保田安彦「ビジネスと人権」『法律時報』第 96 巻 4 号、2024 年、pp. 1-3。

⑥東澤靖「ビジネスと人権——国連指導原則は何を目指しているのか。」『明治学院大学法科大学院ローレビュー』第 22 号、2015 年、pp. 23-40。

⑦大内勇也「米州人権保障制度の発展における米州人権委員会の役割——米州人権条約採択に至る過程から」『国際政治』164 号、2011 年、pp. 86-99。

⑧家正治「バンジュール憲章の実施措置とアフリカ人権裁判所」『神戸外大論叢』51 巻 7 号、2000 年、pp. 1-14。

⑨戸田五郎「LGBT の人権　A トゥーネン事件、B クリスティン・グッドウィン事件」『判例国際法』第 3 版、東信堂、2019 年。

⑩ The Office of the High Commissioner for Human Rights（https://www.ohchr.org/en/ohchr_homepage）（2024/9/15）。

⑪ Case of Christine Goodwin v. The United Kingdom, European Court Of Human Rights（Application no. 28957/95）。

第20章
国際法における企業の法主体性と義務

> **Keywords** 企業に対する国際法規制、国際法上の企業の義務の源泉、国際法上の義務の担い手としての会社、国際法に基づく企業責任、条約における私人間義務、人権の水平適用、国際化された機能的契約

1　国際法による企業規制の必要性

　20世紀後半から、国際法は、出現する国際レベルでの企業の存在と活躍という現象の確実性と、この現象を伝統的な国際法の枠内に取り入れることの難しさに遭遇することとなった。バルセロナ・トラクション判決（1970年）で、ICJは、「企業人格は、経済分野における新たな要求の拡大によってもたらされた発展である」と強調する一方、国際法は、国際的な分野で重要かつ広範な役割を果たしている国内法の制度を認めることが求められているとした。つまり、企業に対する法的規制に関して、国際法というよりも、国内法がまず重要だということである。今日になっても、この点は依然として変わっていないが、企業に対する法的規制は、すべて国内法に任せるのではなく、関連国内法への国際法の影響が強くなると同時に、国際法による直接な義務規定も展開されるようになった。国際社会の舞台で持続可能な発展を維持していくためには、企業は、人権、環境および国際犯罪などに関連する国際規範の展開に真剣に留意する必要がある。それによって、はじめて企業に求められる社会的責任を果たすことが可能となる。

　これに関連して、企業の国際的な法人格という問題がまず議論されるようになり、対立的意見が現れたが、実行上、国家中心の国際法を維持しながら、実用的な対応が選択された。というより、企業の仕組みが複雑になるにつれ、企業という存在が圧倒的に国家中心の思考様式から生まれた概念とは容易に一致

211

しないことが次第に明らかになった。企業は、国家でもなければ、公的な国際組織でもない。それゆえ、国際法の本来または生成的な主体でもない。ただ、現実として、企業が国際法の特定の文脈で法的主体としての機能をもつことは無視できなくなる。企業は自らの権利を維持し、国際法を根拠に、国際的請求を行使できる一方、企業による重大な人権侵害や環境破壊に対する国際法の規制の必要性が次第に意識されるようになった。

　その背後には、企業の国際的存在が大きくなり、しばしば国家の力を凌駕するほどの経済力をもつという現実が存在し、時には、企業は多くの分野で国家と同等の機能を行使し始めているのである。グローバル化の進展とそれに伴う民営化の傾向の出現により、国家が従来規制権限の独占を発揮してきたさまざまな分野から撤退したことに伴い、企業は、電力、ガス輸送、刑務所の運営、さらには戦争の遂行などの「公共サービス」分野において、多くの国で、本来「留保された」国家事業であったものに参入している。そうした参入に、一部外国企業も認められている。それらは次第に、権威の源となりうる断片的な権力の拠点となったのである。そのため、1990年代以降、国際法、特に国際人権法と国際刑事法を企業に適用することが、人々の生活の享受に悪影響を及ぼす企業の不正行為を撲滅するための重要な取り組みだとされるようになった。

　にもかかわらず、国際法上、人権保護の義務や国際違法責任を企業に直接課すことはスムーズに展開できなかった。1998年のローマ会議では、一部の代表団が国際刑事裁判所の人的管轄権を企業にまで拡大することを求めたが、失敗に終わった。2004年、国連人権委員会の小委員会は、「人権に関する多国籍企業およびその他の事業体の責任に関する国連規範」と題した拘束力のある企業の人権規範の承認を得ることができなかった。

　企業の規制が国際法の基本的な課題であるとすれば、そのような企業の定義についても同様のことが言える。単に多国籍企業の活動に焦点を当てているだけでは、不十分である。「トランスナショナル」な企業といっても、会社はそれぞれの国の会社法の下で独立した人格をもつものとして構成されている、という事実は変わらない。したがって、多国籍企業の関連で、親会社は原則として子会社の不正行為に対して責任を負わない。国際法上の義務が信頼できる抑止力として機能するためには、親会社や子会社という立場にかかわらず、明確

な人格をもつ各企業体を直接拘束しなければならない。そして、国営企業の存在もこうした問題の複雑さを一層もたらした。

それゆえ、理論上、企業の義務、すなわち実定的国際法の下で企業を直接拘束する義務が実際に出現したのかどうか、また企業の義務の出現により国際法が直面する課題は何か、といった問題が浮上する。また、ソフト・ローや拘束力のない国際法文書において、企業の国際法上の義務の発生や認識がどう影響されるかについても、評価されるべきである。

こうして、**企業に対する国際法規制**の課題が次第に明確となる。具体的には、第一に、企業の行為に対する国内法の適用性を評価する必要がある。問題は、主に国家を中心とした国際法が、体系的に企業をその適用範囲に含めることができるかどうかである。国際法が企業の行為に直接適用可能であると判断された場合、焦点は企業の義務の概念、特に国際法の下でそれらの義務が発生するための必要条件を特定する必要がある。

第二に、**国際法上の企業の義務の源泉**として、条約法、慣習、企業と国際機関との間で締結される機能的な国際化契約などが挙げられる。また、国際人権法や刑法だけでなく、海洋法や国際経済法なども企業の義務の源泉として考えられる。さらに、これらの源泉の分析は、単に国際法の下での企業の義務の存在を肯定または否定するという存在論的な目的に限定せず、潜在的な企業の義務の規範的な内容を追跡し、そのような内容が企業の義務の出現をどの程度妨げているかを明らかにする。

最後に、国際人権法における企業の義務の構造をどう捉えるかである。国際法が企業の義務を生み出す可能性があると仮定すると、これらの義務がどのように作用するのかを精査する必要がある。理論的には、企業の義務は、国際法の下での既存の国家の義務の履行構造を反映しているかもしれないし、それを根本的に否定しているかもしれない。

2　国際法における企業の義務の概念

国際法上の義務の担い手としての会社の概念は、厳密にいえば、国家中心主義的な国際法原理からの離脱を意味する。ただ、歴史上、非主権的な主体が国

際法の対象から完全に排除されていたわけではない。17世紀から19世紀にかけてアジアで活動していたオランダやイギリスの貿易会社（東インド会社）は、条約の締結、戦争、領土の獲得など、主権者に匹敵する権限を与えられていた。

　理論上、国際法上の義務の担い手としての企業は、企業の国際的な法的人格の問題と必然的に関連しているが、この2つの問題は同一ではない。企業が義務を負う能力は、国際法上の主体性の必要条件ではあるが、十分条件ではない。それゆえ、企業に対する国際法の適用可能性の問題は、国際法の下での企業の人格の問題と同一視するべきではない。その意味で、一般的に企業の法人格をどう捉えるかというより、企業に求められている国際法上の義務の実態を把握することが重要である。

1）国際法上の義務の担い手としての企業の可能性

　非国家行為体への国際法の適用に関する議論は、国際人権法の発展とも関連して、従来から会社ではなく個人に集中してきた。国際法に由来する権利と義務の文脈では、理論上、会社と個人は区別されていない。個人に基づく分析は、当然、会社にも適用されるべきであると考えられる。他方、会社は構造的に、法的虚構および会社人格として、国際法主体たる国家および国際組織により近い。

　ダンツィヒ事件（PCIJ勧告的意見、1928）において、PCIJは、国家は国際法上の個人の権利と義務を自由に作り出すことができるとした。この判決の重要性は、裁判所が国家を国際法上の権利の排他的な受益者および義務の負担者として支持することを拒否したことにある。個人や企業は、例外的に、国家の同意に基づいて、国際法上の義務の担い手となることができると解される。国際法は非国家主体を制度的に排除するものではないという考え方は、理論と実践において確認されている。この点は、国際法の企業への適用に関して、きわめて重要である。国家実行においても、そうした適用は確立された。たとえば、欧州人権条約は、企業を含む「会社」の私有財産権の保護を明確に規定している。

2）国際法における企業の義務の条件

　理論上、国際法の規則が、個人であれ企業であれ、国内での個人の行動に影響を与える可能性があることは否定できない。国際条約の履行は、政府間の問題であることを除けば、国内法における企業の法的地位を変更する可能性があるため、企業にとっても意義のある存在である。ただ、国際法が企業を直接拘束するということは、全く別の問題である。

　企業を拘束する国際法上のルールはないとの主張もある。それゆる、国際法の国家中心という性質は、国際法の下で企業を拘束する義務が例外的な性格をもつとされる。企業の義務の存在、すなわち企業を拘束する国際法上の義務の存在を肯定するために満たされるべき必要条件がある。

　まず、国際法上の義務は、論理的には、義務者に行動を要求したり、義務者が特定の方法で行動することを禁じたりする国際法上のルールの存在を最低限前提としている。国内法に基づいてのみ国際法上の義務が発生することを認めることは不十分である。より重要な問題は、国際法のルールが企業の行為に直接適用されるかどうかである。たとえば、国家が条約法によって、国内法制度において企業の特定行為を犯罪化することに合意した場合、そのような国内法を採用するために締約国が負う国際的な義務が存在するだけであり、企業は国際法と直接接触することはない。資金洗浄に関する企業の義務はその一例である。

　論理上、国際法のルールが最終的に企業の行動に影響を与えるのであれば、それは企業に義務を生じさせることを意味し、少なくとも間接的な義務を生じさせることになる。しかし、これを、企業の国際法における義務として論じることは妥当ではない。たとえば、国際労働条約はたしかに国家が国際法によって企業の行為を規制する必要性を認めていることを示しているが、条約上、企業の権利と義務に関しては、国家の立法による規律を要求していることを考えれば、そうした企業の義務は、原則として国内の労働法に由来することとなる。たとえば、「団結権及び団体交渉権の原則の適用に関する1949年条約」の第3条に基づき、国家が団結権の尊重を確保するために必要な義務を国内法で制定することが、この条約の中心となっている。結果として、企業のこれらの義務は、国内法に由来するものであるため、国際法により企業を直接拘束するこ

とはできない。

　次に、国際法上の義務が存在するということは、義務者がその義務に違反して不正な行為を行った場合に、その義務者が国際法上の責任を負うことが必要である。つまり、国際的な法的ルールが存在し、そのルールに違反した企業が責任を負うかどうかにかかわらず、企業に特定の行為を要求しているということである。特定の分野では、たとえば、民事責任制度を定めた国際環境条約や海事条約のように、「会社の直接的な義務」を定めることがある。

　さらに、企業が国際法上の義務に違反して国際的な責任を負った場合、その責任をどのようにして企業に履行させるかが問題となる。企業による国際法上の義務の違反に関する紛争が司法機関に提起された場合、司法機関は、違反があったかどうか、また、その違反から生じる結果は何かを決定するために、国際法を適用する権利を有するべきである。

　このように、国際法は、国家が国際法上企業を直接拘束する義務を創設することを妨げない。国際法上の企業の義務が肯定されるためには、3つの条件が満たされなければならない。(a) 企業の義務は、国内法に予め頼ることなく、企業の行為を直接規制する国際法上の規則に規定されていなければならない。(b) 企業に起因し、国際法上の義務の違反に相当する行為は、国際法上の企業の責任を引き起こすものとなる。(c) 企業の責任は、国際法の適用によって強制されるべきものである。

3　国際法における企業の義務の展開

　条約法を通じて企業に国際法上の権利を付与するだけでなく、義務を課すことも、人権条約が示した通り、可能である。国際条約は、今日では、最も重要な国際法の源となっている。ただ、条約と企業との関係を概観すると、2つの顕著な傾向がみられる。まず、国家は一般的に、国際条約によって企業の行動を規制することを避けてきており、国際法を用いて企業活動を規制することには、外国人投資家の待遇または権利を規定する国際ルールを除いては、懐疑的であった。次に、条約には外国企業投資家の権利や保証を定める規範が数多く盛り込まれているが、外国企業投資家の義務については多かれ少なかれ簡略化

されてきた。

　ICSID条約の締結や二国間投資条約（BITs）の急速な拡大により、企業が投資分野で国家に対して紛争解決手続を行うことが可能になったことが大きな特徴である。投資条約で賦与された権利を実現するため、一定の請求権が認められたからである。他方、1970年代以降、「国家の不当な経済力」を是正するための「新しい国際経済秩序」を主張する中で、企業の行動を国際法に基づいて規制しようとする動きが出てきた。**国際法に基づく企業責任**の最初の議論は、「多国籍企業に関する国連行動規範」の起草にまで遡ることができる。この行動規範の草案は、投資法の問題のみを扱ったものであったが、あまり成果を上げることはなかった。

　現在の企業責任の議論では、企業行動が人間の生活や人権の享受に及ぼす重大な影響に主に焦点が当てられている。これに対応して、国際人権法と国際刑事法は、企業の行為を規制し、その悪影響を最小限に抑えるための最も適切な手段であると考えられている。これと関連して、国際環境法の視野からも、企業の責任を規制する動きも見られた。

1）人権関連条約

　人権義務の担い手としての企業という問題は、近年になって学説の中で重要な位置を占めるようになり、企業がその経済力によって人権の享受に悪影響を及ぼす可能性が指摘されてきたのである。

　個人と企業の関係への条約の直接適用がまず、問題となっている条約の文字通りの解釈をもって対応されてきた。その結果、人権条約を現代の状況に照らし合わせて解釈することに、焦点が次第に移っていった。企業の義務は、個人の自由を害する企業の行為を抑制する手段として、人権規定の中に読み込まれなければならなかった。そのため、人権条約が企業などの国家以外の者に義務を負わせるかどうかは、個別の規定の性質と構成から導かれるべきである。

　だが、国際人権条約の本文では、権利の規定が多く、「義務」への言及は少ない。国際人権規約は、その前文において、「個人は、他の個人及び自己の属する共同体に対して義務を負うものであり、権利の促進及び遵守のために努力する責任を負う」としている。アフリカ人権憲章は、その前文において「権利

第20章　国際法における企業の法主体性と義務　217

と自由の享受は、すべての人の義務の遂行をも意味する」ことを明確に強調しており、「義務」と題する第2章において、個人を拘束する義務のリストを定めている（27条〜29条）。

　そのため、国際人権条約に含まれる「義務」条項の文言上の解釈に基づいて企業の義務を導き出すことは、容易な作業ではなかった。そもそも、国際人権規約において、**条約における私人間義務**の概念は、明確に導入されていなかった。ただ、これと異なり、アフリカ人権規約では、第27条から第29条にかけて、「家族や社会、国家やその他の法的に認められた共同体、国際社会」の個人に対する義務について詳細な規定を置いている。

　実行上、企業の人権義務は決して人権法の基本的考えと矛盾するものではなく、企業の活動の重要性が飛躍的に高まっていることを反映したものである。国際人権機関は、人権に悪影響を及ぼす可能性のある非国家主体の行為を見て見ぬふりをしてきたわけではない。国際人権法の下での個人と企業の関係における人権の水平的効果は、判例においても、法的現実となっている。それにもかかわらず、このことは、実定国際法の下で人権が水平的に適用される範囲については何も語っていない。結局、企業の行動を具体的に参照しながら人権条約機関の判例法におけるこれらの水平適用の事例を分析することで、国際人権条約法の水平適用が、企業を人権義務の直接の対象者に変えるような役割を果たすことができるかどうかに関して異議が存在する（**Case Note**参照）。

　そもそも水平適用概念の核心は、国家が行動することを求められているということである。すなわち、法律を採択し、行政慣行を変更し、侵害を調査し、処罰することである。人権法の水平性は、国内法を介してではあるが、最終的に企業の行動に影響を与える。それゆえ、**人権の水平適用**は、どちらかといえば間接的なものである。国際人権条約は企業の行動を直接規制するものではなく、逆に企業の行動が人権条約そのものに違反することはない。国際人権条約法における企業の義務は、積極的な形で規定されていないからである。人権の水平適用は、観念上、国際法の下で企業の人権義務を確立するという主張を支えるというよりも、むしろ覆しているようにも見える。

Case Note：小樽入浴拒否事件

札幌地裁判決 2002（平成 14）年 11 月 11 日

（平成 13 年（ワ）第 206 号：損害賠償等請求事件）

〈背景〉　問題となった小樽市所在の公衆浴場では、開業直後、主として小樽港から入国するロシア人船員の迷惑行為に関連し、平成 10 年 8 月 18 日から正面玄関に「JAPANESE ONLY」の看板を掲げて、外国人の入浴を制限するようになった。この公衆浴場への入浴を拒否された 3 名の外国人が当該株式会社と小樽市を相手取って、連帯して、損害賠償を支払うよう求めて提訴したのである。

　その争点の一つは、当該会社による本件入浴拒否に、憲法 14 条 1 項、国際人権 B 規約 26 条および人種差別撤廃条約 5 条(f)・6 条が適用されるかどうかである。

〈関連判旨〉　被告会社の法的責任の有無についてまず国際人権条約の私人間への直接適用については、「国際人権 B 規約及び人種差別撤廃条約は、国内法としての効力を有するとしても、その規定内容からして、憲法と同様に、公権力と個人との間の関係を規律し、又は、国家の国際責任を規定するものであって、私人相互の間の関係を直接規律するものではない」けれども、「私人の行為によって他の私人の基本的な自由や平等が具体的に侵害され又はそのおそれがあり、かつ、それが社会的に許容しうる限度を超えていると評価されるときは、私的自治に対する一般的制限規定である民法 1 条、90 条や不法行為に関する諸規定等により、私人による個人の基本的自由や平等に対する侵害を無効ないし違法として私人の利益を保護すべきである。そして、憲法 14 条 1 項、国際人権 B 規約及び人種差別撤廃条約は、前記のような私法の諸規定の解釈にあたっての基準の一つとなりうる」。これを本件入浴拒否についてみると、「外見が外国人にみえるという、人種、皮膚の色、世系又は民族的若しくは種族的出身に基づく区別、制限であると認められ、憲法 14 条 1 項、国際人権 B 規約 26 条、人種差別撤廃条約の趣旨に照らし、私人間においても撤廃されるべき人種差別にあたるというべきである」。「外国人一律入浴拒否の方法によってなされた本件入浴拒否は、不合理な差別であって、社会的に許容しうる限度を超えているものといえるから、違法であって不法行為にあたる」。

〈本判決の意義〉　本件判決は、私人間レベルでの国際人権条約の間接適用を認める議論を展開したものであり、私人間での差別を禁止・防止するために具体的措置をとることを締約国に義務付けている人種差別撤廃条約、女性差別撤廃条約および障害者権利条約などの適用方法の一例を示すリーディングケースとされる。

　国際人権条約の間接適用問題となっている行為と国際人権条約の整合性を直接判断するのではなく、憲法を含む国内法の解釈基準として参照し、国内法を国際人権条約の規定と適合するように解釈する、いわゆる間接適用の手法は、これまでもいくつかの判例に見ることができる。私人間に間接適用する場合の問題点に

関して本件判決は、この国際人権条約の間接適用を私人相互間の法律関係にまで
及ぼした点が注目される。

2）国際刑事法条約

　国際刑事法は、個人の刑事責任という基本原則に基づいている。この原則は、
国際法に対する犯罪は、抽象的な実体ではなく、人間によって行われるもので
あり、そのような罪を犯した個人を処罰することによってのみ、国際法の規定
を実施することができる。これを確認したニュルンベルク国際軍事法廷の見解
はきわめて妥当なものである。国際刑事裁判所規程第 25 条 1 項は、自然人と
しての個人の刑事責任を規定している。

　他方、近年、会社や個人の集団の行為を国際刑事法で規制することを求める
声が高まっている。企業に国際刑事法を適用することは、国際刑事法の性質そ
のものを根本的に変えることになる。このようなシフトは明らかに、現代の犯
罪活動の性質の急速な変化を反映しているともいえる。ただ、新しい犯罪形態
が、企業の違法行為を抑制する手段として、国際刑事法が企業を直接拘束する
ことを求めているかどうかに関して、意見の一致が見られたわけではない。

　理論上、企業を直接拘束する国際ルールと、国家レベルで企業行為を規制す
ることのみを義務付けるルールとを峻別する必要がある。直接的な義務と「間
接的な」義務を区別する必要性は、国際刑事法の文脈でも説明することができ、
「国際犯罪」と「国際法の下での犯罪」という 2 つのカテゴリーの犯罪を区別
している。「国際法の下での犯罪」は、国際法の下で直接罰せられるという点
で、概念的に広いカテゴリーである「国際犯罪」とは異なる。関連する犯罪の
禁止は、国際条約または慣習法に由来し、国内法の中間規定なしに法主体を直
接拘束する力をもつ。対照的に、「国際犯罪」の場合の訴追と処罰の根拠は国
内法であり、国際協定は単に各国がそれぞれの国内法に基づいて特定の行為を
犯罪と宣言することを義務付けているにすぎない。条約が国際犯罪を定める場
合、それは必然的に国家に義務を課すことを意味し、企業に課されるわけでは
ない。

　これに関連して、いくつかの分野が特に注目されている。冷戦終結後、経済

のグローバル化、貿易の自由化、情報技術の普及は、国境を越えた犯罪活動に新たな推進力を与えた。国際的な慣行では、国際組織犯罪とテロリズムの関連性が再確認されている。

まず、汚職は国際法における企業規制の重要な導火線の一つとなった。腐敗は、21世紀の幕開けに組織犯罪がもたらした現象である。この意味で、汚職は組織犯罪に付随する現象であると同時に、それ自体が犯罪でもある。このような理由から、多くの国際条約が汚職という名の犯罪行為を禁止しているのである。

国際金融犯罪に関しては、いくつかの条約は、ある程度、1988年の「麻薬及び向精神薬の不正取引に関するウィーン条約」をモデルとしている国際協力のための新しい手続を開発することで、金融面から犯罪に対抗するための国際的な取り組みの法的基盤を築いた。犯罪の資金管理を攻撃することによって、多数国間での組織犯罪を抑制しようとすることは、経済のグローバル化の過程と密接に関連したアプローチである。また、国際金融刑事法関連の条約は、マネーロンダリングの取り組みから生まれた対策に依存している。マネーロンダリングの取り組みから派生した対策が、麻薬密売や組織犯罪、不正行為との戦いに採用されてきた。これらの条約に共通する特徴の一つは、各条約で禁止されている犯罪行為に相当する行為に対する会社の責任を確立していることである。

そして、会社の責任に関する規定を含む国際金融犯罪協定に関して、基本的には、OECD1997贈収賄条約または欧州共同体の金融上の利益の保護に関するEU条約第2議定書（第2議定書）の2つの文書が挙げられる。OECD贈収賄条約では、会社の責任を2つの独立した規定で扱っている。会社の責任を確立する条文では、「各締約国は、その法的原則に従って、会社の贈収賄責任を確立するために必要な措置をとるものとする」としている。

EU条約第2議定書の第3条（1）では、「各加盟国は、詐欺、積極的な汚職、マネーロンダリングに対して会社が責任を負うことを保証するために必要な措置を講じなければならない」とされる。さらに、一定の場合、会社がこのような犯罪に対して責任を負うことも付け加えている。

OECD贈収賄条約は、企業に拘束力のある義務を課す国際法を開発すると

第20章 国際法における企業の法主体性と義務 221

いう国家の努力であるが、そこにおける責任の主体は依然として主に国家である。ただ、国際金融刑法条約の作成に関して、国際法上の政府の義務と国内法上の企業の義務というオーソドックスな区別が守られているが、条約は、企業の責任を確認し、国内法によって規制されうることを明確にしている。

このように、国際人権法条約や国際刑事法条約は、国際法上の企業の義務を生じさせるものではない。少なくともこれらの協定は企業の行為を直接規制するものではない。しかし、だからといって企業の行動を完全に無視しているわけではない。国際人権法と国際刑事法の下で、国家は国内法を介してではあるが、企業行動を規制する義務を負っている。

3) 国際慣習法

そして、慣習法によって企業の義務が確立される可能性もある。慣習的な会社の義務の基礎は、依然として国家の同意であり、国家は会社を慣習法に由来する義務に服従させることを選択することができる。

国連事務総長特別代表ラギー教授はその2008年報告の中で、新しい枠組みを提案した。この枠組みは、「保護、尊重、救済」という3つの基本原則に基づいている。つまり、この枠組みは、「第三者による人権侵害から保護する国家の義務」「人権を尊重する企業の責任」「救済措置へのより効果的なアクセスの必要性」という3つの基本原則を前提としている。人権を保護する国家の義務は、水平適用の概念を呼び起こし、基本的には個人間の関係において人権を守るという国家の国際的な義務を反映している。しかし、特別代表が「義務」ではなく「責務」という言葉を選んだのは、伝統的な国際人権法の理論に組み込まれていない枠組みを提案しようとする意思の表れであると考える。企業については、「人権を尊重する責任」を負っている。報告書によれば、この「企業の基本的な責任」は、「国内法の遵守に加えて」作用する。さらに、企業の責任は国家の義務とは無関係に存在し、その範囲は「社会の期待によって定義される」としている。尊重する企業の責任という概念は、企業の代表者からさまざまな意見が寄せられ、その規範的な内容をさらに明確にすることが求められた。

尊重するという企業の責任は、「十分に確立され、制度化された社会的規範」

である。企業は、国際的に認められた権利の全領域に影響を与えることができるため、この社会的規範の範囲は、そのような権利のすべてに通じるものである。また、企業が尊重する責任の内実について、特別代表によれば、企業は「人権デューデリジェンス」を行うことが求められており、それは（a）人権を尊重するという企業のコミットメントを明確にした人権ポリシーの声明、（b）企業の活動や関係性が実際および潜在的な人権に与える影響の定期的な評価、（c）コミットメントと評価を内部統制および監視システムに統合すること、（d）履行状況を追跡し報告すること、という４つの重要な要素で構成されている。

　他方、企業活動の範囲が拡大していることに加え、企業が犯罪行為の加害者になる可能性があるとの認識が高まっていることから、国際法上の刑事責任を拡大することが求められている。企業に対する法律の適用は、今後ますます拡大すると思われる。国内的にも国際的にも、個人的責任から集団的責任への移行がすでに進んでいる。このような変化に照らして、規範的な考慮に基づいて、企業をその対象者の輪から排除する可能性のある実定的な国内刑事法の性質と範囲を再考することが必要である。

4　国際化された機能的契約における企業の義務

　国際化された契約という概念は、かつて国家と外国人投資家との間で締結された契約を指すものであった。天然資料の採掘などに関する利権契約または国家契約がそれにあたる。こうした契約を国際化することの重要な意味は、もっぱら一国の法的措置によって影響を受けることがないというところにあった。このように、国際化という考え方は、契約関係を国際法に従わせるための可能な方法を示すものではなく、契約が国内法の支配から取り除かれることを示すものでもある。

　今日では、一部の国際組織はその目的を実現し、所与の機能を果たすために、会社との間に多様な法的関係を持ち、契約を多く締結する必要がみられる。その一部では、契約が国家の立法に左右されるのを防ぐために、その契約を国際化することを選択することができる。ここでの国際化は、国際機関がその中核

的機能の遂行を保護する必要性から生じるものである。組織と私法上の主体との間で締結された契約の国際化は、次の2つの要素から導かれる。一つは、機関の二次法の一部を構成する契約条項の性質で、もう一つは契約の準拠法としての国際法の選択である。

たとえば、海洋法条約における探査契約について海底採鉱の可能性が本格的に認識されるようになったのは、40年前にニッケル、銅、コバルト、マンガンを大量に含む多金属ノジュールが海底に埋蔵されていることが認められてからである。そうした海底資源の開発は、国の管轄権の範囲を超えて海底鉱物資源の法的地位を管理する体制を確立する必要性を示していた。海洋法条約において、各国は、国際的海域での活動の管理を委託された国際機関である国際深海底機構との契約に基づいて、鉱業会社に海底鉱物資源へのアクセスを認め、ポリメタリック・ノジュールの探査を許可することに合意した。海洋法条約第11部の第150条から第155条までの範囲に含まれる。

海洋法条約の付属書Ⅲでは、「契約者は、この地域で活動を行っている間の不当な行為から生じる損害について、責任または賠償責任を負う」と定めている。このように、国家であれ企業であれ、契約者が探査契約に違反する行為は、国際法が課す義務に違反する行為、すなわち、同契約に盛り込まれた規則を通じて海洋法条約に違反する行為であることは明らかである。したがって、契約者のこのような行為は、国際的に不当な行為である。

そのほか、世界銀行（世銀）の支援による民間融資合意もこのような性質をもつ契約である。世界銀行の協定は、世銀と民間投資家との間で締結される民間融資契約に基づいて、世銀が民間投資家に直接資金を貸す金融業者としての役割を果たすことを義務付けている。世界銀行は、国連憲章の第57条1項に基づく国連の専門機関であり、その機能を遂行する必要性から、当然国際的な会社人格をもつ（協定条文の7条）。

世界銀行の民間融資は、原則としてプロジェクトに特化したものであり、融資が特定のプロジェクトの完成に寄与するものでなければならない。その一方で、協定条文には、加盟国以外の事業体に対する世銀の融資の前提条件として、国の保証が明示的かつ無条件に盛り込まれている。国は基本的に、保証という形で民間の融資契約を結ぶことに事前に同意している。

世界銀行による規制的制定物としての民間融資契約書融資の条件を決定することは、銀行に属する権限である。その際、人権や環境保護への配慮は、しばしば特定の契約の条件とされ、国際法の理念の伸長に寄与するものとして評価される。

　原則として、契約を支配する法律は、当事者が明示的に選択した法律である。契約の準拠法として国際法を選択することは、契約に国際法を組み込むだけの場合とは区別されるべきである。後者の場合、「特定の法制度に由来する意味と効果を持つ契約条項が、他の方法ではその法制度の対象とならない契約に含まれているにすぎない」のである。逆に、準拠法として国際法を実際に選択した場合には、契約関係が厳密に国際公法にしたがうことを意味し、「契約の存在と運命は、国内の法制度によるいかなる侵害からも免れることになる」のである。国際法が適用される契約に違反する不正行為は、必然的にそのような国際法の違反につながる。その意味で、国際化されたローン契約に違反する企業の行為は、国際的な義務に違反する行為であり、国際的な不正行為に相当すると考えるべきである。

　このように、**国際化された機能的契約**は国際法の対象であり、これらの契約が契約当事者にもたらす義務は国際法の性質をもつものである。具体的には、第1に、契約には、国際機関が制定した標準条項が参照によって組み込まれている。第2に、契約の準拠法として国際法が明示的または暗示的に選択されている。このような法律の選択は、国際条約、海洋法条約および保証協定のそれぞれの関連条項によって実際に検証されている。後者は、契約の履行を目的として国際的に行動するために必要な法的能力を企業に付与するものである。第3に、企業が契約に反して行動した場合、そのような行為は国際的に不正な行為となり、それに対して国際機関は対抗措置と同様の措置を取ることができる。最後に、企業には、国際法に基づいて紛争を解決することが求められる裁判所に対して、組織に対する訴訟を開始する権利が与えられている。

【考えてみよう】

①企業の国際法上の義務を直接規定するのはどのような条件を必要とするか。

②企業への国際人権法の水平的適用とはどういうことだろうか。

③なぜ国際化された機能的契約は企業の国際義務を定めることとなるのか。

【調べてみよう】

①櫻井洋介『人権尊重の経営——SDGs 時代の新たなリスクへの対応』日本経済新聞出版、2022 年。

②富永史奈「企業活動の社会的側面に関する国際法規律の可能性——『ビジネスと人権』をめぐる国際社会の取り組みの検討」『北大法政ジャーナル』28 号、2021 年、pp. 85-115。

③稲角光恵「国際法上の犯罪に対する国家責任と個人責任と企業責任」金沢法学、57 巻 1 号、2014 年、pp. 1-25。

④ Markos Karavias, *Corporate Obligations under International Law*, Oxford, 2013.

⑤江橋崇（編著）『グローバル・コンパクトの新展開』法政大学出版局、2008 年。

第21章

外交関係の処理

> **Keywords** 外交関係、使節権、常駐外交使節団、外交特権免除、治外法権、好ましくない人物、領事裁判権、推定的同意

1 外交関係の意義

　外交活動は、外交官らが智恵および機敏なテクニックを駆使して、各独立国家の政府間の公式関係を処理するものである。これは国家と国際組織の関係の処理にも適用され、平和的に国家関係を処理するための手段である。diplomat という外交官にあたる英語用語は、diploma（証書）という単語に由来する。diploma は、君主が発行した公式の文書という意味をも有し、ギリシャ語に由来するものである。外交官がかねてからエリートとされてきたことがそれにも関連している。

　外交関係は、国家間の協力と相互理解を促進し紛争の平和的解決を図り、国際秩序を維持・確保することに不可欠な正規の手続である。通常、これは相手国に駐留する常駐使節団、すなわち大使館や公使館を通しておこなわれる。外交使節団は特定国（接受国）に常駐し本国（派遣国）を代表し、その一般的な授権・指令の下で接受国の同意を得て恒常的に外交関係を処理する、国の主要な機関である。そうした外交関係は、主に 1961 年「ウィーン外交関係条約」によって規律される。また、常設使節以外の形式でなされる外交活動は、1969年の「特別使節団条約」に保護される。そのほか、外交官を犯罪行為から保護する目的で作られた 1973 年「国家代表等に対する犯罪防止条約」もある。

　常設使節の制度は、ヨーロッパ中世に成立し、16 世紀にはローマ法王庁とイタリア都市国家の間で用いられ、宮廷外交を支えるものでもあった。近代以

227

後、主権平等の原則に基づいて外交使節の席次に関する慣習法および条約が次第に成立するようになった。1815 年「ウィーン規則」が、席次を中心的に取り扱った最初の条約である。その目的は、特別な事情を排して、着任日の順位に従って、席次を決め（4条）、外交関係のスムーズな展開を確保することである。1961 年の外交関係条約が成立する以前では、米州諸国間で 1928 年「外交使節に関するハバナ条約」が締結されていた。

このように、ここでいう外交関係は、外交史や国際関係学が関心をもつような、個々の歴史的に重要なイベントで展開される、活発で多彩な外交活動に焦点を当てるものではなく、あくまでも外交使節の派遣、権限、地位、席次または礼譲上の取り扱いに関わるルールを課題とするものである。

2　外交関係の処理

1)　常駐使節団

外交を処理する国家機関については国内法の規定によるが、外交関係の開設と**常駐外交使節団**の設置は、国家間の相互の同意を基礎におこなわれる。通常、二国間の外交関係の樹立に伴って、大使館などの開設がおこなわれる。かつて、外交関係の設定は、国家の固有の**使節権**（right of legation）として主張されていたが、外交関係条約上では、同意原則や相互主義の原則に基づいてなされなければならない（2条）。日本は、1905（明治38）年、イギリスに常駐使節を派遣して以来、今日では数多くの国に大使館や公使館を設けている。

常駐外交使節団は、外交官の身分をもつその長と外交職員のほか、事務・技術職員と役務職員で構成される。使節団の一般の構成員は、派遣国が一方的に任命し接受国にこれを通報するだけであるが、その長については、接受国の事前のアグレマン（agrément）を要する（外交条約4条）。派遣国は外交ルートを経由し、長の受け入れについて慎重に事前のアグレマンを得ることが多い。また、接受国は、派遣国に対して、外交職員を「**好ましくない人物**」（*persona non grata*）として通告し、その召還を要求することができる。他方、使節団の長の召還や外交関係の断絶は、国際関係上よく使われる派遣国の制裁または対抗手段である。これらは、使節団機能の一時停止ひいてはその閉鎖を伴う。

なお、異例の実行として、接受国の慣行は外交関係条約が許容する範囲を超えることがある。2019 年にニコラス・マドゥロをベネズエラ大統領として承認することを拒否した後、米国政府は 2019 年 1 月 25 日、マドゥロのライバルであるフアン・グアイドが指名した人物をベネズエラ政府の駐米代理大使として受け入れた。イラン政府も同様の決定を下し、イランがイエメンで支援しているフーシ派反政府勢力の代表を在テヘラン・イエメン共和国大使として承認し、在テヘラン・イエメン公館の敷地とその財産、公文書を同代表に引き渡した。このような慣行は、明らかに、派遣国の国内闘争におけるクライアントの立場を強化したいというホスト国の願望に突き動かされている。同時に、このような動きは、すでに存在する二国間の対立を強化する以外には、政治的、法的な意味を持たない。

通常、使節団の長は、接受国への信任状の提出をもってその任務を開始する。また使節団の長には、大使、公使、代理公使という 3 階級がある。同一の階級における席次は、外交使節が職務を開始した日の順序による。外交使節の階級は、席次や礼儀に関して問題になるだけであって、その職務や特権には影響しない。ただ、代理公使と他の常置使節との間には派遣の手続において区別がある。通常の外交使節の場合には、信任状は自国の元首から相手国の元首に宛てられるのに対し、代理公使の場合には、信任状は外務大臣から外務大臣に宛てられる。

近年、大使館の中に公使という職を設ける国家実行が多く見られる。これは外交使節の階級における公使とは区別される。国家を代表する外交使節の特定階級と違って、大使館内の公使は大使に次ぐ外交職員であるにすぎない。また、公使の任命は使節団の長の任命にあたり、接受国の事前のアグレマンが必要とされるが、大使館内の公使はそれを必要としない。

使節団の任務は、主に代表機能と報告機能に分けられる。前者は、接受国で派遣国を代表し、その意思の表明、交渉、条約の締結をおこなうことを含む。後者は、接受国の事情について適法な手段により一切の情報を収集し派遣国に報告することを意味する。なお、在留自国民の保護その他の使節団の任務は、上記 2 つの機能に包含されるものとして解される（3 条）。そのほか、一国に駐在する各国の外交使節とその随員の一団が通常外交団（*corps deplomatique*）

を組織する。それによって、礼儀的な問題などについて共同の行動がとられる。その代表者を外交団長と呼び、使節の中の最上の階級の最先任者が当たることになっている。

　なお、国家元首、外務大臣など上級国家職員は、国家の重要な外交任務を遂行する国家機関であり、慣習国際法上、すべての外国において高いレベルの特権免除を享受し、特に現職のものであれば、逮捕などによる任務遂行の阻害の程度に違いはないため、就任前の行為と在任中の行為とを問わず、外国国家の刑事管轄権に関して完全な免除を享有する（逮捕状事件　コンゴ民主共和国対ベルギー　ICJ 2002）。

2）特別任務の使節団

　外交関係は、常駐外交使節団のほか、特別の任務を担う使節団によっても処理される。これには、特別使節団と国際機構の常駐使節団がある。

　特別使節団は、派遣国を代表して特定の問題を交渉しまたは特定の任務を達成するため、相手国の同意を得て派遣する臨時の使節団である。巡回使節、外交会議代表、特派使節などの形式がある。

　国際機関に派遣される国家代表は、当該の国際機構の内部機関または会議で派遣国を代表する任務をもつ。これに対して常駐代表部は、そのような代表機能のほか、常駐外交使節団に類似して国際機構と派遣国との間の関係を処理するという二重の任務をもつ。その法的地位は、主に 1975 年「国家代表と普遍的国際組織との関係に関するウィーン条約」によって規律される。

3　外交使節の特権免除

1）特権の性質

　特権は平等の原則に反し、それを認める側の一定の犠牲の存在を前提とするものである。外交使節団に与えられる**特権免除**もまたこのような性格をもつ。実際、接受国の主権行使に対する大きな制限なくしては、その存在はありえない。そのため、国家間で相互的に認められる必要がある。そうした特権免除は、基本的に国際法および接受国の国際礼譲に基づいて認められる。実行上、明確

な条約上の義務が確立されるまで、多くの国は、国際礼譲の考慮から、国内法とりわけ国内裁判を通して外国の外交使節団に一定の特権と免除を認めてきた。そうした実行が広く存在することもあって、外交使節の特権免除は、慣習国際法上確認されたものであるとする見解もなりたつ。

そうした国家実行を踏まえて、ウィーン外交関係条約は、国際法に準拠するもの（裁判権や租税の免除）と、国際礼譲としてその認否と具体的な程度の決定を接受国の国内法にゆだねるもの（たとえば税関と検査の免除）とに分類して、特権と免除を定めた。

なぜ外交使節団に特権免除を認めるかに関して、これまでいくつかの考え方が存在する。かつては、**治外法権**説が主張されていた。この考えは、外交使節の公館を本国の領土の延長として捉え、それが接受国の支配権の範囲外にあるという擬制に基づいていた。今日では、そうした認識は完全に切り捨てられたといえる。また、国家主権や国家免除の考えから類推的に、外交使節の特権と免除を捉える考え方もある。つまり、外交官と外交使節団は、派遣国の威信・独立・主権を代表するものである以上、接受国は国家免除の場合と同じくこれに広範な特権免除を認める義務を負う、ということである。これには、合理的な側面が見られる。実際、国家実行において、裁判権免除の適用は、国家と外交官に関して意識的に異なるものとして取り扱われてきたというわけではない。そして、そうした代表性説を補足的に修正する考えとして、「機能的必要説」が挙げられる。これによれば、特権免除は、もっぱら外交任務を独立に達成するための必要性に基づくべきだとして、接受国と派遣国のそれぞれの利益・権利を比較考量してその均衡を求めることになる。

実際、外交使節団の構成員の特権免除については、今日では代表性と機能的必要性がともに考慮されている。たとえば、ウィーン外交関係条約前文5項がその好例である。つまり、特権および免除の目的は、「国家を代表する外交使節団の任務の能率的な遂行を確保することにある」。ちなみに、領事機関その他の機関の特権免除については、その任務の遂行に必要な範囲に限り、代表性説が弱められ、機能的必要説が重んじられている。

なお、外交関係条約上、派遣国は、外交官およびその他の免除を有する者に対する裁判権からの免除を放棄することができる（32条）。その場合、明示的

意思表示が必要とされる。

2) 外交使節の特権の分類

　まず、身体の不可侵である。外交官の身体は、無条件に不可侵であって、接受国の領域内で完全な安全を保障される。接受国は、どんな理由であれその抑留・拘禁など、外交官の身体の自由を拘束する措置を禁止されるほか、一定の敬意を払って外交官を待遇し、その身体・自由・尊敬を害する行為を防止するため、一切の適当な措置をとらなければならない（ウィーン条約29条）。テヘランアメリカ大使館員等人質事件（1979年仮保全措置命令）において、国際司法裁判所は、「国家間の関係を進めるための基本的前提として外交使節と大使館の不可侵性ほど重要なものはなく、外交官の身体の安全及び訴追からの自由は不可欠かつ無制限なものである」と判示している。

　ただ、現実において、外交官に対する暴行、脅迫、人身的権利侵害が多く生じている。それらに対処するために、接受国は、重罰規定その他の実効的な特定の方法を選定すべき義務を負っている。実際、多くの国の刑法上、外交官に対する犯罪についての重罰規定が設けられている。

　次に、公館の不可侵である。外交使節団の公館は不可侵であり、接受国によるいかなる捜索・支配の対象にもなりえない（22条）。具体的には、接受国の官吏は、使節団の長の同意がないかぎり公館に立ち入ることができない。たとえ、火災・伝染病その他の極度の緊急事態の場合であっても、使節団の長の同意は、依然不可欠である。接受国は、公館への進入、占拠や破壊について、原状回復などの適切な措置をとる義務を負う。

　ただし、公館に与えられるそうした特権は、国際法や接受国の国内法に対する重大な違反を構成する場合、接受国による強制捜索を免れることが考えられない。たとえば、大使館の中に大量な武器が貯蔵され、接受国の反政府活動に引き渡されるような事態が生じると、そうした特権は明らかに濫用されており、国際法の他の原則によって大きく制約されることとなる。

　他方、公館の不可侵と関連する外交的庇護の実行は、これを採用する諸国でもその適用の合法性について一致が見られず、国際慣習法上の権利として確立してはいない。接受国の領域主権に対する制約や、外交使節団の職務遂行に必

要な権利でないことが、そうした実行の合法性や妥当性を理解する際に重要な要素となる。そのため、こうした領域主権の侵害は法的根拠が各事件で確立されないかぎり認められない（庇護事件　コロンビア対ペルー　ICJ 1950）。

　ただ、近年、国際人権保障の必要から、外交公館を利用して、重大な人権侵害を被るおそれのある外国人や接受国の国民を保護するケースが増えている。しかも、それらの多くは、国際法の違反をめぐる攻防というより、政治的妥協の形で解決されている。その意味で、外交的庇護の合法性の議論は、新たな方向に向かう可能性をももつ。

　慣習国際法上、接受国は、侵入・損害から公館を保護しその安寧・威厳の侵害を防止するため一切の適当な措置をとる「特別の義務」を負う。接受国のこの義務は、外交官の個人的居住のほか書類・通信・財産にも及ぶ（30条）。

　さらに、裁判権免除である。外交官は、接受国の法令を尊重する義務を負うが、その違反について接受国の裁判権と執行による強制を受けない。ウィーン外交関係条約では、外交官は、その公務遂行の有無に関わりなく、無条件に接受国の刑事裁判権からの免除を享有する。これは絶対的免除の事項である。たとえば、重大な交通事故を起こした場合でも、外交官に対する刑事訴追はできない。また、外交官は、接受国の領域に所在し個人的に所有する不動産、相続または接受国の領域で公務の範囲外でおこなう自由職業・商業活動に関する訴訟の場合を除いて、民事・行政裁判権からの免除を享有する（31条）。外交官は、証人として証言をおこなう義務を負わない。外交官の家族でその世代に属する者は、接受国の国民でないかぎり、外交官と同一の裁判免除を享有する。

　そのほか、さまざまな特権が認められる。たとえば、国旗・国章の掲揚の権利、租税の免除（特に直接税）、関税の免除、社会保障関連の免除、通信の自由が挙げられる。

4　領　事　関　係

1）領事制度の特質
　国を代表する資格をもつ外交使節と違って、領事の地位・任務・性質は、国家の行政的業務が域外で展開されることを特徴とする。実際、在留自国民の保

護と司法共助が領事機関の固有任務とされている。たしかに、領事関係は外交関係とも密接に関連するが、いくつかの面でそれと区別される。たとえば、国家を代表する面で外交官と大きく異なっている。領事には国家間関係に関して接受国の政府首脳などとの直接交渉をおこなうようなことはまずない。また、特権免除の面でも大きく異なる。さらに、外交関係の断絶自体は、領事関係の断絶をもたらすものではない（領事条約2条3項）。

今日の領事制度に類するような慣行は、近代国際社会が確立する随分前からすでに存在していた。12世紀までのヨーロッパにおいて、主に商人団体が域外で設立した商事裁判所の構成員の形をとった。その後、ヨーロッパの商人たちがこの慣行を西アジアに持ち込んだ。それに伴って、**領事裁判権**を定める条約が締結され、在外自国民の生命、財産利益の保護という観点からそれらに関わる民事・刑事管轄権にいたるまで領事の権限が拡大された。近代国家も、域外で自国民を保護することを主要な任務とする領事制度を受け継ぎ、政府直接派遣の形式をとり、領事に一定の外交活動の性格をもたせた。

1966年の「ウィーン領事関係条約」は、領事関係に関わるそれまでの国際的慣行を法典化したものである。それまでは、領事関係は、主に二国間条約とこれを補完する国内法または国内裁判所の判決を通じて規律されていた。今日、外交関係の開設と同様、領事関係の開設も、基本的に二国間の合意に基づき、多くの場合二国間条約によって定められる。

2) 領事の任務

領事の任務は、領事関係条約で明確に定められ、内容上、次の3つに大別できよう（5条）。第1は、保護任務である。接受国において国際法が認める範囲内で派遣国とその国民の利益を保護し、接受国の法令が認める範囲内で派遣国の国民のために相続・後見についての保護、裁判所その他の当局での代理などの援助を提供することである。これらの保護任務は、外交使節団に属する政治問題を除いて、主に接受国の行政・司法機関と接触して処理される。そのため、領事は派遣国の国民との通信および接触に関して広範な権利をもつ。たとえば、派遣国の国民が逮捕・留置された場合や、裁判に付されるために勾留された場合、当該国民の要請があるときは、接受国の権限のある当局は、その旨

を当該国領事機関に通報しなければならない。そして、領事はそうした事情に置かれた国民を訪問する権利を有する（36条）。近年、ラグラン事件をはじめ（**Case Note** 参照）、領事関係条約のこの条項の適用をめぐっていくつかの国際紛争が生じた。

第2は、促進任務である。派遣国と接受国との通商・経済・文化・科学上の関係の発展を促進し、これらの分野での接受国の関連情報を確認して派遣国の政府に通報したり、利害関係者に提供したりすることである。これらの任務については、常駐外交使節の文化・通商担当官の任務と交錯するため、独立にまたは形式上使節団の一員として通商代表部が設定される場合もある。

第3は、行政事務である。派遣国の国民に対する旅券・渡航文書の発給、派遣国への旅行希望者に対する査証の発給、接受国の法令に反しない範囲での派遣国国民の身分関係の確認（公証人、登記官吏その他の行政事務）などの職務をおこなうほか、国際取り極めまたは接受国の法令に適合する方法によって、裁判上または裁判外の書類の送達や証拠調べ等の司法共助を担当したり、派遣国の国籍をもつ船舶または派遣国に登録された航空機とそれらの乗組員に対する監督・保護・援助をおこなう。

Case Note：ラグラン事件
ICJ　ドイツ対アメリカ（本案、2001年6月27日）
ICJ Reports 2001, 466
〈**事実**〉 ドイツ人兄弟であるカール・ラグランおよびヴァルター・ラグランは、銀行強盗および殺人の罪で、1982年アメリカのアリゾナ州で逮捕され、死刑判決を受けた。そうしたことに関して、ウィーン領事条約第36条1（b）の定める領事への通報はなされていなかった。領事の援助が受けられるようになってから、連邦裁判所に対し人身保護令状を求める訴えを起こしたが、「手続的怠り」の原則により斥けられた。結局、カールは、1999年2月24日に死刑執行された。ヴァルターの死刑は3月3日に執行される予定となった。そこで、3月2日、ドイツは、領事関係条約選択議定書第1条を管轄権の根拠として援用し、アメリカを相手取り、カールの死刑執行に対する損害賠償およびヴァルターへの原状回復を求めて国際司法裁判所に提訴した。つまり、国際法上の義務に違反したことで、ラグラン兄弟にかけられた刑事責任は無効であると主張したのである。これに対してアメリカは、条約義務の違反を認めたが、損害賠償や原状回復の請

第21章　外交関係の処理　　235

求は国内刑事手続の最終的な裁判所としての役割を ICJ に与えるものであり、許容性を有しないと争った。

　国際司法裁判所は、ドイツの仮保全措置の要請に応え、3月3日に本裁判が最終的な判決を下すまで、刑の執行がなされないようアメリカに命じた（ICJ Reports 1999）。ただ、こうした命令は、無視され、死刑執行がなされた。

〈判決要旨〉　カールおよびヴァルター・ラグランに対して、領事関係条約第36条1（b）に基づく彼の権利をその逮捕後遅滞なく伝えることをせず、そのことによって同条約の規定に関わる個人に対する援助を時宜にかなって提供する機会をドイツ政府から奪ったことにより、アメリカはドイツ政府とラグラン兄弟に対する同条約第36条2に基づく義務に違反した。

　上記違反をおこなった後、領事関係条約に規定された権利に照らして、ラグラン兄弟に対する有罪判決と処罰に関する再審と再検討をおこなわなかったことにより、アメリカはドイツ政府とラグラン兄弟に対する同条約第36条2に基づく義務に違反した。

　カールに対する死刑執行は仮保全措置命令上の義務に違反する。

　アメリカは自ら選んだ方法で、条約上の権利に対する違反を考慮した形で、有罪判決と量刑についての再審と再検討を認めるべきである。

3) 領事の特権と免除

　領事は、その職務の遂行に必要な範囲で一定の特権免除を享有する。外交使節と違い、領事は派遣国を代表するものではない。そのため、領事関係に関する条約が成立するまで、そうした特権免除は、国際法上当然享有されるのではなく、接受国の国内法によって認められる範囲に限定される。領事に認められる特権免除の内容と範囲は、個々の領事条約や通商条約において定められた規定の集積により形成されてきたものである。そのため、領事の特権については、一般国際法上確立した規則は存在しなかった。領事関係条約により、領事に認められる特権免除は、接受国の管轄権からの免除が主な内容であり、不可侵権は制限的にしか認められていない。

　領事機関に認められる特権として、領事関係条約は、領事公館の不可侵（31条）、課税の免除（32条）、公文書等の不可侵、通信の自由および公用通信の不可侵（35条）、国旗および国章の使用を認めている。これらの特権は、外交関係に見られるものと比べると、明らかに制約された形をとっている。たとえば、火災などの自然災害が生じたとき、領事公館への救援活動は、多くの場合、そ

の長による明示的同意がなくても、**推定的同意**が存在するとして、一方的に展開されうる。たとえば、1963年の日米領事条約8条4号は、火災やその他の災害の場合または暴力を伴う犯罪が領事公館で発生した場合、責任のある領事館の同意があったものとみなすと定めている。

　そして、領事に認められる特権免除は、外交官のそれよりも範囲が相当狭められ、基本的にその領事任務の遂行にあたっておこなった行為に限定されている。領事条約は領事官に認められる特権免除として、身体の不可侵（41条）、裁判からの免除、行政手続からの免除、課税・関税からの免除を列挙している（44条、45条）。実行上、麻薬取引の違法行為に関連して、領事が接受国で刑事訴追を受けた事件が多く報告されている。

【考えてみよう】
①常駐外交使節は、どのような機能をもつのであろうか。
②領事機関は、外交使節と比べ、その法的地位および任務の面においてどのような特徴をもつのであろうか。
③外交使節になぜ特権や免除が認められるのであろうか。

【調べてみよう】
①土屋志穂「領事関係条約36条の個人の権利の性質に関する研究——ジャダヴ事件の評価を中心に」『拓殖大学論集：政治・経済・法律研究』26巻2号、2024年、pp. 43-70。
②西村弓「外交・領事関係法と『共存の国際法』」『論究ジュリスト』37号、2021年、pp. 31-38。
③水島朋則「国際犯罪と外交特権免除の交錯（国際規制の交錯）」『国際問題』592号、2010年、pp. 28-37。
④植木俊哉「瀋陽日本総領事館事件と国際法」『法学教室』263号、2002年、pp. 58-64。
⑤国際法事例研究会『外交・領事関係』慶應義塾大学出版会、1996年。

第22章

国際環境法

Keywords　ストックホルム宣言、越境損害、持続可能な開発、損害予防の原則、地球規模の環境問題、不遵守手続

1　国際環境法の概説

1）国際環境保護の問題点

　環境は、人類の生存にとっての土台、すなわち地表、空気、水、生態圏、それらの相関関係およびそれらと人間の関係を指すものとして理解されよう。20世紀の1970年代から、環境保護は、次第に国際的協力の課題として取り上げられるようになった。船舶による油汚染、海洋投棄、化学工場や原子力発電所の事故、核兵器実験による海洋汚染、酸性雨や越境砂塵などといった国境を越える環境問題が相次いで発生し、諸国の環境意識に大きな刺激を与えた。それらにとどまらず、オゾン層の破壊、地球温暖化といった地球規模の環境問題も明らかとなり、それらの問題は、国家間の協力なくしては、どうしても解決しえない。

　このように、環境問題への危機意識が大きく刺激されることとなった。環境保護の必要性は、海洋汚染にとどまらず、地球環境にまでいたる。しかし、環境改善は、ただでできるものではない。各国の協力を集め、それを協調させていかなければならない。また、各国の国内で経験されたように、環境保護と経済発展は、難しい均衡の上に成り立つものである。開発と環境の均衡性も、国際的関心を大きく引き寄せている。その意味で、環境への取り組みを促し、国家の発展の権利と環境保護との均衡を保つためには法的枠組み整備が欠かせない。

238

2）法的取り組みの現状

　国際環境法は、環境問題に取り組む国際協力の枠組み構築における最も重要な一環をなす。環境課題の具体性によって、全地球的関心が引き起こされることもあれば、地域的な取り組みが展開されることもある。そのため、それに関連する法的規制も、一般国際法と地域的国際法の中に反映される。今日の国際環境問題への対応に関しては、国内法、地域法と国際法が互いに影響しあい、密接に関わっている。

　環境問題の解決は、積極的な行動を必要とするために、多くの場合、条約上の約束を通して実現される。慣習的規則は、禁止的規則の側面が多く、環境の分野ではその役割が限られる。チェルノブイリ原発事故で見られるように、越境の環境損害は、領域の利用において他国の利益を害してはならないという慣習法規則に明らかに違反しているが、損害賠償に関わる具体的な規則を慣習法から引き出すには、多くの困難が伴う。実際、被害を受けた諸国の賠償請求の多くは、うまく進められなかった。

　このように、環境保護への法的取り組みは、条約を中心に展開される。国際環境法という1つの独自の法分野として明確に意識されるまでに、すでに環境に関連する数多くの条約が締結された。開発に伴って特定の生物または動物資源を保護する必要性から、1946年「国際捕鯨取締条約」、1950年「鳥類保護に関する条約」、1971年「ラムサール条約」（湿地保護）などが採択された。また、汚染の防止や特定地域の天然資源の保護に取り組む条約も多く締結された。

　そして、1972年の国連人間環境会議は、国際環境法の発展にとって最も重要なできごとである。これをきっかけに、国際環境法は、大きな発展を成し遂げ、次第に1つの独自の法分野として確立するようになった。この会議で採択された**ストックホルム宣言**（人間環境宣言、1972年）では、人間と環境の密接な関係が確認され、自然保護、生態の均衡、汚染防止、都市化、人口、資源、経済、環境責任と賠償などの人間環境の問題について、環境戦略と環境法の視点から、参加国の主張が明らかにされた。また、国際環境法の基本原則および重点的な発展方向も確認された。同時に、国連環境計画（UNEP）が機関として創設された。

その後、条約による環境問題取り組みの傾向が強い趨勢を保っている。しかも、取り上げられる環境問題の範囲も大きく拡大されている。海洋汚染防止関連諸条約（1974年）などで、古典的な環境問題が積極的に対応される一方、オゾン層保護条約（1985年、1987年）や気候変動枠組条約（1992年）、京都議定書（1997年）などで、地球規模の環境問題に取り組む条約が数多く締結された。

　条約を中心に形成される国際環境法は、国際法の一分野でありながら、独自の特徴をもつ。これについては、以下の4点をまとめることができよう。第1に、その国際的公益性である。地球環境、人間の生存環境を保護することで、国際環境法は、国際社会において人間および自然にとって持続可能な開発に関わる法的秩序を構築する直接の目的をもつ。第2に、科学技術性である。環境保護は、環境への影響に対する科学的なアセスメントに基づいた方策で展開される必要がある。環境アセスメントは、物理、化学、生物、生態、遺伝子など自然科学および工学の問題に関わっている。環境問題への取り組みの積極性は、多くの場合、それに対する確実な科学的実証に依存する。それゆえ、環境保護の目的、一般的な義務・制度をまず条約で定め、会合を重ねることにより、その条約の下で議定書などを採択し、具体的な義務を定めてゆく「枠組み条約方式」が多く利用されている。第3に、総合的性格である。国内法でも見られるように、環境法は、経済法、行政法、民法、刑法などさまざまな法分野に関連するものである。国際環境法も、国際経済法、国際機構法、開発の国際法、国際人権法、国際刑事法などの多くの分野に関連し、総合的な性格をもつ。第4に、独自の法的メカニズムの利用である。後に説明するように、国際環境法には、国際環境損害の責任制度や条約の遵守履行メカニズムの創意が鮮明に現れている。

　環境影響評価に関して、ICJの対応が留意されるべきである。ICJはパルプ工場事件（2006年、アルゼンチン対ウルグアイ）において、「現在では、提案されている産業活動が越境的な状況、特に共有資源に重大な悪影響を及ぼすおそれがある場合、環境影響評価を実施することが一般国際法上の要件と考えられている」と述べた。判決では、環境影響の評価の義務的性格が強調された。そして、コスタリカ対ニカラグアの訴訟（2015年）は、この考えを一層強めた。パルプ工場事件における裁判所の声明は産業活動に関するものであるが、基本的

240

な原則は、国境を越えて重大な悪影響を及ぼす可能性のある活動全般に適用される。したがって、国境を越えた重大な環境破壊の防止に十分な注意を払う義務を果たすために、国は、他国の環境に悪影響を及ぼす可能性のある活動に着手する前に、国境を越えた重大な悪影響のリスクがあるかどうかを確認しなければならない。

その意味で、環境影響評価の義務は予防義務の一側面でもあり、環境リスクを伴う可能性のあるすべての活動に適用される可能性がある。

2　国際環境保護の諸制度

1）国際水道汚染防止の取り組み

国際水道は、200 以上あるといわれる。それに関する条約も 300 を超えている。そのうち 100 あまりのものにおいて、汚染条項が設けられている。48 の国際水道をもつ欧州は、そうした取り組みの先頭に立っている。

工業生産や人口密度の増加に伴って、水に対する需要は、各地域において増加傾向が続いている。水の汚染は、19 世紀末あたりからすでに国際的問題として取り扱われてきている。ヨーロッパにおいて、重要な国際水道における汚染への取り組みは、多くの二国間条約を生み出した。

国際レベルでは、「非航行利用の国際水道法に関する条約」が 1997 年国連総会において採択され、2014 年に発効した。この条約は、非航行利用の国際水道に関わる国際法規則の法典化である。その目的は、国際水道の利用、開発、保存、管理および保護を保障し、国際水道に対して最適で持続可能な利用を促進することである。水の利用、公平な配分、汚染の予防・軽減および規制、生態保護などが主なテーマとして定められている。

地域レベルでは、中国、ラオス、タイ、カンボジア、ベトナムを通っているメコン川に関して、中国の参加を得ていないが、1995 年メコン川領域協力協定が締結され、川の持続可能な開発、利用管理および保全に関する利益の調整と協力を定めた。また、ライン川の生態系の保全および持続可能な開発、洪水防止などを目的としたライン川保護条約が 1999 年ドイツ、フランス、ルクセンブルク、オランダ、スイスの 5 カ国により締結され、それまでに存在して

第 22 章　国際環境法　　241

いたライン川関連の個別の条約制度を一つの条約に取りまとめた。

2) 海洋汚染の規制

　海洋は、人類の産業活動によって常に汚染の危機にさらされている。大量の工業排水、生活廃水、不法な海洋投棄（1972 年ロンドン投棄条約および当該条約の 1996 年議定書）、不慮の船舶事故などで生じる海洋汚染は、人類の安全と生活環境を脅かす存在になりかねない。

　1954 年、主要海運国家の参加の下で締結された「海上の油汚染防止に関する国際条約」以降、海洋汚染の規制に関する数多くの条約が締結された。これらの条約上の規制は、汚染物質の経路から分類すれば、主に陸地起因の汚染、船舶起因の汚染、海上事故起因の汚染および海洋投棄起因の汚染に分けることができる。その後、そうした内容を取り込んだ 1973 年の船舶による汚染の防止のための国際条約が締結され、また 1978 年には当該条約の議定書が締結された。1982 年の国連海洋法条約は、海洋環境問題に関して最も全面的な規制条項を設けており、海洋汚染に関する条文規定も少なくない。

3) 大気環境の保護

　大気環境の悪化は、人類の日常生活においても実感される。空気の汚染、酸性雨、砂塵、オゾン層の破壊、地球温暖化、PM2.5（微小粒子状物質）などがすでに日常的用語となりつつある。たしかに、そうした環境問題の原因や対応措置の効果をめぐって、依然多くの対立的意見が見られるが、その対応の必要性に関しては、広く意見の一致が存在する。

　この分野の取り組みとして、1985 年「オゾン層の保護のための条約」およびその関連議定書（1987 年）、1992 年「気候変動に関する枠組条約」およびその関連議定書（1997 年、京都議定書）や遵守手続とメカニズム（2001 年、京都議定書遵守手続）、1979 年「長距離越境大気汚染条約」などがある。温暖化問題の取り組みに関しては、二酸化炭素など 6 つの温室効果ガスの排出量の抑止または削減が中心課題である。そのために、各国の温室効果ガスの排出量の制限と削減目標が掲げられる一方、排出量取引などの市場メカニズムも導入されている。2012 年に、京都議定書第 2 約束期間（2013 年から 2020 年）の削減

目標と実施規則を定める京都議定書が採択された。議定書では、国別の排出削減の数値目標、実施メカニズム、遵守手続などが主に定められている。

そして、2015年、第21回気候変動枠組条約締約国会議でパリ協定が締結され、産業革命前からの世界の平均気温上昇を「2℃未満」に抑え、平均気温上昇「1.5℃未満」を目指す（2条1項）という目的を掲げ、それを実現するための各国協力の基本原則および取り組みを定めた。

4) 生態系の保護

地球は、多種多様な生命の集合体である。生物の多様性を保つことは、地球の生命力を維持する上で欠かせない。1992年の生物の多様性に関する条約において、生物の多様性は、生態系の多様性、種の多様性および種内の多様性を指すものである。ここでは、生態系とは、植物、動物および微生物の群集と、これらを取り巻く非生物的な環境とが相互に作用して一定の機能的な単位を成す動的な複合体をいう。また、種とは、生物を分類する基本的単位である。そして、種内の多様性とは、同種であっても、生存する地域によって外形や行動パターンなどの特徴に違いがあることを意味する。

この条約は、生物の多様性の保全およびその構成要素の持続可能な利用のために、国際的協力が必要であることを確認し、それに取り組むための基本原則、制度および方向性を定めている。

そのほか、生態系の維持に関する法的取り組みに関して、「絶滅のおそれのある野生動植物の種の国際取引に関する条約」（ワシントン条約）、1971年「特に水鳥の生息地として国際的に重要な湿地に関する条約」（ラムサール条約）など、動植物の保護に関する数多くの条約がある。

3　国際環境法の基本原則

ここでの基本原則とは、各国に広く認められ、国際環境法において指導的な意義をもつと同時に、その特徴を具現するものである。これらの原則は、多くの場合、環境保護に関する慣習国際法や条約から抽出されるものであるが、場合によってはあるべき法規範として広く主張されているものも含む。具体的に

以下のようなものが挙げられる。

第 1 に、領域内の開発利用は、他国の環境に損害を与えてはならないという原則である。伝統的国際法上、国家は領域において排他的主権権利をもち、領域内での開発利用は、いかなる国の干渉をも受けない。他方、領域の利用は、他国に損害をもたらしてはならないということも、慣習法上の規範として解される。このような慣習的規範は、環境の国際的保護と密接に関連するゆえに、積極的に国際環境法に導入された。2005 年 11 月、中国吉林省の石油化学工場爆発事故で流出した有毒物質が、中国とロシアにわたって流れるアムール川を汚染した。これについて、中国側は、ロシアに対して陳謝した。こうした対応は、明らかにこのような法規範の存在への意識によるものである。

1972 年の人間環境宣言の 21 原則は、次のように定めている。「各国は国連憲章及び国際法の原則に従い、自国の資源をその環境政策に基づいて開発する主権を有する。各国はまた、自国の管轄内又は支配下の活動が他国の環境又は国家の管轄権の範囲を越えた地域に損害を与えないことを確保する責任を負う」と。また、1992 年の環境と開発に関するリオ宣言第 2 原則も、ほぼ同様の原則を盛り込んだ。学説上、一国による資源の開発は他国の環境に損害をもたらしてはならない、という規範がすでに慣習法として確立されているとする見解が多く見られる。

実際、1941 年のトレイル熔鉱所仲裁判決（**Case Note** 参照）において、**越境損害**に関する国家責任につき重要な判断がすでに示されていた。

第 2 に、**持続可能な開発**の原則である。この概念は、国際環境法の発展にとって重要な意義をもつ。1987 年世界環境と開発委員会は、国連総会に報告書を提出し、その中ではじめて持続可能な開発（sustainable development）という概念を打ち出した。それによれば、持続可能な開発とは、現代の人々の必要を満たすと同時に、後世の人々の必要を満たすそれらの能力に危害を加えないような発展を意味する。リオ宣言を経て、2002 年には、持続可能な開発に関する世界サミットが開催され、持続可能な開発に関するヨハネスブルグ宣言が採択された。また、2012 年の持続可能な開発に関する国連会議で、「われわれが望む未来」が採択され、持続可能な開発を中心とした国際環境に取り組む国際社会の基本姿勢を確認した。さらに、2015 年国連総会決議で、「我々

Case Note：トレイル熔鉱所事件

仲裁裁判　アメリカ対カナダ

1938年4月（中間）、1941年3月（最終）　3 RIAA　1905

〈**事実**〉　民間会社の経営するトレイル熔鉱所は、カナダとアメリカのワシントン州を貫くコロンビア川の沿岸のカナダ側に敷地をもち、鉛および亜鉛を精錬する工場であった。精錬に伴って排出される亜硫酸ガスにより、ワシントン州の農作物や森林資源に被害が生じた。これについて、アメリカはカナダに抗議し、損害賠償を求めた。交渉や調停で最終的解決が見られなかったため、特別の仲裁裁判合意により、紛争は仲裁裁判所に付託されることとなった。

〈**判決要旨**〉　損害の存在は、確認された。その原因は、トレイル熔鉱所から排出される亜硫酸ガスによるものである。損害額の算定は、農地や森林の使用価値または賃貸価値の減少額による。その賠償額は、7万8000ドルと算定される。

　アメリカは、その主権を損害されたことに基づく損害賠償を主張したが、本裁判所は、国際法上アメリカの主権に対する侵害があったかどうかを決定する必要はない。また、主権の侵害に伴う損害として、アメリカが具体的に挙げているのは調査費のみであるが、調査費は、仲裁裁判合意にいう「熔鉱所が引き起こした損害」の中に入らない。

　国際裁判で空気汚染の問題は処理されたことはないが、アメリカの最高裁判所に、空気汚染および水の汚染の両方について、判例がある。州の間の紛争を解決するために確立された先例は、国際法の支配的規則に反しないかぎり、これを国際事件において類推適用することは合理的である。国際法においても、アメリカ法においても、国家は、その領域を、煤煙によって、他国の領域や人体・財産に損害を加えるような形で使用したり、使用を許す権利をもたない。カナダ政府は、トレイル熔鉱所が煤煙による被害をアメリカ国内に及ぼさないよう処置する国際法上の義務を負う。

の世界を変革する：持続可能な発展のための2030アジェンダ」（SDGs）が採択され、持続可能な発展目標とターゲットを具体的に示した。

　この原則は、確立された国際法の原則とまではいえないかもしれないが、環境保護に関連する多くの条約における具体的な規範の生成にとって大きな影響力をもつ。特に生態環境の開発と保護の均衡を考慮する際、持続可能な開発は、非常に説得力のある原則として援用されている。

　この原則が強調されたことで、国際環境法の発展の中で、世代間の平等、世

第22章　国際環境法　　245

代内の平等、持続可能な資源利用および環境と開発の一体性といった均衡のとれた新しい発想が相次いで打ち出されている。特に平等に関しては、実質的平等の考えが示され、たとえば、リオ宣言原則7は、地球環境の悪化への相異なる加担にかんがみて、各国は、共通に有しているが差異のある責任を有するとし、地球環境に取り組む自覚的な責任を先進国がまず負うべきと促した。こうして、国際環境法はいっそう充実した内容をもつものになっている。

第3に、**損害予防の原則**である。損害予防は、環境保護に関わる国家責任の一形態として理解される。つまり、国家は、環境損害の結果が発生する前に、その管轄権内または支配下の越境環境損害についてできるだけ早く防止、軽減または予防の措置を講じる責任を負う。理論上、この原則は、上記国家の資源開発は他国の環境に損害をもたらしてはならないという原則の論理的帰結として位置づけられる。

多くの条約において、損害予防の原則が定められている。たとえば、1982年の海洋法条約第194条は、いずれの国も、あらゆる汚染源からの海洋環境の汚染を防止し、軽減しおよび規制するため、自国のとりうる実行可能な最善の手段を用い、かつ、自国の能力に応じて、単独でまたは適当なときは共同して、この条約に適合するすべての必要な措置をとるものと定めた。

4　環境保護義務の履行確保

すでに述べたように、環境保護に関する国際的取り組みは条約を中心に展開されている。その意味で、条約の確実な履行はきわめて重要である。実際、国際環境法の分野において、条約の履行に関していくつかの新しい試みがなされている。それらは、環境法条約の独特の履行確保制度として有効に機能していると同時に、国際法一般の発展にも大きく貢献している。

1）国内的実施

環境条約の多くは、その締約国の国内的実施を求めている。個人、企業の活動を規律するには、国家による規制が依然最も効率的である。たとえば、1989年の有害廃棄物規制バーゼル条約第4条4項は、次のように定めている。

「締約国は、この条約の規定を実施するため、この条約の規定に違反する行為を防止しおよび処罰するための措置を含む適当な法律上の措置、行政上の措置その他の措置をとる」。また、1973年ワシントン野生動植物取引規制条約第8条は、締約国は、この条約を実施するためおよびこの条約に違反しておこなわれる標本の取引を防止するため、違反行為の処罰や標本の送還に関する適当な措置をとると定めている。こうした規定からもわかるように、国内実施は、主に条約を履行するための国内法の制定および実施からなる。

国際環境問題への日本の取り組みとして、1993年の「環境基本法」が挙げられる。この法律は、明らかに地球環境保全を念頭においたものである。たとえば、その第5条は、国際的協調による地球環境保全の積極的推進を掲げ、条約などによる国際的な枠組みを作り、それに基づき国際的な連携・協力を進めることとした。

2) 国際的実施

条約の実施と同様、環境条約の実施に関しても、管轄権のある国際司法機関や国際機構の裁判手続または遵守履行手続を通して、国際環境義務の違反を確認し、賠償責任を追及することが可能である。しかも、環境条約において、一定の独自の実施措置も講じられている。

伝統的に、条約の違反に関する責任の追及は、損害を被った被害者たる締約国からなされることが認められる。2001年国家責任に関する条文が認めたように、「国のすべての国際違法行為は、その国の国際責任を生じさせる」(1条)。これまで、環境損害に関連した国家間の裁判事例はいくつかある。カナダとアメリカの間に生じたトレイル熔鉱所事件（1941年）やフランスとスペインの間に争われたラヌー湖事件（仲裁裁判、1957年）は、典型的な事例として挙げられる。これらの事件においては、領域使用の管理責任の原則が確認・適用された。

これらの事例は、環境問題に関連するが、加害国と被害国の双務的問題としての性格をもつ。越境損害という国際環境法に見られる現象への対応には、そうした伝統的視点が、依然有効である。実際、トレイル熔鉱所事件で確認される領域使用の管理責任原則の確立は、今日でも重要な意義をもつ。しかも、そ

第22章　国際環境法　　247

うした基本原則から、越境水路利用における利益調整には、事前協議や衡平原則の適用が求められる。また、核汚染への対応に関して、チェルノブイリ原発事故によって触発された一面もあるが、事前通報体制は、領域使用の管理責任原則の一環として構築されている。

　ただし、事後の救済というような視点は、**地球規模の環境問題**への対応に関して大きな制約をもつ。特に、加害者と被害者という対の中での対応には多くの限界がある。たとえば、オゾン層破壊や地球温暖化の問題に関して、加害者と被害者の特定は、事実上不可能である。人類全体が自らの活動によって引き起こした、地球全体に及ぼす環境問題への取り組みが課題となっているからである。

　そうした問題意識から、環境条約の履行実施について、これまでの条約の履行と異なるメカニズムを探る必要が認められる。実際、1992年のオゾン層を破壊する物質に関するモントリオール議定書の附属書Ⅳ（不遵守手続）は、地球規模の環境問題への対応に新しい手法を導入した。ここでは、厳格な裁判手続による訴訟・申し立ての処理ではないが、権限のある履行機関（条約の履行委員会）が、締約国からの通報を審議し、改善措置を要請・勧告する形で、条約義務の不履行問題が処理される。特に、締約国による通報は、条約の違反によって実質的損害を被った締約国によってなされる必要はない。つまり、「締約国は、他の締約国の議定書に基づく義務の履行につき懸念を有する場合、この懸念を書面で事務局に提出することができる」（1項）のである。また、1989年のバーゼル条約第19条も、実際の損害を被ったことを前提条件とせず、他国の条約義務の違反についての通報権を締約国に認めた。

　このように、**不遵守手続**（non-compliance procedure）は、環境条約の履行確保における独特のメカニズムとして確立され、国際社会の共通利益に関わる条約の履行確保にも有益な示唆を与えている。特に、こうしたメカニズムの確立により、地球規模の環境問題への対応は、損害賠償を中心とした伝統的な責任追及の方法から、次第に環境破壊の拡大を防止し予防する方向にその重点を転じることとなる。

　また、条約締約国間の紛争、懸念の処理に密接に関連するのは、条約上に設けられる履行機関の存在である。実際、人権条約や環境条約の履行確保におい

て、条約上の監視・履行機関の存在は、大きな役割を演じている。つまり、条約上、環境保護に関わる締約国の実体法的権利義務が定められるだけでなく、その権利義務を確実に履行させていくために、多くの場合、監視・履行機関が設けられ、またそこに適用される手続や措置も規定されている。たとえば、1973年のワシントン野生動植物取引規制条約においては、締約国大会や事務局にそうした監視・履行の権限が付与されている。そして、1987年のオゾン層保護モントリオール議定書は、事務局、履行委員会および締約国会議に一定の監視と履行の権限を認めている。こうした機関は、違反に関する通報の受理、情報収集、意見交換、審査、改善勧告などの方法で条約の遵守履行を推進する。これらの措置は、多くの場合、法的拘束性や命令性を伴わないが、利益誘導などの手段と併用して一定の実効性を保つ。

【考えてみよう】

①国際環境の保護において、なぜ条約は重要な意義をもつと解されるのであろうか。

②国家責任の追及による伝統的な救済は、どうして環境条約の履行確保に限界をもつものとして捉えられているのであろうか。

③不遵守手続は、他の条約遵守確保のメカニズムと比較してどのような特徴をもつものであろうか。

【調べてみよう】

①児矢野マリ・西井正弘・鶴田順（編）『国際環境法講義』第2版、有信堂高文社、2022年。

②石橋可奈美「国際環境法の諸原則間の連関性――予防原則と将来世代の権利」『法と政治』73巻3号、2022年、pp. 121（511）-141（531）。

③西村智朗「国際環境法における科学的知見への対応と予防原則の意義」『国際法外交雑誌』118巻2号、2019年、pp. 275-293。

④松井芳郎『国際環境法の基本原則』東信堂、2010年。

⑤磯崎博司『国際環境法』信山社出版、2000年。

第 23 章
国際紛争の解決と国際法

> **Keywords**　紛争の平和的解決、仲介、国際調停、国際審査、国際裁判、国家の重大利益、法的紛争

1　国際紛争とは

　国内社会と同じく、国際社会も紛争の絶えない社会である。しかも、国際社会の政治、経済、社会の複雑な関係の下で、国際紛争は、多様な形態と内実をもって発生し、国内の紛争よりも多くの場合、強力（power）の行使を伴って展開される。

　紛争に絡む主体の側面から見れば、国家間紛争は明らかに最も大きなウェートを占めている。ほかには、国際機構相互間や国家と国際機構間の紛争がある。国連とアメリカとの間の対立となった国連本部協定に基づく仲裁裁判義務事件（PLO 事件　勧告的意見　ICJ 1988）は、後者の例である。近年では、かつて国内問題として理解された一国内の紛争が、国際社会に関わるものとして理解・処理されるケースが多くなっている。内戦や民族間の対立および分離独立の動きもあれば、合法政府に対する軍事クーデターの問題もある。実際、旧ユーゴスラビアの崩壊に伴う政治的・軍事的対立は、国際社会の大いなる関心を呼んだ。また、1994 年のハイチの軍事クーデターも米州機構や国連の場で取り扱われていた。2011 年のリビアの内乱、2012 年から起きたシリアの内乱なども、そうした事例である。これらの国内紛争は、民主主義の原則、人権、難民の保護などに関する国際法の違反、または国際平和を脅かす側面を呈したことによって、国際的な性格をもち、国際紛争処理のメカニズムによる処理を必要とした。その意味で、国際紛争の概念は広く把握されるべきである。

そして、紛争対象の側面から見れば、国際紛争は、法律問題または事実問題についての国際法主体間の不一致、あるいは二者間の法的主張または利益の対立の形で現れる。実際の国際紛争は、さまざまな形態をとり、単なる摩擦や一定の事態から国際法上の権利についての主張の対立または権利侵害をめぐる対立までが含まれる。つまり、国際紛争は、必ず国際違法行為をきっかけに発生するとはかぎらず、国際関係における政治的、経済的な利害対立などに起因して発生することもしばしばある。こうした国際紛争の中には、危険性の低いものもあれば、そのまま放置しておけば、国際社会の安定を乱し、ときには国家間の武力闘争にまで発展しかねない紛争も含まれる。

2　国際紛争解決と平和

　紛争のない世界は平和な世界である。そうした認識から、国際紛争の解決は、古くから国際平和や安全の維持を確保し、平和秩序の構築にとってきわめて重要な課題とされてきた。恒久の平和の構築は、国際紛争の解決メカニズムの整備に大きく依存するものとして捉えられていた。国内法の経験から、紛争解決に関しては、裁判は最も有効な制度であると信じられたからである。実際、1899年と1907年の2度にわたるハーグ平和会議や国際連盟の下では、紛争解決手続、とりわけ国際裁判制度の整備が国際の平和を実現するための最重要課題として取り扱われていた。

　しかし、国際関係において、平和への取り組みを国際裁判中心の紛争解決メカニズムの整備にすり替えるような思考は、あまりにも単純で正しくない。国家の多くは、重大利益に関わる紛争について、裁判による紛争解決をあらかじめ受け入れる意思をまったく有していないからである。国家は法の論理にしたがってではなく、自らの利益および権力を追求するために行動するものである。法の支配が確実に追求されている国内社会の状況と違って、国際社会において法の支配は、額面どおりの価値をもつものとしては理解されていない。実際、一般的な義務的裁判の原則は、いまだに確立されておらず、多くの紛争は、既存の法制度の下では解決の過程にのせられず、国際社会の安全を脅かす危険性をもったまま取り残されている。

国際関係上、紛争処理に関しては、利益志向、権利志向および力志向という
３つのアプローチから捉えることができる。利益志向の方法は、主に紛争当事
国の利益についての均衡のとれた調整によって紛争の解消を目指す方法であり、
実定法上の権利義務の厳格な遵守に必ずしもこだわらない傾向をもつ。国際関
係における紛争は、必ずしも実定法上の権利義務をめぐる争いから生じるもの
ではないから、利益志向の紛争解決は当然存在する基盤をもつ。この方法は、
外交的に平等な立場かつ友好的な関係をもつ紛争当事国によって多く利用され、
譲歩の精神（take and give）を内実とする外交交渉が目指す方向とも一致する。

　これとは違って、権利志向の紛争解決アプローチは、主に実定法上の権利義
務の規定を紛争解決の基準として適用する、有権的な第三者による紛争解決を
目指すものである。この方法は、国際関係におけるリーガリズムの思考を重ん
じる紛争当事国の間でよく利用されるもので、法の支配という観点から見れば、
理想的な紛争解決の手段であり、多くの国際紛争の解決に利用されている。学
界では、21 世紀は国際裁判の世紀であるとする見解が広く存在する。国際司
法裁判所に対する信頼が途上国を中心に強くなっただけでなく、国連海洋法条
約における国際海洋法裁判所の展開、WTO における紛争解決の司法化およ
び国際刑事裁判所の設置などが、確実に国際紛争の解決における裁判の役割を
大きく増大させている。他方、実定国際法の形成プロセスの複雑性や法規範の
完備における問題点、国際裁判による紛争解決に対する大国の不信感、**国家の
重大利益**を国際裁判に任せることへの不安などの現実もあって、国際裁判は必
ずしも一般的な信頼を得たものとはいえない。

　そして、力志向の紛争処理は、国際法に許容される強制的な措置を通じて紛
争の解決を図る方法である。紛争当事国の一方による強制措置の適用があれば、
国際機構または国家集団による強制措置の適用もある。かつて戦争は、国際紛
争を解決するための合法的手段であった。現在では、戦争または武力行使は、
法の規制の下に置かれているが、そうした規制の実効性への挑戦とも受け取ら
れるような武力行使は、多く見られる。コソボ紛争における NATO の旧ユー
ゴに対する空爆やイラク戦争がその例として挙げられる。2014 年のクリミア
の分離独立およびロシアへの編入に関して、ロシアによる武力干渉が問題とな
り、国連をはじめ、国際社会から強く非難された。

こうした基本的なアプローチは、具体的な紛争において多くの場合交互に使われる。そして、こうした視点とも密接に関連して、国際紛争の処理方法には、一般に強制的処理方法と平和的処理方法の2つの範疇があるとされる。

3　力による紛争解決

国際法上、強制的処理に関して、まず復仇（reprisals）がその方法として認められる。復仇とは、国際違法行為により法益の侵害を受けた国家が当該違法行為をおこなった国家に対してその中止または終了を求めるためにおこなう強制措置である。国家責任法（第10章）のところですでに述べたように、こうした措置は、一見して国際法に違反する外観をもつが、相手国の国際違法行為が先行したことによりその違法性が阻却される。伝統的国際法においては、いわゆる武力復仇が許容されており、武力行使の一形態として存在していた。しかし、現行国際法上、武力復仇は認められない。

国際法は戦争や武力行使を禁止している。そのため、武力による国際紛争の解決は、一般に違法なものとなる。しかし、現在の国際関係における政治的現実の下では、国際紛争の平和的解決が確保されておらず、武力行使を全面的に予防、抑制できる体制は依然確立されていない。たしかに、国際紛争の平和的処理の原則が現代国際法の基本原則として確立されているが、力志向の紛争解決アプローチは依然存続する余地をもつ。2022年のウクライナ戦争や2024年のガザ戦争は、国際法による戦争の規律が厳しい現実に直面していることを物語っている。特にウクライナ戦争は、第二次大戦後、初めて国連安保理常任理事国による国家間の戦争であり、国連の機能と信頼性を大きく低下させた。

国連憲章上、2つの状況において武力行使が許容されている。1つは自衛権を行使する場合である。つまり、違法な武力行使に対抗するために、個別的または集団的自衛権に基づく武力行使は法的に認められる。もう1つは集団的安全保障に基づく強制措置である。すなわち、国連安保理の決議に基づいた、国際機関または加盟国による武力行使が国連憲章上認められている。それ以外の場面での武力行使の現実も存在する。その合法性および正当性をめぐる意見の対立が非常に激しい。

4 平和的手段による紛争解決

他方、**紛争の平和的解決**は、国際法における国家の義務とされ、多様な手段を伴って展開される。

1）平和的解決義務の確立

国際紛争はすべて平和的に解決されなければならない。これは、国家の負う国際法上の義務である。この義務規定は、国際法における戦争の違法化と密接に関連するが、紛争解決手続の整備をもって平和の課題を取り組むというような思考に共通する一面をもつ。その現実性および実効性に関しては、議論の余地が残される。

実定国際法のレベルで見るかぎり、紛争の平和的解決は、すべての国家の確固たる義務である。国際関係における武力行使の禁止と不干渉義務の確立に伴って、平和的手段による国際紛争の解決は、普遍的義務としての強行規範の性格をもつとすらいえる。

まず、国際連合の第1の目的は、平和を破壊するに至るおそれのある国際的紛争または事態の調整または解決を、平和的手段によって正義及び国際法の原則にしたがって実現することである（1条1項）。そして、国連の基本原則として、「すべての加盟国は、その国際関係において、武力による威嚇又は武力の行使を、いかなる国の領土保全又は政治的独立に対するものも、また、国際連合の目的と両立しない他のいかなる方法によるものも慎まなければならない」（2条4項）。同時に、「すべての加盟国は、その国際紛争を平和的手段によって国際の平和及び安全並びに正義を危くしないように解決しなければならない」（2条3項）。

また、友好関係宣言第1原則では、国際紛争の平和的処理は、すべての国家の義務として再確認されている。しかも、紛争当事国は、列挙される平和的手段のいずれか1つによって解決に到達しない場合には、彼らが合意する他の平和的手段によって紛争の解決を引き続き求める義務を負う。そのほかにも、多くの国際文書は、国際紛争の平和的解決を国家の義務とした。

このように、実定法から見れば、国際紛争については、武力行使や干渉など
の強制的方法に訴えることが否定され、もっぱら平和的手段によりその実効的
かつ最終的な解決を確保しなければならない。

ただし、国際紛争の解決については、今日もなお、特定の手続に付託すべき
義務は確立しておらず、その手続の選定は紛争当事国の合意によるものとし、
原則として各国が自由に選択する権利をもつ。友好関係宣言は、国際紛争は国
家の主権平等を基礎としてかつ手段の自由な選択の原則にしたがって解決され
なければならないとした。

これらの手段は具体的に国連憲章第33条に掲げられている。そこでは、そ
の継続が国際の平和および安全の維持を危うくするおそれのある紛争について、
紛争当事国は「まず第一に、交渉、審査、仲介、調停、仲裁裁判、司法的解決、
地域的機関又は地域的取極の利用その他当事者が選ぶ平和的手段による解決を
求めなければならない」と定められている。

もちろん、選択された平和的手段によっては、紛争が最終的な解決にいたら
ないこともある。そのような場合に、国家実行上、紛争の「棚上げ」という手
法がよく使われる。これにより、紛争の存在を認めた上で、国際秩序を乱さな
いよう紛争当事国が紛争の拡大や激化につながるような行動を自制する。ただ
し、国際秩序を乱すような紛争は、未解決のままに放置されてはならない。こ
の点に関連して、友好関係宣言では、紛争当事国は選択した平和的手段によっ
て「速やかにかつ公正に解決することを求めなければならない」とし、このよ
うな解決を求めるに当たって、当事国は紛争の事情と性質に応じた平和的手段
について合意しなければならないとした。そして、平和的手段のいずれか1
つによって解決に到達しない場合には、合意する他の平和的手段によって紛争
の解決を引き続き求める義務がある。

このように、国際紛争の平和的解決は法的に義務化されている。しかし、国
際社会の分権的な権力構造の下で、平和的解決義務の履行に基づく紛争解決を
実効的に確保することは、実際上そう容易なことではない。

2) 平和的紛争解決手段の類型

紛争解決には、多様な手段が適用される。具体的な事例においても、当事者

がその解決に適したいくつかの手段を試すのが一般的である。これらの手段について、国際紛争解決を最終的に決定することに関わる当事者意思の位置づけという視点からから見れば、紛争処理方法には、基本的に紛争当事者による解決と第三者による解決という2つの形態がある。前者において、紛争当事者の意思は、紛争解決について直接反映される形となる。そして、後者の場合には、紛争当事者の意思のいかんにかかわらず、解決案が出される。

　他方、紛争解決に関わる当事者の側面から見れば、紛争解決は、3つの形態をもつこととなる。まず、紛争当事国による方法で、これは基本的に直接交渉の形を採っている。そして、第三者の介入する方法で、これには周旋、居中調停、国際審査、国際調停、国際連合による調停の解決といった諸形態がある。さらに第三者による紛争解決方法で、これは国際仲裁裁判と国際司法裁判を含める。そして第三者の介入する解決方法の中には、介入する程度によっては、紛争当事者による解決の範疇に入ったり、第三者による解決の範疇に入ったりすることがある。

　それでは、そうした紛争解決手段について概念的に把握しておこう。まず、紛争当事者による解決の諸方法を見よう。

　第1に、外交交渉である。国際法上、当事者自身による紛争解決の方法が幅広く使われる。この方法は、当事者が有利かつ迅速な決定に必要な自由裁量権を保持することを可能にする。外交交渉あるいは直接交渉がその典型的形態である。そこでは、紛争当事国が直接に外交を通して双方の主張の調整をおこない、紛争の解決を図ることとなる。これは、紛争解決の方法としては最も一般的で原初的な形態である。

　外交交渉は一般的に制度化されているわけではなく、当事者の選択したルールに則っておこなわれる。ただ、実行上、条約を通して、外交交渉が紛争解決手段として設定される場合が多く見られる。また、国際司法裁判所の実行では、判決で紛争当事国に「誠実に交渉する義務」を命じるような形もある。北海大陸棚事件がその例である（西ドイツ／デンマーク、西ドイツ／オランダ　ICJ 1968）。

　第2に、**仲介**あるいは調停（mediation）である。仲介とは、第三国が紛争当事国の直接交渉による解決を勧告したり、あるいは交渉のための便宜を提供したり、両者の意見の調整をしたりすることを指す。仲介は、国際紛争処理方法

256

として古くから認められた手段であり、国際紛争平和的処理条約（1907年改定）において明確に規定された。これまで、仲介が数多くの紛争解決に使われ、有益な結果を生み出す事例も少なくない。

第3に、**国際審査**（international inquiry）である。国際審査は、1899年の国際紛争平和的処理条約（ハーグ条約）によってはじめて創設された制度である。この方法は、個人の資格で選ばれた委員会で構成される非政治的、中立的な国際委員会に、単に事実上の見解の異なることにより生じた国際紛争を付託させ、この委員会が事実を審査し明確にすることによって、当事国間の和解を促し、紛争の解決を図る。国際紛争は、事実問題についての当事国の主張の食い違いが原因となって発生するケースが多い。したがって、紛争を解決するためには、まず事実を客観的な立場から明らかにすることが必要である。1904年のドッガー・バンク事件がその典型的事例である。ほかには、1961年レッドクルセーダ号事件などの事例がある。

第4に、**国際調停**（international conciliation）である。国際調停とは、個人の資格で選ばれた委員から構成される非政治的、中立的な性格をもつ国際委員会が国際紛争をあらゆる観点から審査し、それを基礎として当事国の主張の接近を図り、必要な場合には、その適当と認める紛争解決条件を当事国に勧告するという一連の手続を含む、国際紛争の平和的処理方法である。連盟の時代に創設された制度である。

その特徴は、裁判なみの審査手続を踏みながら、裁判判決の拘束力をもたないところにある。つまり、調停委員会は、紛争解決の具体的提案を結論として出すが、その提案の受け入れは、法的に紛争当事国の判断にゆだねているのである。現在では、国連海洋法条約をはじめ、条約上の紛争解決制度として利用される場合が多く見られる。

次に、第三者による紛争の平和的解決の手段として、**国際裁判**が挙げられる。国際裁判には、仲裁裁判と司法裁判がある。前者は、事件ごとに紛争当事国によって裁判機関が構成されるところに大きな特徴をもつ。これに対して、司法裁判は、常設の裁判機関によっておこなわれ、その構成は通常当事国の意思と関係なくなされるものである。そのほか、裁判基準としての国際法の適用、一貫性をもつ判例法の形成などにおいても、仲裁裁判と司法裁判の相違が鮮明で

第23章　国際紛争の解決と国際法　257

ある。

　今日では、仲裁裁判も司法裁判も多様な裁判所によっておこなわれる。紛争の当事国の任意的な合意に基づく仲裁裁判（Case Note 参照）のほか、多くの多数国間条約の中、その適用・解釈の紛争を解決するために、仲裁裁判制度が利用されている。義務的仲裁裁判を設定する条約または裁判条項が数多く存在する。また、1899年ハーグ平和会議で創設された常設仲裁裁判所もある。ただし、この裁判所は1970年代以後国家間紛争を解決する場としてほとんど利用されていない。純粋に国家間紛争の解決メカニズムではないが、国家と他の国家の国民との間の投資紛争の解決に関する条約が締結され（1965年）、それによって設けられている国際投資紛争解決センター（ICSID）による仲裁裁判が多く利用されている。

　そして、司法裁判として、国際司法裁判所をはじめ、国際海洋法裁判所、国際刑事裁判所などが挙げられる。そのほか、世界貿易機構（WTO）において、仲裁裁判と司法裁判の性格をもち合わせた紛争処理メカニズムが創設されている。

　国際司法裁判所の紛争手続では、当事者になれるのは国家のみである（ICJ規程34条）。係争手続における管轄権は、各国の同意に依存する。ICJ規程第36条1項は次のように規定している：「裁判所の管轄権は、締約国が裁判所に付託するすべての事件と、国際連合憲章または有効な条約および条約に特別に規定されているすべての事項に及ぶ」。ICJの管轄権を認める条約は数百あるとされる。

　通常、当事者は特別協定を締結することにより、紛争を共同で裁判所に付託する。このような受諾は、明示的な声明という形をとることもできるし、被告国が裁判所の管轄権に異議を唱えることなく本案で弁護を行う場合には、黙示的に行われることもある。そして、裁判条項をめぐって当事国の間に対立の見解がみられる場合、裁判所は最終的な判断権限をもつ。

　また、規程第36条2項では、いわゆる選択条項制度を設けている。「この規約の締約国は、いつでも、同じ義務を受諾する他の国との関係において、特別の合意なしに、事実上強制的に、すべての法的紛争における裁判所の管轄権を認めることを宣言することができる」。こうした管轄権の受諾は、紛争当事

国の間に厳格な相互主義の原則を前提とする。

Case Note：レインボー・ウォリアー号事件
国連事務総長　裁定1986年7月6日
ILM　Vol. 26, No. 5（1987）

〈事実〉　レインボー・ウォリアー号は、イギリスに登録され、国際的環境保護団体グリーンピースに所有される船舶である。1985年7月、ニュージーランドの港に係留中、フランスの2名の対外治安当局工作員によって爆破され沈没した。この爆破でオランダの国籍をもつ乗組員の1人が死亡した。ニュージーランド高等裁判所は、故意殺人および故意の船舶損壊の罪で2名に対し懲役10年の判決を下した。フランスは、自国の対外治安局による犯行を正式に認めたが、賠償および2名の工作員の処遇をめぐってニュージーランドと激しく対立した。オランダ首相の仲介により、両国は、1986年6月19日、事件を国連事務総長の決定にゆだねることに合意した。

〈決定要旨〉　（1）フランスの行為はニュージーランドの主権および国際法に違反した。これについて正式かつ無条件の陳謝をしなければならない。

（2）損害賠償について、両国政府の主張を勘案し、物質的損害と精神的損害を含めた全損害について700万ドルの支払いをフランスに命じた。

（3）服役中の2名の工作員の処遇について、ニュージーランドは、三権分立に関わる憲法原則などを理由に、引渡しを拒否する立場をとるとともに、仮に引渡しがあっても彼らの移管に関わる監視手続が必要であると主張した。これに対して、フランスは、国家としての行為につき責任をすでに認めたので、釈放および引渡しが認められるべきと主張した。また、引渡し後の収監は、同国の国内法の基本原則に反するとした。事務総長は、両国の立場を尊重しかつ調和させる立場から、次のように決定した。第1に、両名は、フランスに引き渡し、その後3年間ヨーロッパ外の孤島のフランス軍施設に移送される。第2に、両国の合意がないかぎり、2名の離島は禁じられる。第3に、以上のことの厳格な実施につきフランスが保障する。

（4）以上の決定を内容とする協定を締結するよう命じるとともに、協定の解釈および適用から生ずるすべての紛争を解決するために仲裁協定の締結を命じる。

〈事件後の展開〉　フランスは、上記決定を内容とする協定に違反し、早々に2名の工作員をフランス本土に帰還させた。これを受けて、仲裁協定に基づく仲裁裁判がなされ、フランスによる協定違反が確認された。

第23章　国際紛争の解決と国際法　259

5　法的紛争と政治的紛争

　いかなる国際紛争も、それを平和的に解決することが義務付けられているが、実際にどのような手段によって最終的な解決を図るかは、紛争の性質や内容、紛争当事国の対応などとも関わって、かなり困難な問題である。これまで一般に、国際紛争を**法的紛争**と政治的紛争（非法的紛争）とに大別し、前者は裁判に付託して解決し、後者は裁判以外の手段で解決されるべきであるという考え方が存在している。

　具体的にどのような基準でもって法的紛争と政治的紛争を区別するのであろうか。学説上、主に 3 つの考えが存在する。第 1 に、紛争の政治的重要性の有無によって区別し、法的紛争とは政治的に重要性のない紛争であるとする。この説は、第一次大戦前の仲裁裁判条約で、**国家の重大利益**、独立、名誉に関する紛争を裁判付託から除外していたことに根拠を置くものである。しかし、法的紛争が政治的に重要でないならばこのような規定を設ける必要がなく、それゆえ、この説は実定法の解釈として成立しない。第 2 に、紛争に関して規定した国際法規の有無をもって区別し、適用すべき法規があるものを法的紛争として捉える。第 3 に、紛争当事国がともに国際法を基礎に争うかどうかを区別の基準とし、国際法を基礎にして争う紛争が法的紛争で、当事国の一方が国際法以外の根拠に基づいて争う紛争が政治的紛争である。

　法的紛争と政治的紛争を区別する考えは、基本的に国際社会における裁判の限定的役割とは表裏の関係をもつ。つまり、国際社会では、国内社会ほど、法の支配は確立されていない。裁判を中心にした法秩序の形成は、なかなか実現しない。他方、国際裁判は、国際紛争解決に一定の役割をもつものとして追求される。その結果、国際裁判は、必要または利用されるという意味で一定の権限をもち機能するものであり、法規範の有効性または実効性を担保する権力的な機関として当然のものとして存在するものではない。この性格は、国際裁判に認められる限定的な管轄権において鮮明に現れる。

【考えてみよう】

①法の支配の視点から見た場合、国際法における紛争解決と国内法における紛争解決はどのような違いをもっているのであろうか。

②国際紛争の平和的解決の原則は、どのような意義をもつものとして理解されるべきであろうか。

③なぜ国際法理論において、国際紛争を政治的紛争と法的紛争に区別する視点が導入されているのであろうか。

【調べてみよう】

①東壽太郎・松田幹夫（編著）『国際社会における法と裁判』国際書院、2014 年。

②玉田大『国際裁判の判決効論――国際裁判の判決効をめぐる実証分析』有斐閣、2012 年。

③王志安「国際秩序における国際裁判の役割――E. H. カーと H. ローターパクトの対話は可能か」大沼保昭（編著）『国際社会における法と力』日本評論社、2008 年。

④祖川武夫『国際法と戦争違法化』信山社出版、2004 年。

⑤山形英郎「伝統的な政治的紛争理論と戦争違法化」山手治之・香西茂（編集代表）『21 世紀国際社会における人権と平和（上）』東信堂、2003 年。

第 23 章　国際紛争の解決と国際法　　261

> ┌───┐
> │　第24章   │
> │   国際安全保障   │
> └───┘

> **Keywords**　自衛権、急迫不正、武力不行使原則、集団的自衛権、集団安全保障、
> 平和維持活動

　国際社会が平和な社会であることが理想だが、現実には、今も世界のどこか
で戦闘が起こり、人類は完全に武力衝突のない国際社会を築くことができてい
ない。国際法は無力であると批判されるのは、武力紛争を止められないことに
ある。では、そもそも国際法はどのように国家のこのような行為を規律しよう
としているのであろうか。これを理解するためには、次の3つの法概念、①
自衛権、②集団的自衛権、③集団安全保障が重要である。

1　自　衛　権

　刑法の正当防衛の考え方を類推すると理解しやすいのが自衛権概念である。
国家として存在するかぎり国家がもつ基本的で本質的な権利が**自衛権**であると
考えられている。国家は他国から侵略行為を受けたときに反撃しなければ、国
家の存在そのものが危うくなるかもしれないので、その反撃を違法行為にしな
いためには何らかの法的根拠が必要である。したがって、国連憲章は、国際紛
争の解決のために武力の威嚇または行使を禁止している（憲章2条4項　武力不
行使原則）が、この例外的措置として、自衛権が憲章第51条に規定されている。
ここで注意が必要なのは、国連憲章における位置付けを考えると、第2条4
項よりはるか後ろに置かれているのが第51条であるということだ。この順番
と国連憲章の精神から考えて、自衛権による行動は、国家が取りうる例外的な
ものとして憲章に規定されたと考えられるであろう。

262

第51条では、個別的自衛権という表現が使われている。これは自衛権のことを指し、次に述べる集団的自衛権が同じく第51条で規定されたため、それとは異なる概念であることを明示するために、「個別的」という用語が付けられた。この自衛権概念を考える上では、2）で述べる国連憲章上の自衛権概念とは別に、慣習国際法上の自衛権概念があることに留意しなければならない。

1）慣習国際法上の自衛権

慣習国際法上の自衛権に関しては、1837年に起こったカロライン号事件が有名である。イギリス領から独立するためにカナダで独立運動が起こり、反乱軍がアメリカ国籍のカロライン号を使って物資や兵士の補給をおこなっていたところ、これに対してイギリス軍が、アメリカ領に停泊していたカロライン号を攻撃したという事件である。

イギリスは、この攻撃は自己保存権ないし自衛権に基づく行為であると主張した。アメリカ国務長官ウェブスターは、自衛権の行使の要件として、危険が差し迫っており（急迫性）、他に代わる手段がないことが必要であり、また、とられた措置が、自衛の限度内におこなわれたものでなければならない（均衡性）と主張した。同事件では、イギリスがアメリカに陳謝したことで解決した。この事件では、イギリスの主張が自衛権と緊急避難のどちらの概念に基づくものなのか不明確であったため、緊急避難の事例として扱うべきであるとする見解もある。

この事件は、自衛権概念が最初に援用された事例である。そして、ウェブスターが、それまで明瞭でなかった自衛権概念を整理し、当時の慣習国際法上の自衛権概念を表現したものと考えられている。今日では自衛権の最広義の定義は「急迫不正な侵害に対して、必要な限度で反撃する権利」であると理解することができるであろう。これを一般国際法上あるいは慣習国際法上の自衛権概念という。

自衛権は自己保存権かという問いがある。どちらも同じ目的、すなわち国家の存続のための法的概念である。しかし、自己保存権という用語には、国家主権を拡張し自国の発展を図る権利であるとの思想が基礎にあると考えられ、これは、かつての植民地獲得を肯定することにもなりかねないので、今日では自

己保存権という用語は使われない。

2) 国連憲章上の自衛権

　上記の**急迫不正**な「侵害」の意味が曖昧であるため、国家は、自衛権を濫用し自己の他国に対する戦闘行為を正当化することが可能となる。歴史上そのようなできごとがしばしば起こった。また、1928年締結の不戦条約によって、戦争が一般的に禁止されると理解されるにいたったが、自衛権に基づく武力行使は、国際法違反とはならないと解釈された。そこで、**武力不行使原則**が基本である国連体制では、自衛権の発動要件をより厳格に規定する必要が生じた。

　すなわち、憲章第51条は、自国に対する「武力攻撃が発生した場合」に限り、諸国は自衛権を行使することができると規定されている。また、自衛権の行使は、安全保障理事会が必要な措置をとるまでの間に限り行使できるのであり、いったん、安保理が何らかの決定をした場合、ただちに自衛権の行使は停止されなければならない。さらに、自衛権の行使により必要な措置をとった国家は、事後的ではあるが、安保理に報告しなければならない。このように、伝統的な自衛権に比べ、憲章上の自衛権は、その行使について幾重にも制限が課せられている。なお、憲章第51条には明らかにされていないが、自衛権の行使に当たっては、均衡性が保たれた必要な限度での反撃でなければならないと理解されている。

　このようにして、国際法学では、国家の暴力的な行為に歯止めをかけるための工夫が講じられてきた。

3) 「武力攻撃が発生した場合」

　この表現には、いくつかの解釈上の問題点が指摘できる。第1に、「武力」とは、経済的ないし政治的な力は入らず、軍事力に限定されるということである。

　第2に、武力攻撃は、テロ組織のような非正規軍による攻撃は含まないという見解が通説的見解であったが、特にアメリカ同時多発テロ事件以降、非正規軍による攻撃も含むと考える説も現れた。

　第3に、自衛権に基づく反撃は、在外自国民や国家の経済権益などに対す

る他国からの攻撃には認められず、国家自体に対する攻撃にのみ自衛権の行使が認められるという学説が有力である。しかし、カンボジアやイランにおいてアメリカなどがとった過去の実行は、そのようになっていない。

第4に、武力攻撃の発生とは、まさに武力攻撃がおこなわれている状態を指すのであり、武力攻撃が予想される状態や、武力攻撃が発生した後、事後的に自衛権を発動することは含まれていないと解釈するのが一般的である。今日では、核兵器の登場によって先制攻撃の必要性が叫ばれるようになったが、そのような先制的自衛は認められない。

ただし、軍事行動が開始され武力攻撃の脅威が迫っていることが明白な場合も武力攻撃の発生の解釈に含めるべきであり、現実に攻撃が発生する蓋然性が高い場合には、一定限度での先制的自衛は許されるとする見解もある。2003年のイラク戦争でアメリカが、このような論理で開戦の合法性を主張した。

4）武力攻撃と武力行使の区別

ニカラグア事件において国際司法裁判所は、武力攻撃とは最も重大な形態の武力行使のことをいうと判示し、自衛権の行使は、武力攻撃の場合に可能であり、そこまでに至らない場合、つまり、より重大でない武力行使に対しては対抗措置がとれるのみと判示した。ただ、被攻撃国の対抗措置には武力によるものを含むことができるかどうかについて、裁判所は判断を示さなかった。

5）慣習国際法上の自衛権と憲章上の自衛権との関係

憲章第51条の登場によって、慣習国際法上の自衛権が憲章に含まれたという考え方がある。これに対して、慣習国際法上の自衛権は、憲章でも明示されている通り「固有の権利」であるから、別個に存在すべきものだとの主張がある。事実、アメリカは、1980年のイラン・イラク戦争において、アメリカ軍艦への攻撃に対して反撃したが、これは、慣習国際法上の自衛権に基づく行為であると主張した。

また、安全保障理事会が適当な措置を決定することができない場合を想定してみよう。すると、このような事態においては、もはや憲章上の自衛権の行使は不能となる。しかし、攻撃されている国家に反撃する権利はないのだろうか。

第24章 国際安全保障　265

このような場合においては、慣習国際法上の自衛権が行使されることが妥当であるとする見解が示されている。

2 集団的自衛権

憲章第51条には、個別的自衛権と並んで**集団的自衛権**が規定されている。歴史上、攻撃された国家を援助するために利害関係国が共同して反撃する行為はおこなわれたはずだが、これを権利として認識し明文化することになったのは、憲章第51条においてはじめてであった。この点は、慣習国際法上で認められてきた自衛権概念とは対照的である。

集団的自衛権の定義は論者によって表現が異なるが、他国によって武力攻撃を受けている国がある場合、自国はその攻撃を受けていないが、攻撃されている国と共同して反撃する権利のことであると、定義することができる。

オイル・プラットフォーム事件では、集団的自衛権の行使に当たっては、被攻撃国が当該攻撃を受けたことを宣言することと、他国に対して援助を求めることが必要であるとされた。

1) 集団的自衛権の法的性質

集団的自衛権の法的性質についても学説はさまざまである。以下に代表的な学説を挙げてみよう。

①個別的自衛権共同行使説　この考え方は、集団的自衛権の行使は、個別的自衛権の行使の要件が具備されることを前提とするものである。つまり、ある国に対する武力攻撃が、自国の権利を現実に侵害することになる場合にのみ集団的自衛権を行使できるとする。すなわち、集団的自衛権は、自国の有する個別的自衛権と共同して行使されなければならないとする見解である。

②死活的利益防衛説ないし自国防衛説　この考え方は、武力攻撃を受けている他国と自国が連帯関係にあるので、他国が攻撃を受ければ自国の安全が害されることになるので、この場合に集団的自衛権を行使することができるとする。つまり、集団的自衛権は、自国の死活的利益を防衛するために行使される権利であるとする見解である。この説では、自国と密接に関係する他国への攻

撃が、客観的に自国への攻撃と同視できるものであって、かつ、攻撃の危険が現実に明白である場合に、集団的自衛権を行使することができるとする限定的な考え方もある。

③他国防衛説ないし正当防衛説　この考え方は、他国に対する武力攻撃によって自国の権利は侵害されていないが、国際の平和と安全の維持のために、他国を援助する場合に集団的自衛権を行使することができるとする。つまり、集団的自衛権は、他国を防衛する権利であるとする見解である。

④地域的防衛説　この考え方は、集団的自衛権は、国連の集団安全保障体制と原理的に矛盾するので、地域的取極が前提になっている集団的防衛の場合にのみ認められるとする。つまり、集団的自衛権は地域的取極と結合してはじめて認められなければならないとする見解である。

2）集団的自衛権創設の背景

以上のように、集団的自衛権は、憲章第51条で法的権利として認識され実定法化されたのであるが、そもそも、なぜこのような権利を規定することが必要であったのだろうか。これを理解するには、憲章の起草過程を振り返らなければならない。

中南米諸国は、第二次大戦後に地域的共同防衛制度を構想して1945年3月にチャプルテペック協定を締結した。一方で、憲章草案であるダンバートン・オークス提案には、地域的な取極や地域的な機関による軍事的行動については、安全保障理事会の許可が必要であると起草されていた。一方、ヤルタ協定によって安保理常任理事国にいわゆる拒否権が付与されることになった。したがって、拒否権が発動されると、中南米の一国が攻撃されても、他国が共同して反撃することが認められなくなる可能性が出てきた。そこで、安保理の許可を必要とせずに軍事行動がとれるように集団的自衛権という概念が編み出されたのである。

3　集団安全保障

集団的自衛権と**集団安全保障**は、どちらも「集団」という語がついているの

で混同されやすいが、異なる概念である。

1) 集団安全保障の基本的思想

　集団的自衛権概念が、勢力均衡論を基礎とした仮想敵国を前提にしている考え方であるのに対して、集団安全保障概念では、対立関係にあるなしに関わりなく1つの国際共同体が前提となる。そして、この国際共同体を構成する1カ国が他国を武力で攻撃した場合、その他の国家が協力して攻撃国に対して集団的に制裁を加えるのである。このことにより、共同体全体の安全保障が確保される体制のことを、集団安全保障体制と呼ぶのである。

　国際社会に登場した最初の普遍的国際組織であった国際連盟に、この集団安全保障体制が導入された。だが、違法な戦争を認定する権限に関する規定がなかったことや、加盟国の経済的制裁の義務は明記されたが軍事的制裁の義務が規定されなかったことなどが原因となって、連盟下での集団安全保障は、実効性のない制度となった。

2) 国際連合の集団安全保障体制

　国際連合では、安全保障理事会が違法状態を認定する権限をもつ。すなわち、憲章は、平和に対する脅威、平和の破壊または侵略行為が存在するか否かの認定をおこなう機関は、安全保障理事会であると定めている（憲章39条）。

　集団的制裁の方法については、2種類が規定されている。非軍事的制裁（41条）と軍事的制裁（42条）である。そして、加盟国は安全保障理事会の決定にしたがわなくてはならない（25条、48条、49条）。ただし、軍事的制裁については、実際の軍事力確保のために、安全保障理事会が各国に軍事力の供与を要請し、この要請を受けた加盟国と国連との間で別個に特別協定が締結されることになっている（43条）。そしてその戦略的指導については、安全保障理事会の常任理事国の軍人で構成される軍事参謀委員会が責任をもつ（47条）。

　このように国連は、国連軍を設置する法的根拠はあるものの、冷戦時代の東西対立や、国連軍の具体的中身についての合意ができなかったので、現在までに正規の国連軍は結成されたことはない。だが、安全保障理事会が加盟国に対して兵力の供与を要請して紛争地域に派遣した例がある。1950年の朝鮮戦争

に際して結成された朝鮮国連軍がそれである。しかし、これは、安全保障理事会の決定ではなく勧告に基づくものであり、国連旗の使用は認められたものの、アメリカ軍の下に司令部が置かれ、国連が軍隊を統制することはできなかったので、正規の国連軍ではないとされている。

　なお、2003年のイラク戦争では、アメリカ軍主体の有志連合が編成された。アメリカは、1990年の安保理決議678および687によって武力行使の合法性が認められたとするが、安保理の決議なしにおこなわれた軍事行動であるとの見方もある。

4　平和維持活動（PKO）

　以上述べた軍事的措置とは異なり、国連が総会や安全保障理事会の決議に基づき加盟国に兵力の提供を要請・派遣して、停戦監視や治安維持のために警察活動などをおこなう場合がある。このような国連の活動を平和維持活動と呼ぶ。国連はこれまで、さまざまな平和維持活動を展開してきた。毎年5月29日を「国連平和維持隊員の日」とすることが2002年の国連総会で決議された。現在、世界各地で11の平和維持活動が実施されている（2024年現在）。

1）平和維持活動とは

　平和維持活動は、憲章上に根拠はなく、国連の慣行として形成されてきたものであるが、今日では、憲章に違反しないものと解釈されている。学説では、憲章第34条（安保理の調査権限）、第39条（勧告）、第40条（暫定措置）、第51条（自衛権）などの憲章条文の根拠を挙げる立場や、安全保障理事会および総会には黙示的権限が付与されており、この権限に基づき平和維持活動が実施されるとする見解もある。一般的に、憲章第6章と第7章の間に位置する性格をもつのが平和維持活動であると捉えられている。

　平和維持活動では、紛争当事国および兵力を提供する加盟国の同意が前提となる。これを同意原則と呼ぶ。また、武器の使用については、平和維持活動をおこなう要員の自衛のために、限定的にしか使用が認められていない。

　平和維持活動の最初の例は、1956年に総会決議によって設置された国連緊

第24章　国際安全保障　　269

急軍である。これはスエズ紛争に対処するためのものであった。さらに、コンゴ動乱に際して 1960 年に派遣されたコンゴ国連軍の例もある。これ以降も、1964 年キプロス国連軍、1973 年第 2 次国連緊急軍、1974 年ゴラン高原監視軍、1978 年レバノン国連暫定軍などがある。いずれも国連軍と名称がついているが、平和維持活動として派遣された軍隊であり、憲章第 7 章に基づいた軍隊ではない。

2）平和維持活動の質的変化

　冷戦後の平和維持活動は、それ以前と比べ多様化し、憲章第 7 章を根拠に強制措置として派遣される平和維持活動が現れ始めた。たとえば、イラク軍がクウェートに侵攻した 1990 年に多国籍軍が編成された。その際、「あらゆる必要な手段」を用いることが安保理で決定された。これは実質的に武力行使を容認した決議であり、アメリカ軍主体の大規模な軍事力が投入された。また、1992 年にボスニア・ヘルツェゴビナへ人道的援助のために軍事的措置が認められた。ソマリアへ派遣された 1993 年の第 2 次国連ソマリア活動でも多国籍軍が結成された。さらに、1994 年にはルワンダへ、1996 年にザイールへもそれぞれボスニアと同様、人道的援助の名目で武力行使が認められた。その後も続き、1999 年のシエラレオネ派遣軍や 1999 年のコンゴ民主共和国派遣軍にも武力行使の権限が与えられた。

　憲章第 7 章に基づく国連軍の結成が事実上困難になっているため、国連は、他の方法によって国際社会の安全を保つために軍事行動を含むさまざまな形態の活動を模索している。平和執行部隊構想もその一例であった。だが、そもそも憲章第 2 条 4 項に規定されている通り、武力をもって国際紛争を解決しないというのが現代国際法の大原則である。したがって、武力行使を伴う平和維持活動と武力不行使原則との理論的整合性が明確になることなく、国連の実行が先行してきた。

　今日の平和維持活動は、再検討の時期に来ているといわれている。事実、国連改革が議論される過程で、平和維持活動についても過去 10 年間を総括的に検討するために、国連平和活動検討パネルと呼ばれる検討部会が、国連事務総長の要請で 2000 年 3 月に設置された。その報告書は、いわゆるブラヒミ報

告書として、2000 年 8 月に提出され、約 60 の勧告が示された。

Case Note：ニカラグア事件
国際司法裁判所、1986 年 6 月 27 日判決

〈事実〉 中米のニカラグアでは独裁政権が続いていたが、1979 年、左翼サンディニスタ民族解放戦線による革命が成功した。その後、同政権と反革命勢力コントラとの内戦が勃発し激化した。1981 年に就任したアメリカのレーガン大統領は、サンディニスタ政権を排除するため、コントラ支援政策を採った。そして、アメリカ CIA が支援して、コントラがニカラグアの港に機雷を敷設し空港や石油施設を攻撃した。ニカラグア政府は、1984 年 3 月、アメリカの行為を「侵略行為」として安保理に提訴したが、アメリカが拒否権を行使したので、同年 4 月 9 日、国際司法裁判所（ICJ）に提訴した。アメリカは、ICJ のいかなる決定にも権利を留保すると通告し、訴訟手続に参加しなかった。

〈判決要旨〉 アメリカのおこなったコントラに対する援助は国内問題不干渉の義務に違反する。またアメリカは、ニカラグア領土に対する攻撃と武力行使を伴う干渉行為をおこなったので武力不行使の義務に違反した、またアメリカ軍用機が同領土の上空を飛行し、その衝撃波と轟音がニカラグア政府と国民に心理的圧力を加えたので、アメリカはニカラグアの国家主権を侵害してはならない義務に違反した。よって、アメリカには、それらの違反行為を中止する義務と損害賠償義務がある。

　以上のように ICJ は結論したが、アメリカは判決を無視し武装勢力の支援を続けた。そこで、ニカラグア政府は 1986 年 7 月と 10 月に安保理に提訴したが、アメリカは拒否権を行使した。同年 11 月に国連総会は、判決への「完全、かつ即時の遵守」を要求する決議案を採択した。

【考えてみよう】
①自衛権は国家の固有の権利であるとされるが、集団的自衛権は固有の権利であるといえるだろうか。
②集団安全保障概念は、自衛権や集団的自衛権を否定する考え方だろうか。
③伝統的な平和維持活動と冷戦後の平和維持活動とでは、どのような質的変化があるだろうか。

【調べてみよう】
①森肇志『自衛権の基層――国連憲章に至る歴史的展開』東京大学出版会、2009

第 24 章　国際安全保障　　271

年。

②浅田正彦「国際司法裁判所と自衛権」浅田正彦・加藤信行・酒井啓亘（編）『国際裁判と現代国際法の展開』三省堂、2014 年。

③高田映「第 14 章　武力行使の規制」『現代国際法講義』第 5 版、有斐閣、2015 年。

④岩沢雄司『国際法』第 2 版、東京大学出版会、2023 年。

⑤森肇志「武力不行使原則と集団的自衛権　ニカラグア事件（本案）」『国際法判例百選』第 3 版、有斐閣、2021 年。

⑥東泰介「ニカラグア事件」薬師寺公夫・坂元茂樹・浅田正彦・酒井啓亘（編集代表）『判例国際法』第 3 版、東信堂、2019 年。

⑦酒井啓亘「船舶への攻撃と個別的自衛権　オイル・プラットフォーム事件」『国際法判例百選』第 3 版、有斐閣、2021 年。

⑧香西茂・浅田正彦「オイル・プラットフォーム事件」薬師寺公夫・坂元茂樹・浅田正彦・酒井啓亘（編集代表）『判例国際法』第 3 版、東信堂、2019 年。

⑨ INTERNATIONAL COURT OF JUSTICE,「REPORTS OF JUDGMENTS. ADVISORY OPINIONS AND ORDERS, CASE CONCERNING MILITARY AND PARAMILITARY ACTIVITIES IN AND AGAINST NICARAGUA (NICA-RAGUA v. UNITED STATES OF AMERICA) MERITS, JUDGMENT OF 27 JUNE 1986」(https://www.icj-cij.org/sites/default/files/case-related/70/070-19860627-JUD-01-00-EN.pdf)（2025/2/5）。

第25章

戦争と法

> **Keywords** 無差別戦争観、*jus ad bellum*、*jus in bello*、人道的精神、軍事的必要性、ウクライナ戦争

1　戦争とその法的規制

　戦争や武力行使は、長い歴史をもち、近代国際社会の誕生後も絶えることなく繰り返される。国際法の誕生とともに、戦争や武力行使を法の規制下に置くことは、重要なテーマとして追求されてきた。国際法上、戦争と武力行使は、国家と国家の間、政府と反乱団体の間に展開される武力紛争を指す。前者を国際的武力紛争と称し、後者を非国際的武力紛争と称する。

　国際法の発展に伴って、戦争の位置づけも大きく変化している。伝統的国際法において、戦争は国際紛争を解決するための法に規律されていない手段であり、国家は自らの政治的目的を追求するため、合法的に戦争に訴えることが可能であった。19世紀末から、国際紛争の平和的解決の義務の確立を通して、戦争に訴える自由が一定の制約を受けることとなった。特に、第一次大戦後、国際連盟の下に戦争を違法な行為として取り扱う傾向が強く現れた。連盟規約の前文では、「締約国は、国際協力を促進し、かつ各国間の平和と安寧を達成せしめるために、戦争に訴えない義務を受諾」することが定められていた。同時に、連盟規約の下で国際紛争の平和的解決を進めるために、常設的国際司法裁判所が設けられ、他の平和的解決の手段も整備されていた。一定の条件の下で戦争の遂行が法的に禁じられることとなった。

　1928年の不戦条約は、戦争を国家政策の道具として放棄することを宣言し、紛争の平和的解決の義務を確認した。この条約は、実行上必ずしも厳格に遵守

されたわけではないが、戦争の法的規制にとって重要な意義をもつものであった。戦後の国際軍事裁判においても、違法な戦争に関連してその実定法としての意義が強調された。

第二次大戦後、国連憲章を通して、戦争、武力の行使および威嚇は、法的に禁じられるようになっている。すべての加盟国は、国際関係において、武力による威嚇または武力の行使を慎まなければならない（憲章2条4項）。戦争に対する法上の禁止、あるいは戦争の違法化は国連の実行において繰り返し確認されてきている。

他方、武力行使や戦争の違法性を明確に認定することは容易ではない。たとえば、ウクライナ戦争は、国連憲章に照らして、ロシアによる侵略行為であると認定することは妥当であるが、国連安保理や国際司法裁判で、侵略の存在を公式に認定できるようなプロセスが法的に確立されているとはいえない。

2 戦争法の存在形式と基本精神

戦争を法的に禁止することと違って、戦争法と呼ばれる国際法の一分野は、戦争行為の存在を前提とし、戦争そのものの禁止を主眼に発達してきたものではない。むしろ、交戦国間の関係、交戦国と中立国や他の非交戦国との関係を念頭に、交戦行為を規律し、文民、戦闘員および戦争の犠牲者を保護するための原則、規則および制度を指すものである。実際、戦争法は、戦争が国際法上禁止されていなかった時代から発展してきた。戦争が法的に禁じられている今日でも、その適用性は依然認められる。

理論上、戦争の法的禁止あるいは戦争開始の合法性を規律する法規範を *jus ad bellum*（ユス・アド・ベルム）と呼び、戦争が展開された場合、その過程の戦闘行為に関する法的規制を *jus in bello*（ユス・イン・ベロ）と呼ぶことが多い。一般に戦争法は、後者の場合に使われる。特に19世紀の半ば、いわゆる**無差別戦争観**が次第に主流となり、戦争に訴える権利に関わる *jus ad bellum* の問題は法的規制の枠外に置かれ、戦争中の敵対行為の調整あるいは交戦国間または交戦国と中立国の法的関係を念頭においた戦争法 *jus in bello* を整備することに関心が集まっていた。そうした法規則は、一部の慣習法規則

274

もあるが、主に条約の形で存在する。

　今日にいたるまで、戦争法は数多くの条約によって明確化されている。その中でとりわけ重要なものとしては、まず、1899 年ハーグ平和会議で採択された 11 の条約が挙げられる。たとえば、「陸戦の法規慣例に関する条約」とその附属規則（ハーグ規則）、「ジュネーブ条約の原則を開戦に適用する条約」、「毒ガス禁止宣言」などがある。また、第一次大戦後から第二次大戦までの戦間期では、1929 年「戦争における軍隊中の傷者および病者の状況改善に関するジュネーブ条約」および「捕虜の状況改善に関するジュネーブ条約」が締結され、多くの国の批准・参加を得た。さらに、第二次大戦後、1946 年から赤十字国際委員会の下での準備作業をへて、1949 年に戦争犠牲者保護に関わる国際条約作成のための外交会議（ジュネーブ外交会議）が開催され、ジュネーブ 4 条約が採択された。「戦地にある軍隊の傷者および病者の状況の改善に関する条約」（第 1 条約）、「海上にある軍隊の傷者および病者の状況の改善に関する条約」（第 2 条約）、「捕虜の待遇に関する条約」（第 3 条約）、「戦時における文民の保護に関する条約」（第 4 条約）である。そして、大戦後の植民地や従属地域の解放闘争の経験を踏まえ、戦争法は新たな展開を成し遂げた。1974 年から 1977 年にかけて、4 会期にわたる「国際人道法の再確認と発展のための外交会議」が開催され、1977 年に 2 つの追加議定書が採択された。つまり、「国際武力紛争における犠牲者の保護に関する 1949 年ジュネーブ条約に対する追加議定書」（第 1 議定書）および「非国際武力紛争の犠牲者の保護に関する 1949 年ジュネーブ条約に対する追加議定書」（第 2 議定書）である。

　戦争法は、まさに巨大な暴力的対決を現実の存在として捉える前提に立ち、人道、道徳、慈悲、良心、善といった要素を取り入れ、不可避の野蛮をできるだけ文明化していこうという人類の理性および期待から生まれたものである。理論上、1970 年代から戦争法の名称に取って代わって、国際人道法の名称を用いる考え方が次第に台頭した。これは、戦争法の発展における人道的理念の役割を十分吟味したものである。ただ、戦争法規則の成立の背景には、人道的理念と並んで、軍事的必要性や中立国利益といった基本原理も重要な役割を果たした。これらの原理は次のようにまとめることができるであろう。

　第 1 に、**人道的精神**である。人道は、善、良心、慈悲として表れる人間の

第 25 章　戦争と法　275

本能、あるいは残酷さを嫌う人の感情であると同時に、近代社会に定着している大切な価値観念である。戦争の残酷さを軽減させる法規則の確立には、人道的精神の浸透が密接に関連する。害敵手段の制約や文民の保護、不必要以上の苦痛または被害をもたらす戦闘行為・武器・手法の制限などにおいて、人道的精神がはっきりとした形で具現されているマルテンス条項（「陸戦の法規に関する条約」前文）が好例である。

　第2に、**軍事的必要性**の原則である。戦闘員に対する殺傷は、国内法上も国際法上もいかなる法的責任をも問われない。軍事目的に対する爆撃や破壊は、賠償責任などもまったく生じない。また、戦時中、敵国民に対する人身自由の制約や財産の徴用は合法とされる。こうした法的設定は、どのように理解されるべきか。これらは、すべて軍事的必要性の原則に関わる。戦争は、武力によって相手国を屈服させ、自らの意思を強制するための政治的戦いである。相手国に軍事的打撃を集中的に加えることは、そうした目的を効果的に達成できる。そのため、戦争という暴力を文明化させるための法規範形成における軍事的必要性を認めることをせずに、戦争法の存立基盤を見出すことは不可能である。

　第3に、中立国の利益への配慮である。戦争の影響は交戦国に限定されず、交戦国と通商関係をもつ他の国にも及ぶ。軍事的必要性から、敵国への戦力の増強につながる軍需物資の提供を阻止しなければならない。中立国の商船も例外とは認められない。しかし、戦時において中立国に過大な損害を強いることとなると、中立国を戦争に巻き込む結果を招く。そのため、中立国の利益に対して一定の配慮をしなければならない。戦争に関わる中立法規則は、まさにそうした交戦国の軍事的必要性と中立国の利益への配慮とのバランスの上に成り立つ。

3　戦争の法的規制

1）戦争の開始と終結

　戦争は、当事国の一方または双方の開戦宣言により開始となることもあれば、一方による武力の行使によって開始されることもある。伝統的国際法において

は、戦争の開始が 1 つの要式の手続事項として取り扱われていた。たとえば、1907 年ハーグ「開戦に関する条約」の第 1 条では、「締約国は、理由を付した開戦宣言の形式または条件付開戦宣言を含む最終通牒の形式を有する明瞭かつ事前の通告なくして、その相互間に、戦争を開始すべからざることを承認する」。ただ、実行上、武力行使による戦争の開始の例は多く見られる。

　戦争の開始は、一定の法的効果を伴う。交戦国間の外交関係や領事関係の断絶、条約の破棄や実施の停止といった条約関係の変化、そして交戦国国民およびその財産への影響が挙げられる。実際、戦時において敵国民の財産権に対する制約は交戦国の権限として許容されていた。

　他方、戦争の終結は、平和条約の締結と敵対行動の停止によってなされる。戦争の期間や重大さも関連しているが、かつては平和条約による終結が多く見られた。第二次大戦後、実際の敵対行動の停止による終結の事例が増えた。

2) 害敵手段や方法の制限

　害敵手段および方法を制限し、戦争の残酷さを軽減させることは人道的精神の求めるところであり、戦争法規において明確に反映されている。1907 年の「陸戦の法規慣例に関する条約」第 22 条は、「交戦者は、害敵手段の選択に付き、無制限の権利を有するものではない」と定めた。戦争法規において禁止とされる害敵手段や方法は、主に以下のようなものがある。

　第 1 に、残酷な武器使用の禁止である。戦闘員に交戦能力を喪失させる以上の極度の苦痛をもたらすような武器弾丸の使用は禁じられる。そうした考えは、多くの条約や宣言に反映された。1899 年の「毒ガス禁止宣言」やダムダム弾禁止宣言がその例である。1980 年に「過度に傷害を与えまたは無差別に効果を及ぼすことがあると認められる通常兵器の使用の禁止または制限に関する条約」が締結されたことに関連して、検出不可能な破片を利用する兵器、地雷・ブービートラップおよびその他の類似の措置、焼夷兵器、失明をもたらすレーザー兵器などの使用または禁止に関する議定書が採択された。1997 年の「対人地雷禁止条約」もそうした考えを取り入れたものである。2008 年、クラスター弾に関する条約が採択され、散布または放出される爆発性子弾の無差別性・広域の効果や不発弾による民間人の被害などを念頭に、クラスターの開

第 25 章　戦争と法　　277

発、貯蔵、使用を禁止した。また、化学兵器の使用や核兵器の使用は人道的理念に著しく反し、極度に残酷な殺傷力があるとして、慣習法上禁じられているとも理解される。実際、広島・長崎に対する原子爆弾使用の合法性を問う日本の国内裁判（原爆判決　東京地裁　昭和38年）では、その極度の残酷性から原子爆弾の使用は国際法に違反するとされた。また、国際司法裁判所は、核兵器使用の合法性に関する勧告的意見において、そうした人道的理念の側面からその使用の一般的違法性を確認している（**Case Note** 参照）。

Case Note：核兵器使用の合法性事件
ICJ、勧告的意見（国連総会の要請）、1996年7月8日
ICJ Report 1996, 226

〈事実〉　1994年12月、国連総会は、決議49/75で「いかなる事情のもとにおいても、核兵器の威嚇または使用は、国際法上許されるか」について、ICJに勧告的意見を求めた。なお、その前に、世界保健機関（WHO）も同質の問題についてICJに勧告的意見を求めた。1996年7月8日、ICJはWHOの請求について、WHOの活動範囲内の問題ではないとしてそれを11対3で却下したが、国連総会の要請には答えた。

〈意見要旨〉　裁判所は、この問題を規律するために最も直接関連する適用法は国連憲章に具現された武力行使に関する法、および敵対行為を規制する武力紛争に適用される法であるとした。そうした適用法を本件に適用するにあたり、核兵器の特性を考慮しなければならない。その特徴は、核兵器として潜在的に破滅的なものであり、その破壊力は空間的にも時間的にも限定されえず、すべての文明と地球の全生態系を破壊する潜在力を有する。

　憲章第2条4項の武力使用の禁止規定は特定兵器に言及しておらず、使用される兵器のいかんを問わずすべての武力行使に適用される。第51条の自衛権には、必要性と均衡性の条件という慣習国際法が適用される。

　武力紛争に適用される法に関して、裁判所はまず、核兵器の使用それ自体を規制する条約法は、既存の条約から見出せないと判断した。そして、核兵器の使用を違法とみるような国際社会の法的信念を見出すこともできないとした。

　そして、国際人道法および中立法の原則、規則が核兵器の使用または威嚇に適用される可能性について、裁判所は、人道法諸文書に含まれた基本的原則として、戦闘員に不必要な苦痛を与えることに関する禁止の原則が存在するとした。この原則の適用において、国家はその使用する兵器について手段選択の無制限な自由を有するものではない。人道法の基本原則は、国際慣習法の侵すことのできない原則を構成する。慣習法である人道法の部分は、1949年ジュネーブ諸条約な

どに具現された武力紛争に適用される法である。広範な多数の国および学者の見解では、人道法の核兵器への適用可能性についての疑問はありえない。

　以上の理由により、裁判所は総会の諮問に次のように答える。

　A　核兵器使用の特定の許可は、慣習国際法上も条約国際法上も存在しない（全員一致）。

　B　核兵器自体の威嚇または使用の包括的または普遍的禁止は、慣習国際法上も条約国際法上も存在しない（11対3）。

　E　核兵器の威嚇または使用は、武力紛争に適用される国際法の諸規則、とくに人道法の原則および規則に一般的には違反するだろう。しかしながら、国際法の現状および裁判所に利用可能な事実の要素を勘案して、裁判所は、核兵器の威嚇または使用が国家の存亡そのもののかかった自衛の極端な事情の下で、合法であるか違法であるかをはっきりと結論しえない（7対7、裁判所長の決定投票による）。

　第2に、無差別の戦争手段の禁止である。つまり、文民と戦闘員、非軍事物と軍事目標、そして武力行使の許容される場所と許容されない場所を区別せずに、戦争または武力行使を展開することは法的に禁じられている。ある意味で、戦争法は、そうした概念の厳格な区別の上に成り立つものである。

　戦闘員と文民の区別は、一般住民に対する保護において重要である。特に、戦闘員の地位は、捕虜資格、軍隊の傷病者の地位など、戦争法の保護を受けるための前提条件である。実際戦闘に加わり、戦争法の保護を受けないものとも厳格に区別される。たとえば、傭兵は軍人として戦闘に加わるが、武力行使の拡大や外国勢力の影響を抑える考えから、捕虜の地位を与えられていない。

　また、交戦者は害敵手段の選択につき無制限の権利を有するものではない。この基本原則は、攻撃対象の選択に適用される。交戦員と一般住民を区別するだけでなく、軍事目標と非軍事目標を区別することも重要である。さらに、非軍事目標を攻撃から外さなければならない。たとえば、陸戦に関連してハーグ規則は、防守地域と無防守地域の区別を前提に、防守都市に対しては砲撃の際、原則として軍事と非軍事目標の区別なく攻撃しうるとしたが、無防守都市に対する攻撃や砲撃は、軍事目標を除き禁じられるとした。実行において、この原則の適用はしばしば対立の焦点となる。湾岸戦争、コソボ空爆、イラク戦争においても、違法性の主張は絶えない。

第25章　戦争と法　279

第3に、環境に変更をもたらす戦争手段の禁止である。軍事技術の発展により、大規模な自然破壊を伴う戦闘手段の展開が可能となる。地震を引き起こしたり、ダムを破壊したり、特定地域の生態を変更させたりすることが考えられる。こうした手段の行使は、大きな恐怖心を引き起こすだけでなく、人類の生存環境にも大きな被害を与える。そのため、それに対する法的規制は新たな課題となる。1977年ジュネーブ第1議定書第35条3項は、「自然環境に対して広範、長期的かつ深刻な損害を与えることを目的とする又は与えることが予測される戦闘の方法及び手段を用いることは、禁止する」と定める。

第4に、背信行為の禁止である。戦争が奇計と詭計を伴って展開されることには何の驚きもない。戦争は常に総力戦である。奇計は、偽装などにより敵の行動を減少または麻痺させ、軍事利益の達成を目指すものである。これは、戦争法においても禁じられていない。他方、知恵比べにおいても一定の倫理と法の規制が要求される。法の保護を受ける権利を有するかまたはその保護を与える義務を負うと敵に信じ込ませ、敵の信頼を誘いながら、それを裏切るような戦闘行為は奇計とはされず、背信行為として認識され、法的に禁じられる。たとえば、軍使と見せかけて交渉の意図を装うことまたは降伏を装うこと、文民または非戦闘員の地位を有すると装うことなどである。

3) 文民と戦争犠牲者の保護

戦争の最大の犠牲者は、文民である。戦争による死亡者のうち、戦闘員の死亡人数と文民の死亡人数の比例は、拡大傾向にある。文民の保護は、国際武力紛争においてだけではなく、非国際武力紛争においても確実に実施されなければならない。ここでいう文民の保護は、主に戦時占領下に置かれる文民をどのように処遇するかを課題とするものである。生命、最低限度の生活、財産権、信仰などの保護は、戦時または占領下ではなかなか容易に実施されない。実際、交戦地域または占領下の文民の被害の歴史が多く語られてきている。1949年「戦時における文民の保護に関する条約」や1977年の追加議定書は、占領下における社会の秩序、文民利益の保護を最優先課題として定めている。

そして、交戦者たる戦争の犠牲者の保護に関しては、主に捕虜と傷病者の保護が課題となる。捕虜の待遇の改善は、戦闘行為の展開における文明化の指標

である。捕虜の抑留国の責任や捕虜保護の一般内容の明確化は、捕虜の保護に関する法規範の展開方向である。捕虜に対する人道的処遇が要求されている。また、交戦者たる傷病者について、収容と看護が法的に求められる。それに伴って、傷病者の看護や医療にあたる衛生要員は、戦争法上特別な保護・尊重を享有する。

4　ウクライナ戦争と国際法

1）武力行使禁止原則と集団安全保障

　2022 年 2 月 24 日、ロシア政府はウクライナに対して「特別軍事作戦」を命じ、ロシア軍はウクライナの領域に侵攻した。それにより、**ウクライナ戦争**が勃発し、すでに 3 年以上続いてきた。NATO の東方拡大からロシアを守るため、あるいはウクライナ政府による弾圧とされるものからロシア民族を守るためなど、プーチン大統領がウクライナ侵攻を正当化するため、いくつかの理由を出した。しかし、これらの正当化の理由は、いずれも国際法上、武力行使禁止原則の自衛の例外に含まれるとは考えられない。ウクライナ東部のドンバス地方にある、ロシアが独立を承認した 2 つの共和国を支援するというプーチンの主張も、武力行使の正当化にはそれほど法的意義をもたない。その意味で、ロシアのウクライナ攻撃は、第二次大戦後の国際秩序の基本原則である武力行使の禁止に違反している。これは、国際社会の多くの国が認定していることでもある。

　国連憲章上、武力行使原則の違反について、集団安全保障の体制をもって対応することが予定されている。しかし、ウクライナ戦争に関して、この制度は明らかに機能せず、むしろ崩壊の危機にさらされている。

　この戦争に関しては、2022 年 3 月 2 日に開催された国連総会の緊急会合で、ロシアによるウクライナへの軍事攻撃を非難し、ロシアに軍事行動の停止とウクライナからの兵士の撤退を求める決議案を可決した。投票権を持つ 193 カ国のうち、141 カ国が決議案を支持した。しかし、ロシアはこれを拒否し、侵攻を続けた。世界の指導者たち、国連事務総長、アメリカをはじめ、多くの国の国家元首がロシアを非難し、侵略をやめるよう求めた。しかし、それでも

第 25 章　戦争と法　281

プーチンの侵攻は止まらなかった。

　他方、安保理においては、ロシアが常任理事国の1つで、拒否権を有するため、ロシアの武力行使の性格についての判断を公式に示すことができなかった。国連の集団安全保障を展開し、ロシアによる武力行使の違法性または侵略を認定することができず、それを食い止める強制的措置も当然取ることができなかった。安保理は、多くの会合を開いたのであるが、武力紛争に関して各理事国の立場を表明することにとどまった。

　そして、国際司法裁判所（ICJ）も利用された。ロシアの侵攻からちょうど3日後、ウクライナの代表はICJに提訴した。訴訟では2つの問題が提起されている。1つ目は、ロシアがウクライナに対して行ったジェノサイドの違反。そして2つ目は、ドネツクとルハンスクでジェノサイド行為があったとするロシアの誤った主張があり、これがロシアの軍事作戦実施の主たる原因であるということである。2022年3月7日に開かれた裁判では、ウクライナ側は来て意見を述べたが、ロシア側は裁判に出席していなかったので、ロシア側から提出された具体的な情報もなかった。ロシアが裁判に欠席したことで、ICJは暫定的な決定を出すことにとどまった。

2）国際人道法の適用

　ロシアによるウクライナへの侵略は、ウクライナの武装解除と「非武装化」、および同国東部地域のロシア語を話す少数民族の保護を目的としているとされる。一部の西側諸国の支援を受けたウクライナは強い抵抗を見せ、流血の対立と人道上の悪夢を引き起こした。当事国は、民間人や民間財産に対する直接的かつ無差別な攻撃、大量殺戮、略式処刑、性的暴力、禁止兵器の使用など、国際人道法に対する重大な違反を犯していると伝えられている。

　特にロシア軍は、ウクライナの多くの都市で、さまざまな種類のミサイルやイランの無人偵察機を使って、民間人への直接攻撃や、民間インフラや非軍事目標への無差別攻撃を行ったと報告されている。また、これに対抗し、2024年8月からは、ウクライナもロシア領域に侵攻し、そうした問題も生じるようになった。

　武力紛争の遂行に関する国際人道法、特に区別、比例、予防の基本原則に対

するさまざまな違反がみられる。不法な殺害や紛争に関連したさまざまな性的暴力、強制失踪、恣意的な逮捕、拘束、拷問に関する事案が多く告発されている。

　国際人道法上、戦闘に参加しない者、および敵対行為に直接参加しない者は尊重される権利があり、いかなる状況においても保護され、人道的に扱われなければならない。その基本原則は、すべての紛争当事者が実施しなければならない。適用される法的文書は1949年の4つのジュネーブ条約と1977年の追加議定書である。しかも、締約国は、誰がなぜ紛争を起こしたかにかかわらず、国際人道法の規則を遵守しなければならない。

　ロシアとウクライナは共にジュネーブ諸条約の締約国であり、自分たちが自発的に加入した条約の精神、条項、本質を尊重することが期待されている。

　国際人道法の規則は、武力紛争の犠牲者の保護に対処するもので、敵の手に落ちた者、中でも戦地および海上の軍隊の傷病兵（第1条約および第2条約）、捕虜（第3条約）、敵の手にある文民（第4条約）を保護するものである。被保護者とは、「ある瞬間、いかなる方法であれ、紛争または占領の場合に、その国籍を有しない紛争当事国または占領国の手中にあることを発見した者」である（第4条約4条）。敵軍の支配下にある文民は、性別、人種、国籍、宗教、政治的意見、その他これらに準ずる基準によって不利な差別を受けることなく、尊重され、保護され、人道的に扱われなければならない（第4条約27条）戦闘に参加していない者は、戦争の影響から一定の保障と保護を受けることができる。

　そのほか、ハーグ法は、「交戦当事者が敵を傷つける手段を採用する権利は無制限ではない」（ハーグ規則22条）。武力紛争における対人地雷、クラスター弾、化学・生物・核兵器など特定の兵器の使用を禁止または制限している。また、背信行為、略奪、飢餓、四分の一の拒否など、いくつかの戦争方法も禁止している。ハーグ法は、戦争行為に参加することを許可された者を定義し、軍事目的という複雑な問題と、戦争の危険に対する民間人の保護に関する原則に対処し、武力紛争時における文化財の保護についても規定している。

3）ウクライナ戦争と国際法の制度と規範の新たな展開

　ロシアのウクライナ攻撃は、第二次大戦後の国際秩序の基本原則である武力

行使の禁止に対する重大な違反を構成するものである。しかも、国際法上、これに対応するための制度も有効に機能していない。こうした憂慮すべき事態を前にして、多くの人々はウクライナでの戦争が国際法と国際関係の将来に何をもたらすかについて悲観的な見方をしている。ただ、同時に、関連する国際制度の問題も明らかとなり、武力行使禁止原則に対応する新たな国際制度を探究する動きも活発となっている。これに関連していくつかの問題点が明らかになった。

　まず、国連憲章に見られない国際制裁の展開である。ロシアの攻撃は国連憲章に明確に違反しているため、米国などが科した制裁は法的に許される対応であるとする意見が多くみられる。また、安保理がウクライナ紛争の拡大を防ぐことができなかったにもかかわらず、武力行使を規定する国際法の正当な解釈をめぐって、より包括的な関与が新たになされる契機となるかもしれない。

　次に、武力禁止原則の新たな捉え方である。たしかに、ウクライナ戦争に対する国際的な対応は、国際法や規範の重要性に対する期待を裏切るものだった。ロシアの侵攻は、国際関係における武力行使を禁止する国際連合憲章第２条４項が、大小さまざまな違反行為を繰り返し、すでに大きな圧力に直面していた時期に起こった。他方、ウクライナでの戦争は、第２条４項の重要性をあらためて示しただけではない。西側諸国の対応からみれば、それはまた、長らく時代遅れと批判されてきたNATOのような国際同盟やパートナーシップが、国際規範の執行と国際安全保障の維持において重要な役割を担っていることを証明した。世界の大国が内向きになり、国際協調から後退してきた数年後、特定の価値観を基礎にした多数国間主義が再び台頭するようになってきたのである。武力対抗が進行し、残虐行為の証拠が増えるにつれて、米国と欧州連合は、世界経済への潜在的なコストにもかかわらず、ロシアのエネルギー部門を標的にし始めた。経済制裁キャンペーンは猛烈なスピードで進み、米国、欧州連合（EU）、世界貿易機関（WTO）、そして北米からアジアまでのその他の大国を巻き込んだ。

　さらに、主流的世論における違法な武力行使の認定が諸国家の行動様式に大きな影響を与えた。実際、経済的圧力の強化に加え、NATOの同盟国はウクライナに援助、武器、情報を提供し、ロシアの侵攻計画を複雑化させる上でき

わめて重要であることを証明した。スウェーデンやフィンランドといった欧州諸国は、数年ぶりに NATO への加盟に関心を示し、エネルギーと目的を切実に必要としている同盟を活性化させている。新規加盟国に障害を課すことで悪名高い EU は、ウクライナの受け入れプロセスを加速させると宣言した。

最後に、ウクライナ戦争で、国際法改革の新たなアジェンダも浮上している。その内容は、武力紛争法の基本原則、難民法と政策、サイバー戦争の管理、現代の情報エコシステムにおける民間プラットフォームの役割、国家運営の手段としての経済制裁の再検討など多岐にわたる。

このように、この戦争に対する国際的な対応には、国際法のさまざまな分野にまたがる一連の重要な行動が含まれる。それはまた、長年の懸案であった改革や、新たな法分野の将来的発展のためのアイデアを生み出し、その道筋を照らし出した。

【考えてみよう】
①法による戦争の制限・禁止はどのような意味をもつものであろうか。
②戦争法の発達における人道的視点の意義をどのように捉えるべきであろうか。
③国際犯罪についての個人の責任はどのように追及されるのであろうか。

【調べてみよう】
①浅田正彦・玉田大（編著）『ウクライナ戦争をめぐる国際法と国際政治経済』東信堂 2023 年。
②東澤靖「国際人道法──どのような学びを提供するか」『明治学院大学法学研究』109 号、2020 年、pp. 57-86。
③田村恵理子「人道法と人権法の調和的解釈の新たな可能性」『国際法外交雑誌』116 巻 4 号、2018 年、pp. 509-536。
④掛江朋子『武力不行使原則の射程──人道目的の武力行使の観点から』国際書院、2012 年。
⑤村瀬信也・真山全（編）『武力紛争の国際法』東信堂、2004 年。

第 26 章

国際刑事裁判

Keywords ローマ規程、国際刑事裁判所、ジェノサイド、人道に対する罪、戦争犯罪、侵略の罪、平和に対する罪、補完性原則

　国際社会において常設の国際刑事裁判所（ICC）が設置されるまで、時限的な国際刑事法廷がいくつか存在した。それらの中には、すでに終了しているものもあれば、まだ一部で機能している裁判所もある。たとえば、旧ユーゴスラビア国際刑事裁判所およびルワンダ国際刑事裁判所は、2010 年に国際刑事裁判所機構（MICT）に受け継がれた。シエラレオネ特別裁判所は 2013 年閉鎖後もシエラレオネ残余特別裁判所が、その法的義務を継続している。カンボジア法廷特別法廷は 2023 年に裁判を終了した後、3 年間の残存機能を開始した。以下では、常設の国際刑事裁判所が設置されるまで、国際社会において国際刑事裁判はどのような経緯をたどったのか、その歴史を振り返ってみよう。

1　国際刑事裁判の歴史

1）ニュルンベルク裁判

　1945 年 8 月 8 日、連合国の首脳がニュルンベルク憲章に調印し、ナチス・ドイツがおこなった大虐殺行為の責任を裁く法廷が設置された。

　ニュルンベルク裁判に対してはいくつかの批判が提起された。第 1 に、勝者による裁判であるというものだ。裁判は米国人、英国人、フランス人、ロシア人の裁判官だけで構成されており、公平が保たれたのかという批判である。次に、ナチスの指導者たちを起訴した国々も、戦争において残虐行為をおこなったではないかという批判である。

286

このようにニュルンベルク裁判には欠点があったが、一方で貴重な原則を生み出した。つまり、戦争犯罪、人道に対する罪、侵略の罪を犯した個人が刑事責任を問われることになったことである。国家元首であっても、個人の刑事責任から免れることはできないという原則（公的資格は関係がないという原則）、上官から命令されたという理由で国際犯罪から逃れることはできないという原則（上官命令があったという抗弁を否定する原則）が提起されたことは画期的な出来事であった。

2）東京裁判（極東国際軍事法廷）

東京裁判では、太平洋戦争を率いた軍人と文民が裁かれた。1946年5月3日から約2年6カ月続いた裁判では、合計28名が、平和に対する罪、戦争犯罪、人道に対する罪で裁かれた。

ニュルンベルク裁判と同様、東京裁判についても批判的見解がある。たとえば、勝者の裁判に公平性はないとの批判である。また、証拠や証人の扱い方に問題があるとか、法の遡及効が認められたことについても、さまざまな批判的な見解がある。また、連合国側の戦争犯罪については問われなかったこと、スウェーデンやスペインなど第二次大戦で中立的立場をとった国の裁判官がいなかったことについても議論がある。またこの裁判では、慣習国際法と考えられていなかった部下の行為に対する上官の不作為責任が問われた。

2　特別国際刑事裁判所

ニュルンベルク裁判および東京裁判から常設の国際刑事裁判所が設立されるまで、さまざまな非人道的出来事が起きた。ソ連のスターリンによる粛清、ウガンダのアミンによる自国民の大虐殺、イラクのフセイン大統領によるクルド人大虐殺などは、国際的な刑事裁判所で裁かれることはなかった。しかし、ユーゴスラビア、ルワンダ、カンボジア、シエラレオネにおける大虐殺は、常設の国際刑事裁判所を設立すべき思想が生まれる契機となった。

第26章　国際刑事裁判　287

1）旧ユーゴスラビア国際刑事裁判所

ソ連邦の解体によって冷戦が終わり、ユーゴスラビア社会主義連邦共和国を構成していた6つの国家が独立する過程で、複雑に対立する民族間で内戦が始まり、民族浄化と呼ばれる集団殺害が起きた。

この裁判は1993年から2017年の長期にわたって続いた裁判で、安保理決議827に基づき開始された。161人が訴追され、約4650人の証人が召喚された。有罪90人、無罪19人であった。この裁判所が2017年に閉廷式を終えた後、2名の被告人の上訴審が、国際刑事裁判所機構（MICT）によって引き継がれている。

2）ルワンダ国際刑事裁判所

この裁判所は、ルワンダ国内で起こった大量殺戮事件を裁くために、安保理決議955によって設置された裁判所である。ビクトリア湖を挟んでルワンダの東に位置するタンザニアのアルーシャに裁判所が置かれた。ここには東アフリカ共同体の本部もある。この裁判では、ジェノサイドの罪、人道に対する罪、ジュネーブ共通第3条および第2追加議定書に関わる犯罪について審理された。93人が訴追され、裁判の結果、有罪61人、無罪14人であった。時間的管轄として1994年内に実行された行為を対象とした。ジェノサイドの罪が初めて適用された裁判でもあった。

3）カンボジア特別法廷

これは、2001年にカンボジア国内において設立された特別裁判所である。クメール・ルージュ政権はその政治的思想から多くの自国民を殺戮した。この法廷では、1975年から約5年間に起こった大虐殺等について、最高指導者であったポル・ポトらが裁かれた。この裁判所は、カンボジアの国内裁判所であるものの、カンボジア国内法より国際法が優先され適用されたところに大きな特徴がある。

4）シエラネオネ特別法廷

この法廷の設置場所は、西アフリカに位置するシエラレオネの首都フリータ

ウンである。1996年に始まったシエラレオネ内戦で多くの犠牲が出た。その戦争犯罪および人道に対する罪について裁くために設置されたのがこの法廷である。2002年に、シエラネオネ政府が国連と協定を結び特別法廷が実現した。人道に対する罪、戦争犯罪およびシエラレオネ刑法の罪が対象とされた。

5）混成法廷

　以上の法廷のうち、カンボジア特別法廷とシエラネオネ特別法廷は、混成法廷（あるいは混合法廷 Mixed, Hybrid Court）と呼ばれている。その理由は、これらの法廷では、当事国の刑事訴訟法と国際法上の手続で審理が進められ、法廷は当事国の裁判官と国連の任命した裁判官で構成されるなど国内裁判と国際裁判の2つの要素から成っているからである。以上2つの特別法廷以外にもレバノン、東チモール、コソボ、ボスニア・ヘルツェゴビナの各法廷も混成法廷である。

3　国際刑事裁判所

　ニュルンベルク裁判から始まった一連の裁判を経て、国際刑事裁判に新しい時代がやってきた。それは常設の国際裁判所を設置しようという動きであった。1998年7月17日に国際刑事裁判所（International Criminal Court, ICC）を設立する**ローマ規程**が締結され、2002年7月1日に効力が発生した。この裁判所は国連システムに入らない独立した機関である。この新しい常設の国際刑事裁判所には、2025年現在で137カ国が署名し124カ国が批准している。日本は署名しなかったが、2007年10月1日に正式な加盟国となった。米国とロシアは署名しているが、その後、締約国にはならないとの意思を表明した。中国は交渉会議には参加したが署名はしなかった。中東諸国やアジアの一部の国々もローマ規程の当事国にならないことを決定している。

1）裁判所の構成

　国際刑事裁判所は、世界約100カ国から900名以上のスタッフを抱えている。日常の業務は英語と仏語でおこなわれる。設置場所はオランダのハーグで

あり、このほか、ニューヨークに支部、コンゴ共和国に2カ所、ウガンダ、中央アフリカ共和国、コート・ジボアール、そしてウクライナにそれぞれ1カ所の事務所が置かれている。年間予算は2025年度で約1億9500万ユーロである。

①裁判長官府（Presidency）　裁判長官府は1名の長官と第1副長官、第2副長官で構成される。この3名はICCの全裁判官の過半数によって選出され、任期は3年で再選可能である。また、長官は裁判所の適切な運営に責任を負い業務を統括する。国家およびその他の団体との関係を維持し、裁判所に対する認識と理解を促進することも長官の重要な役目である。

②裁判部（Judicial Division）　裁判官部はICC当事国会議で選出された18名の裁判官から構成される。裁判官の任期は9年で再選不可である。18人の裁判官は、その資質、公平性、誠実さを評価され、締約国総会によって選出される。任期は9年である。裁判は、予審裁判、第一審裁判、控訴裁判の3段階から成る。予審裁判と第一審裁判は、通常、3人の裁判官でおこなわれ、控訴裁判は5人の裁判官でおこなわれる。裁判管轄権などに関する異議申し立て、逮捕状や出頭召喚状の発付、被害者の参加許可、被害者と証人保護措置の命令、弁護人の選任またはその他の弁護支援なども裁判部の任務である。また、公判前に被疑者が不当に長期間勾留されないようにすることも裁判部の任務である。裁判は、被告が理解できる言語で審理をおこなわれなければならないが、すべての審理は英語とフランス語でおこなわれるため、法廷内で使用されるその他の言語については通訳が提供される。なお、審理の進め方に関する「Chambers Practical Manual」が用意されている。

③検察局（Office of the Prosecutor）　検察局は国際刑事裁判所のひとつの組織として組み込まれているが、裁判所の中で独立した機能を有する位置に置かれている。このことは裁判長官府と検察局は上下関係にあるのではなく、相互に協力しあって事案の解決に臨むことを意味している。つまり、司法機能である裁判と行政機能である検察が混在していることになる。

検察局は、予備審査、捜査、訴追を効果的かつ効率的におこなうことを任務とする。国際平和に対する脅威に関わる事件が起きた場合、締約国または安全保障理事会が事案をICCに付託したのち、検察官は、その領域内または国民

に対しておこなわれた犯罪について捜査を開始することができる。そして、検察官は、最も責任があるとされる個人に対する捜査と訴追をおこなう。

④書記局（Registry）　書記局は主に次の業務を担当している。法廷管理および法廷記録、翻訳・通訳、弁護人支援、法律扶助・被害者の訴訟手続参加と賠償申請の支援、証人に対する支援と保護。

ICC は、正確かつタイムリーな情報が一般市民に届くように努めているが、これらの任務を遂行するためにも書記局は重要な組織である。

2) 年次会議

年次会議は、ハーグの ICC 裁判所あるいはニューヨークの国連本部で年 1 回開催される。会議には締約国から 1 名の代表が出席する。会議は多数決制をとっており、各国 1 票を有する。

4　国際刑事裁判所の管轄権

1) 事項管轄権

国際刑事裁判所が管轄する犯罪は、①ジェノサイド、②人道に対する罪、③戦争犯罪、④侵略の罪である。発足当時、規程第 5 条 2 項に基づき、侵略の罪については将来の改正作業によって裁判権を行使するとされた。その後 2010 年に同条が削除された。なお、テロ行為と海賊行為は管轄権に含まれていない。

①ジェノサイド　ローマ規程第 6 条にはジェノサイド（集団殺害罪）が規定されている。それによると、集団殺害で鍵になる考えは、集団自体を破壊することを意図した行為であるということである。より詳しくは、ⅰ）集団を構成する者を殺害すること、ⅱ）集団を構成する者の身体または精神に重大な害を与えること、ⅲ）集団を構成する者の生活条件を故意に変えて身体的破壊をもたらすこと、ⅳ）集団内の出生を妨げるようなことをすること、ⅴ）集団内の子どもを別の集団に強制的に移住させることである。

②人道に対する罪　人道に対する罪という語は、奴隷制度や植民地での残虐行為に言及する最に使われ始めたといわれている。ジェノサイドや戦争犯罪

とは異なり、これまで、人道に対する罪は条約で明文化されてこなかった。だが、ジェノサイドの禁止と同様、国際法上の法観念とみなされてきた。

ローマ規程第7条は人道に対する罪を次のように定義する。あらゆる文民集団に向けられた広範なまたは組織的な攻撃である。その代表的な行為は次のような行為をいう。ⅰ）絶滅させるような行為をすること、ⅱ）奴隷とさせること、ⅲ）拘禁するとか身体的な自由をはく奪すること、ⅳ）拷問すること、ⅴ）あらゆる形態の性的暴力をおこなうこと、ⅵ）政治、人種、民族、文化または宗教上の理由で特定の集団を迫害することなどである。

人道に対する罪は武力紛争に関連する必要はなく、ジェノサイドの罪と同じく平時にも起こりうる。ジェノサイドは特定の集団を標的にするが、人道に対する罪では、その必要はない。犠牲者は、所属する集団やアイデンティティに関係なく、あらゆる民間人が対象となる。さらに、ジェノサイドと異なって、加害者が特定の意図をもって実行したということが証明される必要がない。

③戦争犯罪　ローマ規程第8条には戦争犯罪とは何かが詳細に規定されており、それらは総じて、武力紛争法であるジュネーブ条約とハーグ条約に規定された行為と考えてよいだろう。すなわち、ⅰ）殺人、ⅱ）拷問または非人道的な待遇、ⅲ）身体または健康に対して故意に重い苦痛を与えまたは重大な傷害を加えること、ⅳ）軍事上の必要性によって正当化されない不法かつ恣意的に財産を広範に破壊しまたは奪うこと、ⅴ）捕虜その他保護されるべき者を強制して敵国の軍隊において服務させること、ⅵ）公正な正式の裁判を受ける権利をはく奪すること、ⅶ）不法に追放、移送または拘禁すること、ⅷ）人質をとること、ⅸ）戦闘行為に参加していない文民を故意に攻撃すること、ⅹ）軍事目標以外の物を故意に攻撃することなどである。

④侵略の罪　ローマ規程第8条の2で侵略の罪が規定されている。その定義は、ある国の政治的または軍事的行動を実質的に支配し、または指示する地位にある者が、侵略行為を計画し、準備し、開始し、または実行することであり、他国の主権、領土保全もしくは政治的独立に対する、または国連憲章に反するその他の方法をもちいた国家による武力の行使のことである。

この侵略の罪の基本思想は**平和に対する罪**に基づくと考えられている。平和に対する罪は、侵略戦争または国際条約に違反する戦争の計画・準備・開始お

および遂行、もしくはこれらの行為を達成するための共同の計画や謀議に参画した行為のことである。

2) 人的管轄権

ローマ規程第 12 条は ICC の人的管轄を規定する。まず前提として、ローマ規程の当事国になるということは、この規程に挙げられている犯罪に関するICC の管轄権を締約国が受諾するということを意味する。その上で、ⅰ）問題となる犯罪行為がおこなわれた領域の国がこの規程の締約国であるか、ⅱ）犯罪を犯したとされる者の国籍国が締約国である場合に ICC の管轄権が生じる。また、この裁判所が裁判権を行使するためには、当該国家の裁判所が管轄権を行使できないか、または行使を望まないことが条件である。つまり、国際刑事裁判所は、国内裁判所を補完する位置付けとなっている。これを**補完性原則**という。

ローマ規程の締約国でない国でも、当該犯罪に関して ICC の管轄権を受諾する宣言をするとき、ICC に管轄権が発生する。

なお、ローマ規程第 13 条では、安全保障理事会が国連憲章第 7 章に基づいて、上の 4 つの犯罪のどれかがおこなわれたことを国際刑事裁判所に付託することができることになっている。憲章第 7 章に基づく付託なので、常任理事国の同意投票を含む決議を採択することが必要だが、当該犯罪行為が実行された国が当事国ではなく、また、被疑者の国籍国も当事国ではない場合でもICC で裁くことが可能となる。

5 　国際刑事裁判所の課題

国際刑事裁判所で係争中の事件は、2022 年時点で、31 件である。逮捕状は 37 件発給され 21 人が収監された。これまで 10 件の有罪判決と 4 件の無罪判決が出されている。このように、漸進的に発展している国際刑事裁判所だが課題もある。

たとえば、ローマ規程第 17 条には、被疑者が当該国内において捜査または起訴された場合、ICC は起訴しないと規定されているので、その国に設置さ

れる捜査委員会などに任務は委ねられることになる。だが、はたしてそのような捜査委員会で正義を達成できるか、つまり、最終的に行為者たちに恩赦を与えてしまわないか、また、司法取引によって正義が達成されないのではないかとの指摘がある。

　もう一つの課題は、ローマ規程第16条によって、安全保障理事会は国際刑事裁判所に対して審理の延期を指示できることである。つまり、正義のために行動する司法に対して政治が干渉できる仕組みとなっていることである。これらはローマ規程自体に内在する課題といえよう。

　さらに、2024年9月に、ICCから訴追されているロシア大統領がモンゴルを公式訪問したが、ICC加盟国であるモンゴルは同氏を逮捕しなかった。2025年1月、イタリアはリビア人の容疑者を拘束したが、ICCに移送せずリビアに送還した。これは、ICC規定第86条、第89条違反である。さらに、イスラエルの首相に対してICCは2024年11月、逮捕状を出したが、ICC非加盟国のアメリカは、この決定に反対した。このように、政治が法に優先された現象が起きたことは、今後のICCの実効的機能に影響すると考えられる。

Case Note：ルバンガ事件
告発状確認審問 2006年11月9日～28日、告訴確認決定：2007年1月29日、公判開始：2009年1月26日、第一審判決：2012年3月14日、量刑判決：2012年7月10日、控訴審判決 2014年12月1日
〈事実の概要〉　この判決は、国際刑事裁判所が下した初の判決である。
　コンゴ愛国者同盟（UPC）は2000年9月15日に設立され、トーマス・ルバンガはその創設メンバーの1人であって会長を務めていた。UPCとその軍事部門であるコンゴ解放愛国軍（FPLC）は、2002年9月にイツリ地方で権力を掌握した。UPCとFPLCは、2002年9月から2003年8月13日まで、コンゴ人民軍（APC）や他のレンドゥ族の民兵グループ、イツリ愛国抵抗軍（FRPI）との内部武力紛争に関与していた。2002年9月1日から2003年8月13日まで、UPCとFPLCの武装部門は、15歳未満の子供を含む多くの若者を強制的に広範囲で徴兵した。彼らは軍事訓練キャンプに送られ厳しい訓練が課されたあと兵士として戦闘に参加させられた。コンゴ政府は当該被告人をローマ規程第8条（2）（b）（xxvi）、（e）（vii）および第25条（3）（a）に基づきICCに告発した。なお、控訴は棄却された。

〈**判決要旨**〉 被告および共犯者たちは、イツリ地方で政治的および軍事的支配を確立・維持するために軍隊を組織するという共通の計画に同意し、それに参加した。この共通計画の実施の結果として、2002 年 9 月 1 日から 2003 年 8 月 13 日までの間に、15 歳未満の少年少女が UPC・FPLC に徴兵された。被告人は軍の最高司令官および政治指導者であり、全般的な調整役を果たしており、作戦について継続的に情報を受ける立場にあった。また、彼は軍事作戦の計画に関与し、兵器、弾薬、食料などを部隊に提供するなど、兵站支援に重要な役割を果たした。彼は兵士の採用政策の決定にも密接に関与し、地元住民や新兵に対して演説をおこなうなど、積極的に採用活動を支援した。彼は個人的に 15 歳未満の子供を自分の警護兵として使用した。当裁判所は、被告人のこれらの積極的行為が、15 歳未満の子どもを徴兵し、戦闘に積極的に参加させるために不可欠な行為であったと結論する。以上の諸点から、被告人は有罪であると認められる。量刑については、14 年拘禁刑に処する。

【考えてみよう】

①これまでの種々の国際刑事裁判の歴史はどのようなものであっただろう。

②国際刑事裁判所の管轄権についてまとめてみよう。

③国際刑事裁判所の管轄する犯罪はどのようなものがあるだろうか。

【調べてみよう】

①藤田久一「第 15 章 武力紛争」波多野理望・小川芳彦（編）『国際法講義』新版増補版 有斐閣、1998 年。

②尾﨑久仁子（著）、浅田正彦・中谷和弘（監修）『国際刑事裁判所』東信堂、2022 年。

③アネスティ・インターナショナル日本国際人権法チーム（編）『入門 国際刑事裁判所』現代人文社、2005 年。

④野口元朗「混合法廷」『法律時報・特集 国際刑事法の現在』90 巻 10 号、2018 年。

⑤岩沢雄司『国際法』第 2 版、東京大学出版会、2023 年。

⑥国際刑事裁判所 HP https://www.icc-cpi.int（2024/9/30）

⑦芝健介『ニュルンベルク裁判』岩波書店、2015 年。

⑧宇田川幸大『東京裁判研究』岩波書店、2022 年。

⑨SITUATION IN THE DEMOCRATIC REPUBLIC OF THE CONGO IN THE CASE OF THE PROSECUTOR v. THOMAS LUBANGA DYILO, No: ICC-

01/04-01/06, Judgment pursuant to Article 74 of the Statute, 14 March 2012 (https://www.icc-cpi.int/sites/default/files/CourtRecords/CR2012_03942.PDF), Decision on Sentence pursuant to Article 76 of the Statute, 10 July 2012 (https://www.icc-cpi.int/sites/default/files/CourtRecords/CR2012_07409.PDF), Judgment on the appeals of the Prosecutor and Mr Thomas Lubanga Dyilo against the Decision on Sentence pursuant to Article 76 of the Statute, Date: 1 December 2014 (https://www.icc-cpi.int/sites/default/files/CourtRecords/CR2014_09849.PDF) (2025/2/9)。

⑩ Ruth Green, International Bar Association, Ukraine-Russia: Putin's visit to Mongolia defies ICC arrest warrant as the world looks on, Monday 30 September 2024.

⑪ Giada Zampano, "Italy's Meloni defends repatriation of a Libyan warlord wanted by the International Criminal Court", *AP NEWS*, January 26, 2025.

⑫ Piotr Smolar, "US rejects legitimacy of ICC arrest warrants for Netanyahu and Gallant", *Le Monde*, November 22, 2024.

索　引

ア　行

アイスランド漁業管轄権事件　148

域外適用　87

イスラム国　58

一元論　20

一般慣行　32

一方的（国内）措置　25

一方的宣言　41

委任統治地域　157

違法性の阻却事由　104

ウェストファリア条約　12

ウクライナ戦争　281

宇宙空間　168

宇宙物体の登録　171

越境損害　244

小樽入浴拒否事件　219

カ　行

外交関係　227

外交的保護権　183

外交特権免除　230

解釈宣言　49

海洋基本法　143

核兵器使用の合法性事件　278

割譲　138

GATT　121

帰化　179

企業に対する国際法規制　213

客観的レジーム　164

急迫不正　264

旧ユーゴの崩壊に関わる国家承継　73

強行規範　36

国に帰属される行為　101

クリーン・スレートの原則　77

クリスティン・グッドウィン対英連合王国　208

クリミア　69

軍事的必要性　276

形式的法源　29

血統主義　179

行為の帰属性　101

合意は守られなければならない　20

公海自由の原則　154

衡平原則　152

国際化された機能的契約　225

国際行政連合　111

国際刑事裁判所　289

国際裁判　257

国際社会　2

国際人権章典　191

国際審査　257

国際組織の特権免除　114

国際組織の法主体性　113

国際調停　257

国際標準主義　181

国際法上の企業の義務の源泉　213

国際法上の義務の担い手としての会社　213

国際法に基づく企業責任　217

国際礼讓　85

国籍継続原則　183

297

国籍唯一原則　180	ジェノサイド　291
国内救済完了原則　183	時効　139
国内標準主義　181	自己執行条約　23
国有化　107	使節権　228
国連海洋法条約　142	自然法論　12
個人通報制度　203	持続可能な開発　244
コスモス954号事件　173	実質的法源　32
国家債務　80	社会権規約　193
国会承認条約　45	自由権規約　193
国家合併　61	集団安全保障　267
国家管轄権の根拠　86	集団的自衛権　266
国家財産　79	主権　15, 83
国家承認　62	主権免除　90
国家責任　96	出生地主義　179
――の解除　108	尚早の承認　64
――の成立要件　96	常駐外交使節団　228
国家責任法　97	条約境界移動の原則　76
国家通報制度　203	条約における私人間義務　218
国家の基本権　83	条約の一体性と普遍性　48
国家の資格要件　58	条約の終了　51
国家の重大利益　252, 260	条約の承継　74
国家の平等　2, 15	条約の批准　44
国家の分裂　61	条約の無効　54
国家への責任集中の原則　172	条約の留保　47
国家報告制度　203	条約法条約　40
好ましくない人物　228	人権高等弁務官　202
コルフ海峡事件　8	人権の水平適用　218
コンセンサス方式　118	人権理事会　202
	神聖なる使命　157
サ　行	信託統治地域　156-157
	人道的精神　275
最恵国待遇　181	人道に対する罪　291
在日コリアン年金差別訴訟　193	侵略の罪　292
三十年戦争　11	推定的同意　237
自衛権　262	

ストックホルム宣言　239

スペースデブリ　175

静止軌道　175

制限的免除主義　91

政治犯不引渡し原則　185

世界人権宣言　192

責任解除　108

セクター理論　161

絶対的無効原因　55

先行国　73

先占　137

戦争犯罪　292

選択議定書　194

相互主義　85

相対的無効原因　55

損害予防の原則　246

タ　行

WTO　122

治外法権　231

地球規模の環境問題　248

仲介　256

中国人強制連行劉連仁訴訟　26

調整理論　21

直線基線　144

通過通航権　146

ティノコ利権契約事件　65

添付　139

東部グリーンランド事件　42

トレイル熔鉱所事件　245

ナ　行

内国民待遇　181

南西アフリカの国際的地位　159

ニカラグア事件　271

二元論　20

ネガティブ・コンセンサス方式　124

ノッテボーム事件　182

ノン・ルフールマン原則　187

ハ　行

パネル　127

ハル3原則　184

パルマス島事件　136

庇護権　185

不遵守手続　248

普遍的・定期的レビュー制度　204

武力不行使原則　265

プレア・ビヘア寺院事件　37

ブレトンウッズ協定　121

紛争の平和的解決　254

分離独立　60

併合　138

米国—メキシコ　鉄鋼およびステンレス製
　品事件　128

平和維持活動　269

平和に対する罪　292

ベルナドッテ伯爵殺害事件　115

法実証主義　12

法的信念　33

法的紛争　260

法の一般原則　31

法の強制力　5

法の実定化　5

補完性原則　293

ボゴタ宣言　175

ホルジョウ工場事件　99

索　引　299

マ 行

マリア・ルース号事件　17
未承認政府　67
民族自決権　134
無害通航権　145
無国籍者　81
無差別戦争観　274
無主地　133
命令としての法　4

ヤ 行

jus ad bellum　274
jus in bello　274
jus civile　13
jus gentium　13
ヨーロッパ公法　16

ラ 行

ラグラン事件　235
立法条約　43
リビア・チャド領土紛争事件　55
領域主権　132
領域的権限　131
領域の性格　132
領域変更の類型　79
領事裁判権　234
領有権設定禁止　169
領有権の凍結　164
両立性の原則　49
ルバンガ事件　294
レインボー・ウォリアー号事件　259
ローチュス号事件　89
ローマ規程　289

【著者紹介】

飯田順三（いいだ・じゅんぞう）
イギリス・ブリストル大学博士課程修了（Ph.D.）
現　在　創価大学法学部教授　　専　攻　国際関係法、アジア法
主要著書・論文
「Digital Transformation vs COVID-19: the Case of Japan」『Digital Law Journal』Vol. 1, No. 2、2020.
「退去強制処分と子どもの最善の利益―親子分離禁止原則との関連性についての予備的考察」『創価法学』53 巻 2 号、2023 年

王　志安（おう・しあん）
京都大学大学院法学研究科博士課程修了（博士（法学））
現　在　駒澤大学法学部教授　　専　攻　国際法
主要著書・論文
『国際法における承認―その法的機能及び効果の再検討―』東信堂、1999 年
「国際法における領域主権―そのヨーロッパにおける歴史起源を吟味して―」『駒澤法学』14 巻 1 号、2014 年
「国際法中国学派探求の深層構造―能動的なロマン主義の展開による平和的台頭の固め―」『駒澤法学』24 巻 3・4 号、2025 年

国際法入門
―世界市民へのパスポート―

2025 年 4 月 25 日　第 1 版 1 刷発行

著　者―飯田順三・王　志安
発行者―森　口　恵美子
印刷所―壮 光 舎 印 刷㈱
製本所―㈱ グ リ ー ン
発行所―八千代出版株式会社
〒101
-0061　東京都千代田区神田三崎町 2-2-13
TEL　03-3262-0420
FAX　03-3237-0723
振替　00190-4-168060

＊定価はカバーに表示してあります。
＊落丁・乱丁本はお取替えいたします。

ISBN978-4-8429-1883-9　　　©2025　J. Iida & Z. Wang